U0015961

女性主義與自由主義

編輯委員會
總 編 輯：錢永祥
編輯委員：王智明、沈松僑、汪宏倫、林載爵、
周保松、陳宜中、陳冠中
網路編輯：李　琳
聯絡信箱：reflexion.linking@gmail.com
網址：www.linkingbooks.com.tw/reflexion/
新浪微博帳號：http://www.weibo.com/u/2795790414

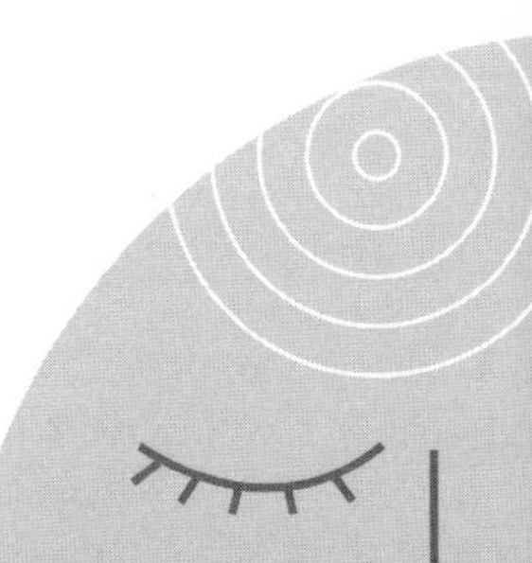

活在當下中國的魯迅

（在某大學的一次演講）

錢理群

最近我編選了一本《活在當下中國的魯迅入門讀本》；今天就以此作爲我的演講的題目。

熟悉我的朋友，很容易就注意到，我無論談什麼問題，都要從魯迅出發；因此，有人說：「錢理群走在魯迅陰影下」。這或許是我的一個弱點或局限吧。但這樣做，是有我的三個考慮的。

首先，這是應對我的一個矛盾的一種言說策略：我的專業是研究中國現代文學，特別是研究魯迅；但又對國際、國內的重大政治、思想、文化、社會問題有著濃厚的興趣——今天我就是來和諸位討論這些問題的。這樣的對非專業的問題的發言，是有很大的危險性的：魯迅早就警告過，專家要對他不熟悉的問題發言，很容易發謬論，是不足爲信的。因此，我每次作這樣的發言，都要預先聲明：我不是以專家的身分，而是作爲關心這些公共問題的普通公民來發表個人意見，姑妄言之，大家也就姑妄聽之。——今天，我也照例要先作這樣的交代，希望大家對我下面要說的話，當作是朋友間的聊天，隨意聽聽罷了。但另一方面，爲了對聽眾負責，我也不能隨便亂說，總要有點依據。於是，就儘量利用專業方面的知識來支撐我的言說，這就是我不斷引述魯迅的論說的原因。

但這又會遭到一種質疑和責難：你這樣引述魯迅的話，是不是

「過度闡釋」，違背了學術研究的科學性呢？坦白說，多年來，我的魯迅研究與言說，一直受到這樣的批評，我總是說，自己在學術界是一個有爭議的學者，指的就是這樣的一種狀態。對這樣的批評、爭議，我的態度有二：一是吸取其合理部分，時刻警戒自己：不可遠離魯迅思想的實際和實質，把他的言說當做一種自我言說的包裝，那是對魯迅的利用和褻瀆，是我自己對魯迅的感情也不允許的。但同時，我始終固執地堅持一點：創造性的學術研究對研究對象的思想，既要有闡釋，而且要有所發揮，有時候闡釋本身就是一種發揮。因此，我可以毫不掩飾地公開宣布：我對自己的魯迅研究的要求是：「講魯迅，接著魯迅往下講」，如果有可能，還要「接著魯迅往下做」。這絕不是狂妄自大，而是一種學術責任和使命。事實上，學術研究就是一個對研究對象的創造，不斷添加、引申、發揮，再創造的過程，絕不能否認研究者的主觀能動作用；最後的成果，當然是以原創者的原著爲基礎，但已經包含研究者的創造。就以「儒學」爲例，它以孔丘的《論語》爲基礎，但已經積澱了一代又一代的儒者在注經過程中的創造、發揮，它就成了一個集體創造的產物。我想，「魯學」也是如此。瞿秋白的《魯迅雜感選集》序言裡的發揮就很多，有的經不住考驗，被否定了；但有的就作爲「魯學」的重要成果被積澱下來。——我在這裡也不妨作一個聲明：我今天的演講，是從魯迅的觀點出發的，但也有被當今中國和世界現實所激發的我的理解和發揮。這些理解與發揮，當然不一定準確、適當，是可以而且歡迎批評、討論的，但它也絕不是沒有意義的。

魯迅的觀點在今天所以有發揮的可能與餘地，是和魯迅思想的一個重要特點有關的。這就談到了今天演講的主題：魯迅活在當下的中國。我多次說過，魯迅的作品，特別是他的雜文，是有兩個層面的：一方面是對現實的直接回應，具有強烈的現實針對性和批判性；另一方面，他總是把現實的批判深入到歷史、文化的深處，人性、國民性的深處，因而具有普遍性和超前性。我經常說魯迅的思想絕不是「過去式」的，而是「正在進行式」的；有人曾嘗試把魯迅對1930年代文壇的批判文章重新發表，加上一個標題：「魯迅論當代中國文壇」，大家都覺得非常合適，彷彿魯迅就在對當下發言。我自己也有這樣的經驗：我在現實生活中遇到問題，都會去重新閱讀魯迅的有關論述，而且總能從他那裡得到啓發。我說魯迅的思想，不僅具有原創性，而且是源泉性的，就是這個意思。

我們現在正處在一個社會大危機、大動盪、大變革的時代，也是一個思想空前活躍、也空前混亂的時代。每一個關心時事、喜歡思考的人，都充滿了焦慮、困惑和迷茫。如何認識當下中國社會，怎樣把握中國的未來發展，即「中國往何處去」，更重要的是，「我們怎麼辦？」這都成了迴避不了的問題。我們當然不能限於空談，也不能一味發牢騷，在這個時候，就特別需要對歷史與現實具有解釋力和批判力的思想理論資源。魯迅的思想正是在這樣的時代要求下，顯示出它的特殊意義和價值。這些年我一直帶著這些現實問題，去重讀魯迅著作，突然發現魯迅的許多精彩論述，讓我眼睛一亮，茅塞頓開，引發了許多思考。下面就具體地談談我的學習心得，和諸位分享。大概有七個問題。

一、什麼是中國的基本國情？

魯迅在〈隨感錄。五十四〉(收《魯迅全集》1卷《熱風》)裡，有這樣一個概括：「中國社會的狀況，簡直是將幾十世紀縮在一時：自松油片以至電燈，自獨輪車以至飛機，自鏢槍以至機關炮」，「都摩肩挨背的存在」。

我由此想到了當下的中國社會，可以說是將「前現代」、「現代」、「後現代」人類社會發展的「幾十世紀縮在一時」了。具體地說，中國的西部地區很多地方還處於「前現代社會」；西部地區的許多地方，中部地區、東部地區的大部分都進入了「現代社會」；而北京、上海這些大都市就已經是「後現代社會」了。這是就整體而言，在每一個地區內部，又都存在著前現代、現代和後現代的差異。中國正是這樣一個地區差異巨大、發展不平衡，各種社會型態「摩肩挨背的存在」的大國，這構成了我們的基本國情。

我由此而聯想到三個問題。

如何認識中國社會？我經常對關心中國的外國朋友說：僅僅從北京、上海這些大城市的發展認識中國，是片面的，它會遮蔽許多中國的真實問題；你們必須深入到中國的社會底層，窮鄉僻壤。那裡才有更真實的中國。我也對中國的大學生們說，你們必須要到農村去，到還在點松油片、推獨輪車的地方去，當你親身體會到，中國的農民，老百姓，他們是「多麼的苦，又多麼的好」時，你就真正懂得中國了，而且也會知道自己該做什麼了。

怎樣確定中國的發展道路？必須以社會發展不平衡這樣一個基本國情，作爲前提，針對社會發展的不同階段的不同問題，尋求不同的發展道路，方法和速度，切忌「一刀切」和「一窩蜂」，而這恰恰是當下中國發展的最大問題。這不僅是中國各級政府的問題，也關係到民間志願者支農運動的發展方向，我經常對他們說，不要以爲你們去支農就一定給農民帶來好處，如果脫離當地農村發展的實際，亂來一氣，說不定會幫倒忙。

也許是更重要的，我們在思考中國問題時，也必須以其發展不平衡性爲前提，採取更爲複雜的態度。我多次講到自己的一次尷尬遭遇：我在北京書房裡，站在後現代的立場，對貴州發展中少數民族語言的喪失問題，憂心如焚，於是特地跑到貴州各專州，對少數民族大學生發出「拯救民族語言」的呼籲。結果收到一張紙條，上面寫著：我現在最關心的，是畢業以後的就業問題。懂得民族語言，並不能幫助我找到工作；首先我要懂漢語，而且最好能精通英語。因此，我想請教錢教授：要如何才能學好英語？我的尷尬並不在我的呼籲不正確，而是我把問題簡單化了，沒有充分考慮少數民族在尋求發展中所遇到的問題的複雜性；更成問題的是，我的那種想當然的居高臨下的「拯救」姿態，而不是和少數民族兄弟一起共同面對真實存在的問題。我由此得到的更大啓示是，我們在處理中國的思想問題，宣導各種思潮時，也必須考慮到這種不平衡性，社會發展的不同階段，是會遇到不同問題的。我自己就發現，我的具有強烈的啓蒙主義色彩的演講，在不同地區的聽眾中，是會有不同的反響的。前些年，我到西北地方講「五四」科學、民主傳統，受到了空前的歡迎，現場氣氛之熱烈，讓我想起了八十年代的類似場景。但我在北京講科學、民主，聽眾的反應就要冷靜得多，他們常常會從後現代的問題出發，對科學主義、民主萬能，以至啓蒙主義本身提出質疑。在我看來，西北和北京地區的學生的不同反應，都真實地反映了他們所面對的不同問題和思想欲求，這就要求我們這些知識分子，在思考、言說、處理啓蒙主義，及與之相關的科學、民主之類的命題時，必須採取更爲複雜的態度。我後來選擇了「既堅持又質疑啓蒙主義」的立場，就和這樣的中國國情有關。

二、中國問題的癥結在哪裡？

魯迅於上一世紀初的1907年，也即105年前，在〈文化偏至論〉裡，對現代中國所面臨的問題，作出了這樣的判斷：「往者爲本體發展之偏枯，今則獲以交通傳來之新役，二患交伐，而中國之沉淪遂以益速矣。嗚呼，眷念方來，亦已焉哉！」(文收《魯迅全集》1卷《墳》)。

魯迅作出這樣的判斷，是自有針對性的。他所說的「本體發展之偏枯」，是針對「自尊」而「抱守殘闕」的保守派、頑固派，提醒人們必須正視中國本體的專制主義、中華中心主義傳統的弊端，強調中國必須變革；「以交通傳來之新役」，是針對「言非同西方之理弗道，事非合西方之術弗行」的維新派，提醒人們必須注意「歐洲19世紀之文明」即西方工業文明，包括其科學、民主、平等的觀念可能及已經導致的弊端。在他看來，本體的東方專制主義和交通傳來的西方文明病，「二患交伐」，是中國發展的最大危險，甚至可能導致「中國之沉淪」。

我對此曾有過一個分析：這反映了魯迅和他們那一代人在尋找、開創中國的發展道路時，所遇到的兩難選擇：作爲一個變革者，當然要反對、批判國內的東方專制主義，爲此就必須引入和學習西方工業文明；但此時在西方社會，工業文明已經出現了問題，形成了西方文明病。既要反對東方專制主義，又對西方文明病心存疑慮，這就成了兩難，於是出現了四種選擇。一是所謂「全盤西化」派，即不否認西方文明病的存在，但認爲西方文明病和東方專制主義有「小壞」和「大壞」之別，當務之急是用西方文明來取代東方專制，以後再來解決西方文明病的問題。二是所謂「文化保守主義」派，反過來認爲還是中國文明最好，甚至希望用中國文明來解決西方文明病的問題。其三是「馬克思主義」派。他們試圖用馬克思主義來同時解決東方專制主義和西方文明病的問題。這在理論上自然是一個最理想的、合理的一勞永逸的解決辦法。這是後來許多知識分子都轉向馬克思主義的重要原因。其四，是魯迅的立場，即堅持對「二患」的警惕，既用西方工業文明的基本理念(科學，民主，平等等)來批判東方專制主義，同時又對這些基本理念及其實踐保持警惕，並提出「立人」思想，即以人的「個體精神自由」的價值理想和現代化目標，對東方專制主義、西方文明病同時採取批判態度。魯迅的這一思想和態度，顯然具有超前性，對今天也還有啓發意義；但只限於思想、文化領域，並沒有涉及具體的社會實踐及制度的建設，他的理想也多少帶有烏托邦的性質。

問題是，中國後來的歷史發展，是選擇了一條所謂「中國特色的革命和社會主義道路」。實際上是陷入了空想社會主義和民粹主義，爲了強行實現，也就必然借助於東方專制主義，走上了「極權社會主義」的道路。在改革開放後，又在堅持極權社會主義基本體制的前提下，引入西方市場經濟，其結果是導致了西方文明病(消費主義，實利主義，實用主義，等等)的氾濫。如果說，一百年前魯迅說的「二患交伐」尚是一個值得警惕的危險，那麼，到上一世紀的1990年代，以至本世紀第一個十年，就成了活生生的現實。這就是我經常提到的，今天中國問題的癥結就在於「最壞的社會主義和最壞的資本主義的惡性嫁接」。

在我看來，如何對待這樣的「二患交伐」的中國問題，是每一個關心中國發展的人，都無法迴避的。記得在1990年代所謂「自由主義」和「新左派」論爭中，他們各執一端：自由主義堅持批判極權社會主義，但對中國社會的資本主義的發展趨向和西方文明病則儘量迴避，或將其作爲「未來的禍害」而擱置起來；新左派則以中國社會的資本主義化作爲主要危險，對極權社會主義的問題卻態度曖昧。在觀察今天的中國思想文化界的動向時，我們再一次遇到了歷史上曾經有過的「全盤西化」派和「文化保守主義」派，而當年的新左派對極權社會主義的態度，也由曖昧轉向極力理想化，提出了所謂「中國模式，中國經驗」論，在鼓吹極端民族主義、國家主義上和文化保守主義合流了。

客觀的說，所有這些不同思想派別的分歧和論爭，都是魯迅那一代先驅者面臨的兩難選擇的延續。我們甚至可以說，這是一切發展中國家的知識分子在尋找國家現代發展道路時，所面臨的困惑。坦白地說，我自己至今也還沒有擺脫這樣的焦慮：儘管在理論上我完全認同魯迅式的雙重質疑的態度，但在找到具體的實踐之路前，這依然只是一個烏托邦的理想。在我看來，這是一個需要長期探索與實驗的問題，但其前提卻是要敢於像魯迅那樣，正視這「二患交伐」的現實：我們需要面對與解決的是兩個問題，既有帶有東方專制主義色彩的極權社會主義的問題，也有資本主義發展帶來的西方文明病的問題。

在今天，明確提出這樣的問題，還有一個全球的背景。觀察2011年以來的世界局勢，我們不難發現一個全球性的危機：用2011年英國首相「英國病了」的說法，我們可以說，全球都病了：美國病了，日本病了，中國病了，印度病了，歐洲病了，北非病了……。這就意味著，現行的所有的社會制度，無論是資本主義制度，還是社會主義制度，所有的社會發展模式，無論是美國模式，北歐模式，中國模式……，都暴露了自身的矛盾，弊端，都陷入了困境。這就給我們的選擇帶來了新的困惑：過去我們不滿意中國的極權社會主義，可以選擇美式資本主義，或者北歐式民主社會主義，事實上中國的一些思想派別就是這麼選擇的。但在目睹了美國的「占領華爾街運動」與北歐經濟社會危機以後，我們的選擇至少不會那麼簡單、明快，而是要更複雜化了。當然，也有人因此全盤美化所謂「中國道路，中國模式」，那是一種自欺欺人，不足為訓。或許現在到了這樣的時候：在經歷了國內和國際的種種危機以後，我們可以站在更高的層面，來思考和探索中國和世界的未來發展道路。這樣，危機就會變成轉機。作爲魯迅的後代，我們有責任繼續思考與探索他們所提出卻未能解決的問題。

三、如何看待中國的改革？

如今在中國，處處談「改革」，人人談「改革」。如何看待這形形色色的「改革」，反而成了問題。

魯迅對「改革(革新)」有一個精闢的論斷：「曾經闊氣的要復古，正在闊氣的要保持現狀，未曾闊氣的要革新。大抵如是。大抵！」(〈小雜感〉，收《魯迅全集》3卷《而已集》)。

這是一個關鍵性的提醒：要不要「革新(改革)」，要怎樣的「革新(改革)」，是和人在社會經濟結構裡處於什麼地位，是否「闊氣」直接相關。也就是說，革新(改革)的背後，是一個政治經濟「利益」問題。我們考察當下中國形形色色的「改革」時，必須追問：鼓吹這樣的改革的動力是誰？其利益訴求是什麼？其利益關係是什麼？——誰從中獲利，誰是利益受損者？

於是，就像魯迅所揭示的，有三種改革。

一是「曾經」的既得利益者(個人和群體)鼓吹、推行的改革。他們也不滿意現狀，甚至有很尖銳的批判，批判本身也有很大的合理性；但問題是，他們的改革目的、目標是什麼？魯迅一語道破，就是三個字：「要復古」，不過是要恢復和維護失去的既得利益而已。這樣的走回頭路的選擇，注定是沒有出路的，而且會從根本上損害民眾的利益，但因爲其打著「反腐敗，追求社會公平」的旗號，其欺騙、蠱惑作用卻不可低估。

更應該注意的，是「正在闊氣」的權勢者的選擇。如魯迅所分析，他們的利益在「保持現狀」，因此，從根本上說，他們是缺乏改革動力的。這正是這些年各級政府對改革不作爲，而把維穩作爲第一要務的原因所在。但當改革已是大勢所趨，甚至成爲時髦的時候，他們也會大談改革，甚至也要大肆進行改革。他們所要推行的改革，其目的是要進一步擴大自己的既得利益。這就是所謂「上有政策，下有對策」：「下」就是掌握實際權力的既得利益者，「對策」就是打著改革的旗號，從中獲取更大利益。就以我曾經參與的教育改革而言，就有一個很深的感受：越改革，教育的狀況越糟糕。原因在哪裡？就是因爲2000年左右，在提出教育改革的同時，又提出「教育產業化」，並以此作爲教育改革的突破口。這樣，從一開始就改變了教育的性質：由國家公益事業變成了營利工具。十年改革的結果，在教育領域迅速形成了一個利益群體，以各級教育行政部門爲主體，包括了各種「吃應試教育飯」的相當部分的老師，輔助教材的編輯、出版、行銷者，五花八門的輔導班的主辦者、參與者……，形成了一個利益鏈條。由這樣的應試中的獲利者來推行「教育改革」，就必然是一邊高喊「素質教育」，一邊變本加厲地推行應試教育，不僅導致了教育腐敗，而且進一步擴大了教育的不公平。因此，當下中國的教育所面臨的已經不是一個教育理念、方法問題，而是赤裸裸的利益問題；由魯迅說的「正在闊氣」的教育既得利益者推動的所謂「教育改革」的變質，是不可避免的。問題是，這樣的以擴大既得利益爲實際目的和效果的改革，不僅存在於教育領域，而是遍布一切領域和部門。中國的改革，已經到了不斬斷既得利益鏈條，就必然變質的地步。對此，我們必須有一個清醒的認識。

那麼，中國改革的真正動力在哪裡？魯迅說：「未曾闊氣的人要革新」，這是確實如此的。事實上，中國的「未曾闊氣」的人，即利益受損的弱勢群體，已經通過不同方式提出了自己的利益訴求。這就是我經常提到的四大民間運動：以工人、農民、市民為主體的維權運動，要求維護他們的基本經濟、政治權利；以青年知識分子為主體的網路民主運動，要求對國家政治、社會生活的知情權，參與權和監督權；以新一代理想主義者組成的非政府、非營利的民間組織(又稱志願者、義工等)要求言論、出版、結社自由；以各民族農牧民、工人、市民、知識分子、其他各界人士中的信徒為主的民間宗教運動，要求宗教、信仰、集會結社自由等等。應該說，參與這些民間運動的社會階層，構成了中國改革的基本動力；他們所提出的利益訴求應該是中國改革的重要內容；而他們中的積極分子，理應成為中國改革的依靠對象。但事實卻恰恰相反，各級政府都把這些民間運動視為「不穩定因素」，甚至把其中的骨幹看作「敵對勢力」的代表，不遺餘力地控制、防範和打擊。在我看來，這正是中國改革的危機所在：有理想和社會責任感的真正的改革動力被打壓，就只有依靠那些我所說的會表演的「精緻的利己主義者」和甘當打手的「粗俗的利己主義者」即「勇敢分子」了。這樣的改革，只能帶來新的災難。

四、如何看待民族主義、愛國主義？

這些年，中國民間社會和知識界一直湧動著一股民族主義和愛國主義的思潮。特別是釣魚島事件發生後的民間遊行，更尖銳地提出了「如何看待民族主義和愛國主義」的問題，引發了公開的或私下的種種議論和爭辯。

這樣的爭論其實是貫穿於近現代中國歷史過程中的。魯迅因此發表過許多精闢的意見。根據我的考察和研究，大概有五個方面。

1，魯迅首先對民族主義和愛國主義給予了正面的評價。這裡有一個故事：魯迅在去世前特地請三弟周建人向周作人轉告他的一個意見。當時北京一些大學教授發起了〈救國宣言〉簽名運動，而周作人沒有連署。對此魯迅是理解的：他當然知道群體的簽名，總是有某種表演的成分；而且魯迅也多次說過，保衛國家，主要是政府的責任，不能一味依靠所謂「民氣」來抵禦外國侵略。但魯迅依然提醒周作人：在這樣的有關民族大義的問題上，知識分子還是應該有自己的鮮明態度。這正是魯迅和周作人的區別所在：周作人更重視「個體的人」和「人類」的人，而相對忽略「社會的人」和「民族的人」的責任。他最後就是以「救出你自己」爲理由，和日本軍方合作，墮落爲民族千古罪人的。這是一個深刻的教訓：在存在著民族國家的現代社會，每一個國民，包含知識分子，不管有著怎樣的理想、信念，都應該有自己的基本民族立場，都應該是一個愛國主義者。尤其是當民族國家遭遇外國威脅和侵犯，更應該旗幟鮮明地維護國家利益，是絲毫含糊不得的。

從這樣的基本觀念出發，在釣魚島事件上，我認爲各個派別的知識分子都應該支持中國政府維護國家主權的立場，支持民眾的愛國行動，在這一點上不應該有什麼猶豫。同時，我們也要強調人民(民眾，知識分子)在維護國家主權上的權利。這就是說，人民必須在所有的有關國家領土主權問題上(不只是在釣魚島問題上)，都擁有充分的知情權，參與權和監督權，而不能只充當外交談判上的一張「民意牌」。這樣的建立在人民權利基礎上的愛國主義，才是「現代愛國主義」，而有別於傳統的愛國主義。這裡的「愛國」與「權利」是相依相存，缺一不可的。

2，魯迅同時還提醒人們要警惕「愛國的自大家」和「獸性愛國主義」。

關於「愛國的自大家」，魯迅在1918年所寫的〈隨感錄。三十八〉(收《熱風》，《魯迅全集》1卷)裡將他們的高論，概括爲五種：

甲云：「中國地大物博，開化最早；道德天下第一」。這是完全自負。

乙云：「外國物質文明雖高，中國精神文明更好」。

丙云：「外國的東西，中國都已有過；某種科學，即某子所說的云云」，這兩種都是「古今中外派」的支流；依據張之洞的格言，以「中學爲體，西學爲用」的人物。

丁云：「外國也有叫花子，——(或云)也有草舍，——娼妓，——臭蟲」。這是消極的反抗。

戊云：「中國便是野蠻的好」。又云：「你說中國思想昏亂，那正是我民族造成的事業的結晶。從祖先混亂起，直要昏亂到子孫；從過去昏亂起，直要昏亂到未來。……(我們是四萬萬人。)你能把我們滅絕麼？」這比「丁」更進一層，不去拖人下水，反以自己的醜惡驕人；至於口氣的強硬，卻很有《水滸》中牛二的態度。

我每回讀到魯迅這裡的描述，總要聯想起當下某些中國知識分子的高論，不禁啞然失笑。這真是九十年不變：在中國，總是要有人打著愛國的旗號，夜郎自大，自欺欺人，拒絕正視自己的真實困境，拒絕向外國學習，拒絕變革，以維護落後爲榮，「從過去昏亂起，直要昏亂到未來」！魯迅將這些「以自己的醜惡驕人」的「愛國者」稱之爲「愛亡國者」(〈隨感錄〉，收《集外集拾遺補編》，《魯迅全集》8卷)。這是自有一種深刻性的：不管以什麼理由(那怕是「愛國」)拒絕變革，都是一條亡國之路。

魯迅還提到，「有些外國人，很希望中國永是一個大古董以供他們賞鑑」，竭力「讚賞中國的固有文明」，而「我們的有些樂觀的愛國者」因此「欣然色喜，以爲他們將要開始被中國同化」，這樣的一廂情願的「同化」夢，同樣也是自欺欺人。魯迅說，那些一味讚揚中國的外國人，其實是不可靠的；倒是「替我們詛咒中國的現狀者，這才是真有良心的真可佩服的人！」(〈忽然想到。六〉，收《華蓋集》，《魯迅全集》3卷)。——這真是發人深省之言！

還有「獸性的愛國主義」。這是魯迅的一個預警：當中國處於被侵略的狀態，力求反抗，自衛，是有合理性的；但一旦自己強盛起來，轉而「忘本來而崇侵略者」，「思廓其國威於天下者，獸性之愛國也」，這樣的「獸性愛國主義」是萬萬不可取的。(〈破惡聲論〉，收《集外集拾遺補編》，《魯迅全集》8卷)——在中國成爲世界第二經濟大國，有人揚言要確立中國「重新站到領導這個世界的大位置上」的「大目標」時(見《中國不高興：大時代，大目標及我們的內憂外患》)，魯迅這樣的告誡，是不能聽而不聞的。

3，1934年，正當中國面臨日本侵略威脅之際，魯迅提出了一個「向仇敵學習」的命題：「即使那老師是我們的仇敵罷，我們也應該向他學習。我在這裡要提出現在大家所不高興的日本來，他的會摹仿，少創造，是爲中國的許多論者所鄙薄的，但是，只要看看他們的出版物和工業品，早非中國所及，就知道「會摹仿」決不是劣點，我們正應該學習這摹仿的」。魯迅在全國反日高潮中提出向日本學習，正顯示了他非凡的膽識，他也因此被冠以「漢奸」的惡名。魯迅坦然回應：「我相信自己的主張，決不是『受了帝國主義者的指使』，要誘中國人做奴才；而滿口愛國，滿身國粹，也於實際上的做奴才並無妨礙」(〈從孩子的照相說起〉，收《且介亭雜文》，《魯迅全集》6卷)。——這同樣是一個重要的提醒：對動不動斥人爲「漢奸」的「滿口愛國」的人，必須保持警惕，他們中有些人實際是暗中爲權勢者出力的「奴才」，說不定是「奉命愛國」。

這裡還有一個根本性的問題：中國人到底應該怎樣和外國人相處，比如和日本相處？

魯迅曾這樣表達他的憂慮：「中國人對於異族，歷來只有兩樣稱呼：一樣是禽獸，一樣是聖上。從沒有稱他朋友，說他也同我們一樣」(〈隨感錄。四十七〉，收《熱風》，《魯迅全集》1卷)。——這確實點到了要害：在中外關係上，在國勢強盛時，就陷入民族自大，視外國人爲「禽獸」；在處於劣勢地位時，就沉淪於民族自卑，奉外國人爲「聖上」，我們總在這兩個極端之間搖擺。而自大與自卑又是相互滲透的：表面的自大或自卑，骨子裡都暗含著自卑或自大。根本的問題，一是不清醒，不能正確地估計自己和對方，二是魯迅所說，在國際關係上，沒有「朋友」間平等相處的觀念，這背後自有一個「不是我吃掉你，就是你吃掉我」的弱肉強食的邏輯。在今天的全球化的時代，國與國的關係越來越密切的時候，這是特別應該警惕和防止的。

4，可以看出，愛國主義固然有它的合理性，但它常常會引導人們處於非理性的情緒化的狀態，這其實是蘊含著一種危險性的。這正是魯迅的一個深遠的隱憂。他在1925年「五卅運動」的愛國主義熱潮中，就發出這樣的警告：「我覺得中國人所蘊蓄的怨憤已經夠多了，自然是受強者的蹂躪所致的。但他們卻不很向強者反抗，而反在弱者身上發洩」，「再露骨地說，怕還可以證明這些人的卑怯。卑怯的人，即使有萬丈的憤火，除弱草以外，又能燒掉甚麼呢？」魯迅又說，對於國人，「要藉以洩憤的時候，只要給與一種特異的名稱，即可放心施刃，先前則有異端，妖人，奸黨，叛徒等類名目，現在就可用國賊，漢奸，二毛子，洋狗或洋奴」。我每次讀到這裡，都會有一種驚心動魄之感：今天中國老百姓，以至各階層的人的「怨憤」可以說已經蘊蓄到了臨界點上，隨時都有爆發的可能，所謂愛國主義的激情其實就是這樣的怨憤的表現。問題正在魯迅這裡所說的，「憤火」引向哪裡？最大的可能，就是魯迅說的，不是「向強者反抗，而反在弱者身上發洩」，而且嫁禍於人的罪名，大概就是魯迅這裡所說的「漢奸，洋奴」之類。因此，魯迅由此發出的呼籲，在今天是更爲切實與迫切的：「希望於點火的青年的，是對於群眾，在引起他們的公憤之餘，還須設法注入深沉的勇氣，當鼓舞他們的感情的時候，還須竭力啓發明白的理性；而且還得側重於勇氣和理性，從此繼續地訓練許多年。這聲音，自然斷乎不及大叫宣戰殺賊的大而闊，但我以爲卻是更緊要而更艱難偉大的工作」(〈雜憶〉，收《墳》，《魯迅全集》1卷)。

5，魯迅正是這樣的富有勇氣和理性的愛國主義者，因此，他在每一次愛國主義的熱潮裡，都能保持清醒，冷靜觀察，思考，特別對很容易被表面的熱情與熱鬧遮蔽的危險，有著高度的敏感，並及時向國人發出警告。這裡又有一例。在1925年的五卅運動中，他在〈忽然想到〉一文裡，以「一致對外」爲題寫了一段小對話：「甲：喂，乙先生！你怎麼趁我忙亂的時候，又將我的東西拿走了？現在拿出來，還我罷！」乙：「我們要一致對外！這樣危急時候，你還只記得自己的東西麼？亡國奴！」(收《華蓋集》，《魯迅全集》1卷)。時隔十一年的1936年，當中國面臨日本侵略，掀起反日愛國運動新高潮時，他又寫了一段小對話：「A：你們大家來品評一下罷，B竟蠻不講理的把我的大衫剝去了！」「C：現在東北四省失掉了，你漫不管，只嚷你自己的大衫，你這利己主義者，你這豬玀！」——這裡一再重複發生的在「一致對外」的口號下，剝奪他人和本國民眾的利益的事情，說明了一個規律：每當民族矛盾激化的時候，總有人要乘火打劫，而統治者尤其要用對外的民族矛盾來掩蓋國內的社會矛盾和階級矛盾，並由此取得自己統治的合法性。因此，魯迅提醒說：「用筆和舌，將淪爲異族的奴隸之苦告訴大家，自然是不錯的，但要十分小心，不可使大家得著這樣的結論：「那麼，到底還不如我們似的做自己人的奴隸好」」(〈半夏小集〉，收《且介亭雜文末編》，《魯迅全集》6卷)。這是真正的獨立的中國人的立場：絕不做外國人的奴隸，因此，要維護國家的獨立與主權；但也絕不做本國人的奴隸，因此，要堅決反對任何剝削、奴役與壓迫，而且唯有維護了社會的公正與平等，才能有真正強大、團結的國家。這兩者的結合，才是真正的愛國主義。

魯迅說，他的這些話「雖然不是我的血所寫，卻是見了我的同輩和比我年幼的青年們的血而寫的」(〈寫在《墳》後面〉，收《墳》，《魯迅全集》1卷)。歷史總會不斷重演；這樣的積澱著前輩的血的經驗的思想，就具有了足以警戒、啓示後人的力量和作用。

五、中國的希望在哪裡？

當今中國是一個頗爲奇異的社會：有的人陷入盲目的樂觀；更多的人，則充滿焦慮、不安，一些人中間，還瀰漫著絕望、虛無的情緒。於是，就提出了這個問題：中國的希望在哪裡？魯迅那個時代，也有過「中國人自信力的有無」的爭論。魯迅因此寫過一篇文章，題目就叫〈中國人失掉自信力了嗎〉。他的回答是：「要論中國人，必須不被搽在表面的自欺欺人的脂粉所誆騙，卻看看他的筋骨和脊樑。自信力的有無，狀元宰相的文章是不足爲據的，要自己去看地底下」。這裡提出了一個如何看中國的問題：如果眼睛盯著「狀元宰相的文章」，即權勢者和他們的充滿「自欺力」和「他信力」的宣傳，你會非常絕望；一旦把目光轉向「地底下」，中國的社會底層和普通百姓，知識分子，你就會發現中國的「筋骨和脊樑」：「他們有確信，不自欺；他們在前仆後繼的戰鬥，不過一面總在被摧殘，被抹殺，消滅於黑暗中，不能爲大家所知道罷了」(文收《且介亭雜文》，《魯迅全集》6卷）。——這裡，不妨談談我自己的經驗：多年來，我一直充滿焦慮地緊張觀察與思考中國的社會，看到許多官員的作爲和許多主流知識分子的表現，以及主流媒體的炒作，不僅絕望，而且不堪忍受。後來就遵循魯迅的提示，「自己去看地底下」，根據我的條件，主要深入到兩個群體，一個是第一線的中小學老師，一個是大學生的志願者組織。於是，我發現了「真正的教師」，他們憑著自己的教育良知和理想，在極其艱難的條件下，進行著一場「靜悄悄的教育變革」；我還發現了「新一代的青年理想主義者」，他們也衝破種種壓力，集合起來，深入到中國社會的底層，改變自己的存在，也努力爲弱勢群體服務。我感到自己找到了魯迅說的中國的「筋骨和脊樑」，儘管他們也如魯迅所說，「總在被摧殘，被抹殺，消滅於黑暗中」。我也因此找到了自己的位置，即和他們站在一起，盡我的力量給他們以支持，更從他們那裡吸取思想、智慧與力量，在相濡以沫中尋求生命的意義和快樂。我清醒地知道，在當今中國的體制下，這些「筋骨與脊樑」的努力，也包括我自己的努力，是不可能對中國的教育和社會發展發揮應有的作用的，更不用說根本改變教育和社會的面貌，我們只能「幫一個算一個」。因此，我在總體上依然充滿焦慮，而且可以說是與日俱增。但我又確實從這些日常生活的努力裡，看到了魯迅在〈紀念劉和珍君〉裡所說的「微茫的希望」。更重要的是，我沒有因爲總體的絕望而消極，頹廢，正像我在一篇文章裡所說，「我存在著，我努力著，我們彼此攙扶著：這就夠了」。我自覺地把這些努力，都看作是對魯迅上述思想的一個實踐，也可以說，我是從魯迅這裡找到了自己在當下中國的生命存在方式的。這也是我對「中國的希望在哪裡」這一問題的理解和回答：「希望在我們自己手裡，在真實地生活、努力在中國大地上的普通百姓和知識分子手裡」。

這已經涉及下一個問題——

六、我們怎麼辦？

魯迅在一次和北京的大學生的談話裡，講到「我們常將眼光收得極近，只在自身，或者放得極遠，到北極，或到天外，而這兩者之間的一圈可是絕不注意的」，因此，他勸告青年學生：「我們的眼光不可不放大，但不可放得太大」，「社會上的實際問題也要注意些才好」。(〈今春的兩種感想〉，收《集外集拾遺》，《魯迅全集》7卷)。

魯迅的這一告誡看似平易，並非「高論」，卻是大有針對性。他曾批評當時的一些作家「所感覺的範圍卻頗爲狹窄，不免咀嚼著身邊的小小的悲歡，而且就看這小悲歡爲全世界」，於是就陷入了「顧影自憐」。(〈《中國新文學大系》小說二集序〉，收《魯迅全集》6卷)這大概是當時的時代病吧。——在我的感覺和觀察裡，當下的一些中國人，包括年輕人，恐怕也患有這樣的「顧影自憐」病，或者還有點「顧影自戀」。這都是魯迅說的「眼光收得極近」。

魯迅在1920年代還向年輕人發出這樣的呼籲：「仰慕往古的，回往古去罷！想出世的，快出世去罷！想上天的，快上天罷！靈魂要離開肉體的，趕快離開罷！現在的地上，應該是執著現在，執著地上的人居住的」。(〈雜感〉，收《華蓋集》，《魯迅全集》3卷)在給許廣平的信裡，他又作了更明確的申說：「我看以前理想家，不是懷念「過去」，就是希望「將來」，而對於「現在」這個題目，都繳了白卷」。(1925年3月18日致許廣平，收《兩地書》，《魯迅全集》11卷)——魯迅對青年的這些告誡，有兩個基本點，一是要目光放大，走出個人小圈子，關心「社會上的實際問題」；二是不要把希望放在「過去」或「將來」，而要「執著現在，執著地上」。在我看來，魯迅強調的這兩點，對今天許多中國人和青年所關注的「我們怎麼辦」的問題，是有很大的啓示意義的。下面，我想就此作一些個人的發揮，不一定恰當，僅供參考而已。

我曾經和青年志願者討論過，我們這一代老理想主義者和他們這一代的新理想主義者的共同點與區別何在。我說，理想主義者，就必須像魯迅說的這樣，不能只關心個人一己的悲歡，要放大眼光，關心社會的實際問題，對社會、國家，以至世界、人類都有所承擔。在這一點上，今天的理想主義的青年，和我這一代人，以至魯迅那一代人，都是有著繼承關係的。

但我們這些從革命年代成長起來的理想主義者，都把希望寄託在「將來」，而我們所期待的「將來」，又是一個徹底地、一勞永逸地消滅一切不合理制度的理想，實際上是一個烏托邦的理想，是具有彼岸性的，我們卻試圖用專政的強制手段在此岸實現，就走到了理想的反面。我們這一代人也重視「現在」的奮鬥，但卻強調「現在」必須無條件地爲「將來」犧牲。這樣的理想主義，精神固然可嘉，但在社會實踐中卻帶來很大弊端，甚至造成了災難。今天的年輕人在堅持和發揚前輩人的理想主義精神，例如強烈的人文關懷，底層關懷，承擔意識、獻身精神等等的同時，也還需要吸取歷史的經驗教訓，作出一些必要的調整。在我看來，主要有三點，一是不再追求用暴力的革命，想一勞永逸地徹底解決社會弊端，而是提倡一種和平的、漸進的、逐步推進的變革；二是不把實現理想的希望放在遙遠的「將來」，而是要把理想的實現變成「現在」的實踐；三是不把「獻身精神」理解爲無條件地犧牲個人，而是強調個體的精神發展與爲社會貢獻的統一，是爲了實現個體生命價值而爲社會服務，並在服務過程中尋求、實現人生意義和享受快樂。

爲此，我將魯迅所說的「執著現在，執著地上」的思想，作了新的解釋，並借鑑捷克思想家哈威爾的「存在革命」的理論，提出了「靜悄悄的存在變革」的思想。在有關文章裡，有詳盡的解說，這裡僅說其要點。簡單地說，就是一句話：從改變自己的存在開始，以「建設你自己」作爲「建設社會」的開始。或個人，或集合志同道合者，按照自己的理想、價值觀，做有限的可以做到的事。當許多人奉行個人中心主義，我們這群人卻嘗試「利我利他，自助助人」的新的倫理；當人們沉湎於無止境的物質享受，我們嘗試一種「物質簡單，精神豐裕」的新生活；當整體的教育失去了意義，我們在自己的課堂裡努力創造有意義的教育；當學術越來越體制化、知識化，我們則進行一項項有人文關懷的研究，等等。

這裡包含了幾個理念。其一，不直接和現有框架和體制對抗，而是在現有框架內加進一個異數，創造具有內在對抗性的「第二教育」、「第二學術」，以至「第二政治」。這看起來似乎是一種退讓，其實是著眼於社會基層的基礎性的變革，這樣的基礎變革，是更爲根本的，積累到一定程度，上層建築不變也得變。其二，從「現在」開始，也就是魯迅所說的「執著現在」：從當下的每一個教學活動、教育細節，每一個具體的研究課題，每一個志願者活動……做起。不是爲了美好的明天，更要創造美好的今天，美好的現在，從所做的每一件具體的好事、實事裡獲得意義和快樂。其三，從「下面」開始，也就是魯迅說的「執著地上」。變革的起點，在權力之外的社會底層，在我們自己，在和自己一樣的獨立的人，面對一個個具體的人。這是一種「草根變革」，其意義就在把命運掌握在自己手裡，「從來沒有救世主，一切全靠自己救自己」！其四，著眼於「行動」，這和魯迅主張的「立意在反抗，指歸在動作」也是相通的。這就意味著，不僅是理想主義者，更是理性的，低調的行動主義者。不空談，不怨天尤人，「想大問題，做小事情」。同時，又要「好人聯合起來做好事」，形成群體的行動。而且相信只要我們堅持把事情做好，就會發生連鎖反應，會有越來越多的人和我們一起做於己於人有利的好事，凝聚成一種社會力量。這是一種靜悄悄的存在變革，通過一個個教育存在、學術存在、社會存在，政治存在……的基礎變革，為以後的上層建築的變革創造條件。當然，這樣的立足於底層和自身的變革，又是有極大的限度的，它其實是一種充分認識自己無法改變全域的前提下的努力，是「知其不可為而為之」的掙扎，是魯迅式的「反抗絕望」。中國的改革，必然是「自上而下的變革」與「自下而上的變革」合力的結果，單靠下面的改革，僅限於個人和小群體的改革，也是不行的。也就是說，我們既提倡靜悄悄的變革，也要看到它的局限性，在任何時候都要保持自我清醒。

七、也是最後一個問題：我們應該以怎樣的精神去做事情？

這是近年來我一直在宣導的，就是以「魯迅的韌性精神和智慧」進行「靜悄悄的存在變革」。對此，我已經講得很多，這裡，就摘選魯迅的幾段語錄吧。

關於「韌性精神」，魯迅主要講了三點意思。一是立足於中國改革的長期性與複雜性，準備一代又一代的長期奮鬥：「假定現今覺悟的青年的平均年齡為二十，又假定按中國人易於衰老的計算，至少也還可以共同抗拒，改革，奮鬥三十年。不夠，就再一代，二代……。這樣的數目，從個體看來，彷彿是可怕的，但倘若這一點就怕，便無藥可救，只好甘心滅亡。因為在民族的歷史上，這不過是一個極短時期，此外實沒有更快的捷徑」。(〈忽然想到(十)〉，收《華蓋集》，《魯迅全集》3卷》)。其二，要把爲實現理想的努力，變成日常生活實踐，慢而不息：「譬如自己要擇定一個口號……來履行，與其不飲不食的履行七日或痛哭流涕的履行一月，倒不如也看書也履行至五年，或者也看戲也履行至十年，或者也尋異己朋友也履行至五十年，或者也講情話也履行至一百年。記得韓非子曾經教人以競馬的要妙，其一是「不恥最後」。即使慢，馳而不息，縱令落後，縱令失敗，但一定可以達到他所向的目標」。(〈補白〉，《華蓋集》，《魯迅全集》3卷)。我曾經把魯迅這樣的韌性戰鬥，概括爲「邊打邊玩」。其三，要有一種「糾纏不止，不達目的絕不甘休」的精神：「無論愛什麼，——飯，異性，國，民族，人類，等等，——只有糾纏如毒蛇，執著如怨鬼，二六時中(注：即十二個時辰，整天整夜的意思)，沒有已時者有望」。(〈雜感〉，《華蓋集》，《魯迅全集》3卷)。

關於「智慧」，魯迅也談了兩點。一要學會「鑽文網」：「政府似乎已在張起壓制言論的網來，那麼，又須準備「鑽網」的法子」(〈兩地書。一〇〉，收《魯迅全集》11卷)。一個在中國的戰鬥者，必須學會尋找現行體制的空隙，必須有在限制與控制中謀發展，在不自由中開拓言論空間的智慧。其二要學會保護自己，打「壕塹戰」：「戰鬥當先守住營壘，若專一衝鋒，而反遭覆滅，乃無謀之勇，非真勇也」(〈致榴花社〉，收《魯迅全集》13卷)。要保護自己，就必須要有必要的妥協，但又不能喪失自己的基本立場，如何掌握妥協的度，也需要智慧。

我們的討論到這裡應該結束了。在整個討論過程中，我們都分明感覺到，魯迅就在我們身邊，他活在當下的中國，和我們一起憂慮，觀察，思考和探索。我們甚至感覺到了他那銳利的、溫潤的、充滿期待的目光的凝視。於是，我們心裡有了一絲溫馨，一點力量。或許我們應該開始新的更加深入的思考，或許我們應該開始新的更加實在的行動。那麼，就從現在，此刻，開始吧。

2012年11月7-10日

錢理群，北京大學中文系退休教授。1960年畢業於人民大學新聞系，在貴州任教18年，1978年考取北京大學中文系研究生，1981年畢業留校任教。代表作有《心靈的探尋》(1988)、《豐富的痛苦：堂吉訶德和哈姆雷特的東移》(1993)、《1948：天地玄黃》(1998)、《與魯迅相遇》(2003)、《拒絕遺忘》(2007)、《我的精神自傳》(2008)、《毛澤東時代和後毛澤東時代(1949-2009)：另一種歷史書寫》(聯經，2012)等二十餘種。

試論當代儒家之宗教觀及其歷史使命

李雅明

一、宗教的定義

宗教的定義很紛歧，因爲不同的學者往往根據自己的研究作出不同的定義，許多人也爲了特定的目的，而對宗教做出對自己比較有利的解釋。宗教這個名詞的定義，因而常常或者失之過寬，或者失之過窄。宗教學的創始人繆勒(1823-1900)說：「各個宗教定義從其出現不久，立刻會激起另一個斷然否定它的定義。看來，世界上有多少宗教，就會有多少宗教的定義，而堅持不同宗教定義的人們間的敵意，幾乎不亞於信仰不同宗教的人們」[1]。他把宗教定義爲：「人對無限存在的信仰」。宗教學者泰勒(1832-1917)主張萬物有靈論，他把宗教定義爲：「人對精神實體的信仰」。宗教學者弗雷澤(1854-1941)把宗教定義爲：「宗教是對超自然和超人間的權威力量討好並祈求和解的一種手段」。天主教士也是宗教學者的施米特(1868-1954)把宗教定義爲：「人對屬於一個或多個超世間、具有人

1　王曉朝，《宗教學基礎的十五堂課》(台北：五南圖書公司，2007)，頁9。

格的神的知或覺，根據這知覺，人與神之間有一種感通。」[2]

在任繼愈主編的《宗教大辭典》上，宗教的定義是：「宗教是人類社會發展到一定水平出現的一種社會意識型態和社會文化歷史現象。其特點是相信在現實世界之外存在著超自然、超人間的神秘力量或實體。信仰者相信這種神秘力量超越一切並統攝萬物，擁有絕對權威，主宰著自然和社會的進程，決定著人世的命運及禍福，從而使人對這一神秘境界產生敬畏和崇拜的思想感情，並由此引伸出與之相關的信仰認知和禮儀活動。」[3] 在呂大吉的《宗教學通論新編》上，宗教的定義是：「宗教是關於超人間、超自然力量的一種社會意識，以及因此而對之表示信仰和崇拜的行爲，是綜合這種意識和行爲並使之規範化、體制化的社會文化體系」[4]。牛津大辭典把宗教定義爲：「對於一個超人類統御力量崇拜的信仰，特別是對於一個人格神或多個神的信仰」[5]。大多數的宗教教義中會有一個神，或者有許多神。也有極少數宗教，像是原始佛教，嚴格講起來沒有神，但是這是一個特例。一般的宗教都有崇拜的神祇。

對於我們討論的目的來說，宗教可以簡單的定義爲：宗教是對於超自然力量，特別是對於人格神的崇拜。所有亞伯拉罕式的宗教，包括猶太教、基督教、伊斯蘭教都是典型的宗教。印度教雖然有其哲理的一面，但是也有許多人格神，特別是以梵天、毗濕奴、濕婆爲主的三大主神。梵天是宇宙的創造神，毗濕奴是保護神，濕婆是

2 輔仁大學，《宗教學概論》(台北：五南圖書公司，2007)，頁10。

3 任繼愈主編，《宗教大辭典》，〈緒論〉(上海：辭書出版社，1998)，頁1。

4 呂大吉，《宗教學通論新編》(北京：中國社會科學出版社，1998)，頁79。

5 英文維基資料。

破壞神。原始佛教嚴格說來是無神的，但是卻也沒有否定鬼神。到了後來的大乘佛教時期，更有把佛陀神化的傾向。

在這種以有沒有人格神作爲宗教判定標準的定義之下，儒家思想應該算是一種哲學思想。在人類思想史上，我們認爲哲學高於宗教。儒教也許在社會上有一定的宗教功能，但是應該不算是一種宗教。

二、孔孟荀的宗教觀

在中國歷史上，商人是相當崇尚鬼神的，許多事情都要占卜。他們崇拜的主要對象是上帝、天神、地祇和人鬼。商人的上帝有人格神的性質。到了周代，周人逐漸把崇拜的至上神稱爲「天」，人格神的性質就減少了。

到了春秋時代的孔子，對傳統宗教採取了改良主義的態度，並不完全拋棄宗教，但是把宗教問題哲理化了，進一步降低了天的人格性，使傳統的人格之天，變成了義理之天，命運之天[6]。孔子主張：「敬鬼神而遠之」[7]，認爲「未知生，焉知死？」「未能事人，焉能事鬼？」[8]，而且「子不語怪力亂神」[9]，說：「天何言哉！四時行焉，百物生焉，天何言哉！」[10]，認爲「知之爲知之，不知爲不知，

6 牟鍾鑒，張踐，《中國宗教通史》（北京：社會科學文獻出版社，2003），頁171。

7 《論語》，〈雍也篇〉20。

8 《論語》，〈先進篇〉11。

9 《論語》，〈述而篇〉20。

10 《論語》，〈陽貨篇〉19。

是知也。」[11]。孔子的態度非常接近現代哲學的不可知論，也與近代許多科學家對於大自然的看法極爲相似。

至於儒家的另外兩位宗師，孟子和荀子對於宗教的態度，孟子說：「順天者存，逆天者亡」[12]，「盡其心者，知其性也，知其性則知天矣。存其心，養其性，所以事天也」[13]。孟子對於天道談的不多，他對宗教的態度與孔子很接近，並沒有特別強調信仰。

至於荀子，荀子明確主張「聖人不求知天」[14]，使天回到自然之天的本位。荀子以自然之天否定神秘之天，沒有鬼神，祭祀純係神道設教。荀子說：「天行有常，不爲堯存，不爲桀亡，應之以治則吉，應之以亂則凶」，「大天而思之，孰與物畜而制之？從天而頌之，孰與制天命而用之？……故錯人而思天，則失萬物之情」[15]。荀子根本不相信鬼神，比孔子、孟子還要接近現代的無神論。

與世界其他文明比較起來，中國以儒家思想爲主的文化，是世界文明中唯一不以宗教爲主的文明。歐洲文明到了啓蒙時期，才開始批判過去近兩千年間占統治地位的基督教。與世界其他文明比較起來，儒家的宗教觀要遠比其他文明爲早熟，也要高於其他文明。儒家先賢在兩千多年前，就能和近代科學家有類似的宗教觀點，實在是非常難能可貴的。在中國歷史上，幾乎沒有宗教戰爭，也很少宗教迫害。千載之下，我們不禁要爲儒家先賢的理性精神而喝采，由於他們的真知灼見，使得中華文化走上了正確的道路。

11 《論語》，〈為政篇〉17。
12 《孟子》，〈離婁篇〉上。
13 《孟子》，〈盡心篇〉上。
14 《荀子》，〈天論篇〉。
15 《荀子》，〈天論篇〉。

三、 宋明理學家對於宗教的態度

對於宋明理學家來說，在宗教方面最重要的議題是抗佛老。

張橫渠說：「彼語寂滅者，往而不反；徇生執有者，物而不化；二者雖有間矣，以言乎失道則均焉。……聚亦吾體，散亦吾體；知死之不亡者，可與言性矣。」[16] 又說：「盡性然後知生無所得；則死無所喪。」[17] 佛教求無生，是所謂「語寂滅者，往而不反」者也。道教求長生，是所謂「徇生執有者，物而不化」者也。若知氣之「聚亦吾體，散亦吾體」；則「生無所得」，何必求無生？「死無所喪」何必求長生？此所謂「存吾順事，沒吾寧也」，這就是儒家的傳統人生態度，宋明理學家也都保持這樣的態度。故理學家雖受佛道的影響，而仍然排佛道，仍自命為儒家，其理由在此。

程明道與程伊川兄弟對於佛教也有批評。明道說：「聖人致公心，盡天地萬物之理，各當其分。佛氏總為一己之私，是安得同乎？聖人循理，故平直而易行，異端造作，大小大費力，非自然也，故失之遠。」伊川也說：「釋氏之學，又不可道他不知，亦儘極乎高深。然要之卒歸乎自私自利之規模。何以言之？天地之間，有生便有死，有樂便有哀。釋氏所在，便須覓一個纖姦打訛處。言免生死，齊煩惱，卒歸乎自私。」[18]

朱子對於佛家也有批評。他說：「釋氏說空，不是便不是。但

16 張載，〈正蒙太和篇〉，見：馮友蘭，《中國哲學史》（台北：臺灣商務印書館），下冊，頁867。

17 張載，〈正蒙誠明篇〉，見：馮友蘭，《中國哲學史》（台北：臺灣商務印書館），下冊，頁867。

18 馮友蘭，《中國哲學史》（台北：臺灣商務印書館），下冊，頁877。

空裏面須有道理始得。若只說道我是個空，而不知有個實底道理，卻做甚用。」又說：「彼見得心空而無理，此見得心雖空而萬理咸備也。」[19]

陸象山認為釋氏之病，在於不能「大公」。他說：「某嘗以義利二字判儒釋。又曰公私，其實即義利也。儒者以人生天地之間，靈於萬物，貴於萬物，與天地並而為三極。天有天道，地有地道，人有人道。人而不盡人道，不足與天地並。人有五官，官有其事。於是有是非得失，於是有教有學。其教之所以立者如此，故曰義曰公。釋氏以人生天地間，有生死，有輪迴，有煩惱，以為甚苦，而求所以免之。……其教之所從立如此，故曰利曰私。」[20]

王陽明《傳習錄》說：「先生嘗言佛氏不著相，其實著了相；吾儒著相，其實不著相；請問。曰：『佛怕父子累，卻逃了父子；怕君臣累，卻逃了君臣；怕夫妻累，卻逃了夫婦。都是為個君臣父子夫婦著了相，便須逃避。如吾儒有個父子，還他以仁；有個君臣，還他以義；有個夫婦，還他以別。何曾著父子君臣夫婦的相？』」[21]又云，「仙家說到虛，聖人豈能虛上加得一毫實？佛家說到無，聖人豈能無上加得一毫有？但仙家說虛，從養生上來；佛家說無，從出離生死苦海上來；卻於本體上加卻這些子意思在，便不是他虛無的本色了。便於本體有障礙。聖人只是還他良知的本色，更不著些子意思在。」[22]

宋明理學大家對於佛道兩家都有批評。宋明理學家沒有講究鬼神的。在宗教思想上，宋明理學的主要任務就是抗佛老，也都繼承

19 同上，頁925。
20 同上，頁932。
21 同上，頁959。
22 同上，頁959。

了孔孟荀不可知論或無神論的傳統。

四、當代儒家學者的宗教觀

到了近代，儒家思想受到內外的衝擊，逐漸有了一些新的回應。在這期間比較有代表性的儒家學者當中，梁啓超、胡適、張君勱、梁漱溟、馮友蘭、錢穆、熊十力、方東美、徐復觀、唐君毅、牟宗三、勞思光等人都對宗教有所評論或主張。一般儒家學者多認爲儒學高於宗教，部份學者亦認爲儒家哲學有其宗教性。我們現在回顧一下這些近代儒者對於宗教的觀點。

1.梁啟超

梁啓超要尊孔，但反對把儒學改造成宗教。他指出：「哲學貴疑，宗教貴信」[23]。1902年，梁啓超發表了〈保教非所以尊孔論〉一文，在文中論述「儒學非宗教」之義時，闡述了他自己的宗教觀：他說：「保教之論何自起手？懼耶教之侵入，而思所以抵制之也。吾以爲此之爲慮亦已過矣。彼宗教者，與人群進化第二期之文明，不能相容者也。科學之力日盛，則迷信之力日衰。自由之界日張，則神權之界日縮。今日耶教勢力在歐洲，其視數百年前，不過十之一二耳。」[24]

他又說：「西人所謂宗教者，專指迷信宗仰而言，其權力範圍

23 牟鍾鑒，《中國宗教與文化》(台北：唐山出版社，1995)，頁128。

24 列文森(Joseph R. Levenson)，《儒教中國及其現代命運》(*Confucian China and Its Modern Fate*)(桂林：廣西師範大學出版社，2009)，頁103。原文出自：梁啟超，《飲冰室文集》，〈保教非所以尊孔論〉(台北：萬象書局，1962)，頁122。

乃在軀殼之外，以靈魂爲根據，以禮拜爲儀式，以脫離塵世爲目的，以涅磐天國爲究竟，以來世禍福爲法門。諸教雖有精粗大小之不同，而其概則一也。故奉其教者，莫要於起信，莫急於伏魔。起信者，禁人之懷疑，窒人之思想自由也；伏魔者，持門戶以排外也。故宗教者非使人進步之具也。」[25]

2.胡適

胡適自少年時起，就反對鬼神信仰，受到范縝的影響，贊同他所說的：「神之與形，猶利之於刀；未聞刀沒而利存，豈容形亡而神在」。1910年赴美留學，初在康乃爾大學習農，1915年轉入哥倫比亞大學讀哲學，師從杜威，1917年返國任教於北京大學。在留學之後，胡適開始以科學的論點來破除迷信，反對宗教信仰。他說：「在宗教信仰向來比較自由的中國，我們如果深信現有的科學證據，只能叫我們否定上帝的存在和靈魂的不滅。」他又說：「古代的人因爲想求得感情上的安慰，不惜犧牲理智上的要求，專靠信心，不問證據，於是信鬼、信神、信上帝、信淨土、信地獄。近世科學便不能這樣專靠信心了。科學並不菲薄感情上的安慰；科學只要求一切信仰要經得起理智的評判，須要求充分的證據。凡沒有充分證據的，只可存疑，不足信仰。」[26]

對於儒家的宗教觀，胡適認爲孔孟開展了離開傳統宗教而傾向道德論的趨勢，這才是孔子的真正地位。也就是說，孔子既非只是一個舊宗教的傳襲者，也不是一個新宗教的創立者。他建立天人之

---

25 祝薇，《論早期現代新儒家的宗教觀》（上海：上海古籍出版社，2011），頁4。

26 鄭志明，《儒學的現世性與宗教性》（嘉義：南華大學管理學院，1998），頁202。

間的平衡，將一個舊宗教提升到較高的層次[27]。

3.張君勱

張君勱認爲儒家重視理性，而少談信仰。他說：「吾國哲人富於理性，少談信仰。……因此養成吾國學者之傳統，或重義理或事考證。而與印度、近東、與歐西承受耶教後之發揮宗教信仰者大不相同。」[28]

不過，他的論點與胡適不同。在科學與人生觀的論戰中，他強調科學與人生觀的不同，畫分科學與人生觀的五大差別：1. 科學爲客觀的，人生觀爲主觀的。2. 科學爲論理的方法所支配，而人生觀起於直覺。3. 科學可以以分析方法下手，而人生觀則爲綜合的。4. 科學爲因果律所支配，而人生觀則爲自由意志的。5.科學起於對象之相同現象，而人生觀起於人格之單一性[29]。

張君勱以爲中西哲學有大不同，包含三點，第一，東方注重人生，西方注重物理世界；第二，東方注重「是非善惡」，及西方所謂價值，而西方認爲次要；第三，東方將道德置之智識之上，而西方將智識置之道德之上。基於此，張君勱認爲，儒家哲學實是一種「道德至上」的人生哲學[30]。

---

27 陳榮捷著，廖世德譯，《現代中國的宗教趨勢》(*Religious Trends in Modern China*)(台北：文殊出版社，1987)，頁32起。

28 程志華，《中國近現代儒學史》(北京：人民出版社，2010)，頁108；張君勱，《新儒家思想史》(台北：弘文館出版社，1986)，頁17。

29 黄克劍，《百年新儒林——當代新儒學八大家論略》(北京：中國青年出版社，2000)，頁83。

30 程志華，《中國近現代儒學史》(北京：人民出版社，2010)，頁110。

4.梁漱溟

梁漱溟以為：宗教問題實為中西文化的分水嶺，指出西洋文化是以「基督教作中心」，中國卻是以「非宗教的周孔化作中心」，「西洋社會靠宗教和法律，而中國社會卻是以道德代宗教，以禮俗代法律」[31]。

梁漱溟認可宗教，但是他還是認為中國無需宗教，因為中國儒家文化有道德理性主義精神可以取代宗教[32]，「儒佛二重性」是梁漱溟思想的外在表徵，「生命本體論」則是他思想的內在特質。梁漱溟對佛教推崇備至，但是他卻反對佛教為現世所用。梁漱溟批評梁啓超、譚嗣同等人，只看到了佛教慈悲勇猛的精神，卻不談佛教的出世主張給現實社會所帶來的弊端，這是在為佛教隱諱[33]。

5.馮友蘭

馮友蘭認為宗教就是一種哲學加上一定的上層建築，包括迷信、教條、儀式和組織。宗教在理論上是獨斷的，隨著科學的進步，宗教必將讓位於科學。而人類對於超越人世的渴望必將由哲學來滿足，而儒家哲學正好具有這種品格[34]。

針對是否有上帝或者人格神的存在，馮友蘭的態度是非常理智的：「西洋中世紀的宗教家、哲學家，曾設法用思辨證明上帝的存

---

31 方松華，《20世紀中國哲學與文化》（上海：學林出版社，1997），頁84。

32 祝薇，《論早期現代新儒家的宗教觀》，〈自序〉（上海：上海古籍出版社，2011）。

33 同上，第一章〈以道德代宗教——論梁漱溟的宗教觀〉，頁23-34。

34 同上，〈自序〉。

在。但從嚴格底邏輯看，其證明都是不充分底。凡非經驗或思辨所能證明者，從信仰的立場看，我們雖可信其有，不信其無；但從義理的立場看，我們都只能說其無，不能說其有。」[35]

馮友蘭主張以哲學代宗教。依據主要有三，第一宗教的核心是哲學；第二，哲學可以彌補宗教之不足；第三，宗教只可達到道德境界，而哲學可以達到天地境界[36]。他認爲：「科學每前進一步，宗教便後退一步」，「將來的世界裏，哲學將取代宗教的地位，這是合乎中國哲學傳統的。」[37] 馮友蘭對於宗教的態度與胡適一致，是非常清楚的。

6.錢穆

錢穆基本上是史學家，而非哲學家。對於宗教，他支持「無神」的立場。他說：「在東方人的社會裏，實在可以無宗教。東方思想裏面實已有一種代替宗教之要點與功能，此即上論不朽之觀念。此種觀念，以儒家爲代表。若要說東方人有宗教，寧可說是儒教而非佛教。儒教與佛耶回三教之不同處，大端有二：一是佛耶回三教皆主有靈魂(佛教輪迴說，可謂是變相之靈魂)，而儒家則只認人類之心性(或說良心)而不講靈魂。二則佛耶回三教皆於現世界以外另主有一世界，在此另一世界裏，則有上帝天神或諸佛菩薩，儒家則只認此人類之現世界，不再認現實世界外之另一世界，而在此現實世界中之標準理想人物則爲聖賢。」[38]

---

35 同上，頁85。

36 程志華，《中國近現代儒學史》(北京：人民出版社，2010)，頁136。

37 馮友蘭著，趙復三譯，《中國哲學簡史》(天津：天津社會科學院出版社，2005)，頁5。

38 鄭志明，《宗教思潮與對話》(台北：大元書局，2006)，228頁。

7.熊十力

熊十力從根本處反對宗教的必要[39]。熊十力認爲：「中國民族之特性，即爲無宗教思想」。熊十力對於宗教的觀點與馮友蘭類似，都認爲哲學是優於宗教的[40]。

8.方東美

方東美說他的宗教立場不是自然神論(deism)，也不是有神論，而是泛神論(pantheism)[41]。方東美以爲「西方的宗教信仰途徑，應當向東方看齊」。他覺得印度宗教，無論是婆羅門教還是佛教，在理論上都難免陷入「二元對立」的困境，難以與中國宗教在理論水平上等齊[42]。在佛教各派的思想中，方東美最爲推崇的是華嚴宗哲學[43]。

9.徐復觀

徐復觀否認儒學是宗教。他認爲中國文化自春秋時代就逐漸從宗教中擺脫出來，在人的生命中紮根，不必再回頭走[44]。他認爲，一切民族的文化都從宗教開始，但是中國文化的特色，是從天道、

---

39 祝薇，《論早期現代新儒家的宗教觀》(上海：上海古籍出版社，2011)，〈自序〉及頁120-123。

40 同上，頁113-116，原見《十力語要》。

41 蔣國保、余秉頤著，方克立、李錦全主編，《方東美思想研究》，《現代新儒學研究叢書》(天津：天津人民出版社，2004)，頁215。

42 同上，頁266。

43 同上，頁288。

44 顏炳罡，《當代新儒學引論》(北京：圖書館出版社，1998)，頁91。

天命一步步向下落，落在具體的人的生命、行爲之上[45]。

徐復觀不贊成形而上學式的哲學，主張探討文化不能離開具體的現實世界[46]。他也否定牟宗三、唐君毅所熱衷的「由道德發展上去的形而上學」。他拒絕對儒家義理作形而上學的探求[47]，與唐君毅、牟宗三的方向相當不同。

10.唐君毅

唐君毅是當代儒家學者當中，宗教傾向最重的一位[48]。唐君毅心目中的儒教就是一種宗教，而且還是一種比基督教、佛教更具包融性、涵蓋性的宗教。「然以基督教視孔子與釋迦，則猶是有罪之人；以佛教視孔子與耶穌，亦是未度眾生之一。故此二教必不能相容，與儒者之教，亦不能相容。」他認爲大中至善之教，則唯儒者之教足以當之[49]。

唐君毅說：「譬如我個人不是一個教徒，但是基督教、佛教，我都欣賞」[50]。他又說：「由此，吾人一切據以斷一事物爲主觀虛幻之標準，皆不能持以論神爲主觀虛幻。由是而吾人對神存在之懷疑，皆無安立處，而神之存在遂可爲經驗神存在及信仰神存在之宗

45 程志華，《中國近現代儒學史》(北京：人民出版社，2010)，頁185。

46 同上，頁180。

47 方松華，《20世紀中國哲學與文化》(上海：學林出版社，1997)，頁111。

48 唐君毅，《中國人文精神之發展》，第五部《宗教信仰與現代中國文化》(台北：臺灣學生書局，2000)，頁329起。

49 顏炳罡，《當代新儒學引論》(北京：圖書館出版社，1998)，頁29。

50 唐君毅著，楊明、張偉主編，《唐君毅新儒學論集》(南京：南京大學出版社，2008)，頁181。

教意識本身所保證而證明」[51]。唐君毅說：「西方現代所需之新人文主義，亦決不能如文藝復興以來之人文運動，持人與神相對之態度。反宗教是不必須的。不僅不必須，而且從整個西洋文化之保存與發展看，西方之宗教精神是應當保持的、加以發揚的。」[52]

他又說：「人類文化不亡，人總不能全部物化。便須有上升求神化之宗教精神，以直接挽著往下墜而物化之人類命運。」[53]他甚至說：「我個人是相信宇宙間有鬼神存在的。但神之意義如何，則不是簡單的幾句話可說，此亦不必與一般宗教家所說全同。」[54]「在這個時代，如果人們之宗教精神，不能主宰其科學精神；人之求向上升的意志，不能主宰其追求功利之實用的意志，人類之存在之保障、最高的道德之實踐、政治經濟與社會之改造、世界人文主義之復興、中國儒家精神之充量發展，同是不可能的。」[55]

在《人文精神之重建》一書中，唐君毅說：「文藝復興時代的人文主義是相對於神文而言，故持人與神相對立的態度。而今天的人文主義，反宗教不是必需的。相反，應該發揚宗教精神，只有宗教精神，才能拯救今天的人類。」[56]

在《中國人文精神之發展》一書第五部份「宗教信仰與現在中國文化」中，唐君毅對宗教的價值做了充分的肯定，他認為宗教和科學並不對立，宗教與科學分屬兩個不同的人文領域，對於人類來

---

51 同上，頁250。
52 同上，頁274。
53 同上，頁274。
54 同上，頁276。
55 同上，頁276。
56 方克立、鄭家棟主編，《現代新儒家人物與著作》（天津：南開大學出版社，1995），頁235。

說，都有其永恆的價值。唐君毅認為：儒學不是一般的宗教，而是一種有極高宗教精神的宗教。它的盡心知性知天的精神，表現了心靈的超越性和無限性，為人們提供了其他宗教不可比擬的安身立命之所。故不能認為儒學是與宗教對立的。相反，儒學的存在將為一切宗教的存在提供前提，為一切宗教的融合建立真實性的基礎[57]。

唐君毅雖然承認中國文化中太少非人文思想的科學內容，但他並不以此為缺憾。他所關注的是科技可能給人類帶來的災難性後果，故不遺餘力地反對科學至上主義，而對科技造福於人類的現實和中國文化應當如何很好地吸收西方的科學思想，卻表現出了極度的漠視。科學與宗教，同為中國文化所缺，但唐君毅選擇的是宗教，而不是科學[58]。

在唐君毅看來，可以引伸中國文化的格物致知精神以接受西方的科學技術，引伸中國「民本」「民貴」思想以接受西方的民主，引伸中國傳統的敬天意識以接受西方的宗教[59]。

對基督教在西方歷史上的定位，唐君毅的看法也與其他學者不同。他認為：西洋文化由希臘而羅馬，至基督教的興起，都是表現了一種不斷向上發展精神。但發展到近一兩百年，而有一大漩渦，大倒退[60]。他顯然極不贊成西方哲學家自啓蒙運動以來，對於基督教的批判。

---

57 同上，頁241-242。

58 景海峰，《新儒學與二十世紀中國思想》（鄭州：中州古籍出版社，2005），頁232 。

59 黃克劍，《百年新儒林——當代新儒學八大家論略》（北京：中國青年出版社，2000），頁209。

60 方克立、鄭家棟主編，《現代新儒家人物與著作》（天津：南開大學出版社，1995），頁236。

在唐君毅最後的著作《生命存在與心靈境界》一書中，認爲由於心靈活動的並立相對，次序的先後，層位的高低，開出九種心靈境界，即客觀三境，主觀三境，超主客三境。最後三境是：歸向一神境、我法二空境、和天德流行境[61]。後三境明顯表達了唐君毅對於基督教、佛教與儒教的層次判斷。

唐君毅在近代儒家學者中，幾乎是唯一一個說他承認鬼神存在，認爲儒教是一種有極高宗教精神的宗教，不怎麼批判基督教，同時認爲西方啓蒙運動以後的近代思想是倒退的。這實在違反了儒家的傳統精神，也與絕大多數的當代儒家學者站在不同的立場。

11.牟宗三

在熊十力先生的三大弟子中，唐君毅的宗教情識最濃，牟宗三認爲儒教是一種人文教或道德宗教，其哲學意味重於宗教情識，而徐復觀根本否認儒學是宗教[62]。

牟宗三說：「不喜宗教者，因儒家並未成爲西方意義之宗教而欣然，且欲並爲教而忽之，故述古，則謂其只是諸子百家之一，據今，則欲只作哲學或學說看，實則此並不通。其未成爲西方意義之宗教是也，然其爲教而足以爲日常生活之軌道，並足以提高精神，啓發靈感，而爲文化生命之動力，則決不可泯」[63]。

到了當代，新派知識分子如胡適等人以科學爲價值判準，強力

---

61 顏炳罡，《當代新儒學引論》(北京：北京圖書館出版社，1998)，頁340起。

62 同上，頁91。

63 牟宗三，《生命的學問》，〈人文主義與宗教〉，頁77。可見：鄭志明，《儒學的現世性與宗教性》(嘉義：南華大學管理學院，1998)，頁251。

的排斥宗教。牟宗三對這樣的知識分子極爲反感。他說：「他們對於道德宗教一項，完全忽視其意義與作用。說到宗教，他們馬上想到迷信；說到道德，他們馬上想到迂腐。他們完全不知道，道德宗教，在其客觀廣度上面，有成爲『日常生活的軌道』之意義，在其主觀深度方面，有作爲『文化創造之動力』的意義。這兩方面看不到，當然視之虛無。依此，他們看文化也只作爲外在一堆東西看，決不能看到它所由以成之創造的動力與精神的表現」。牟宗三批評這些人爲「極端輕薄無心肝」[64]。在《中國哲學十九講》中，牟宗三表示，他討厭某些天主教人士的說法，那是所謂「簒竊」、「偷樑換柱」。既沒有道德的良心，也沒有知識的真誠[65]。牟宗三稱基督教爲「隔離的宗教」或「離教」[66]。因此，作爲儒家學者的牟宗三對於天主教和基督新教都是沒有什麼好感的。但是，牟宗三批評基督宗教的理由與胡適、馮友蘭等人大有出入。

牟宗三說：「在西方哲學中，肯定上帝的存在，這叫做『道德的證明』。所以康德只承認道德的神學是可能的，其他的都不能成立。這是很對的。」[67] 康德推翻了過去基督教神學家所有關於上帝存在的證明，最後只能訴諸於需要社會道德的理由而認證上帝存在，這跟啓蒙運動哲學家伏爾泰(1694-1778)所說的：「如果神不存在，那就必須要發明一個」，其實意思是完全一樣的。因此，從嚴格的哲學意義上講，康德以道德來論證上帝存在的理由其實是無法

---

64 鄭志明，《儒學的現世性與宗教性》(嘉義：南華大學管理學院，1998)，頁255。

65 牟宗三，《中國哲學十九講》(台北：臺灣學生書局，1995)，頁435。

66 黃克劍，《百年新儒林——當代新儒學八大家論略》(北京：中國青年出版社，2000)，頁240。

67 牟宗三，《中國哲學十九講》(台北：臺灣學生書局，1995)，頁380。

成立的。

牟宗三對於基督教的批判，僅限於哲學的範疇，對於基督教的實際層面似乎了解有限[68]。在《中國哲學的特質》一書中，牟宗三說：「上帝的『道』，依賴一個偉大的人格超凡的生命去表現昭著。耶穌就是擔負這任務的大人格、大生命。」[69]他又說：「至於最高級、最偉大、最感人的犧牲，就是生命的放棄，最典型的例子當然是耶穌的釘十字架。……然而耶穌的上十字架，並不同於中國的『殉道』。中國古代殉道的烈士並不少。他們殉道的目的是成仁取義，耶穌上十字架的意義，則在以犧牲的姿態表現普遍的愛，從而徹盡上帝的內容意義，而且能負起如此重責的，只有他一個。」[70]牟宗三還說：「耶穌的國家觀念當然是很差的，因爲他的國在天上，不在地下」、「耶穌通過最高的放棄—放棄生命，爲了傳播上帝的普遍的愛，燃起普遍的愛之心，把人心對物質、親友之類的拖帶顧慮一一燒毀。因此耶穌上十字架，對人心有很大的淨化作用。而且，在將上十字架的一段時期，耶穌心中博愛之火已經燃燒到熊熊烈烈，他的生命已達到一個狂烈的、不得不上十字架的狀態。這時他的心中只有上帝，別無其他。換句話說，此時他的生命已經錘鍊得精純到無以復加的地步。精純的愛之火，燒掉人心的拖累，如此才可彰顯無分際的博愛。耶穌上十字架後三天復活，於是完成了犧牲生命的過程，這過程證實了上帝是一個『純靈』(pure spirit)，而純

68 鄭志明，《儒學的現世性與宗教性》(嘉義：南華大學管理學院，1998)，頁268。

69 牟宗三，《中國哲學的特質》(台北：臺灣學生書局，1963年初版，2009年再版)，頁60。

70 同上，頁63。

靈之所以爲純靈，正在於普遍的、宇宙的愛。」[71] 牟宗三在說到基督教的「三位一體」時，重複基督教和黑格爾的講法，而且說：「上述三位一體之說，是基督教最基本的教義，黑格爾認爲三位一體的思想，表現耶教爲『涵義最爲完全』的宗教，故以耶教爲絕對宗教的唯一代表。反觀中國思想，雖無三位一體之說，但是所謂『圓教』正可與之相當。天命、天道、即相當於西方的神或上帝。」[72] 牟宗三在談論基督教教義時，幾乎逐字逐句的複述傳教士所說的言語，對於基督教的教義沒有作出任何實質性的批判，對於基督教的真實歷史，也似乎所知甚少，這種情形著實令人感嘆。

12.勞思光

勞思光認爲孔子對「原始信仰中之天神鬼等觀念，皆不重視」，「中國古代之天觀念，作爲一原始觀念看，本以指人格神之意義爲主；而孔子以後，人文精神日漸透顯，人格神已喪失其重要性。但由於習慣之殘留，孔子及其他先秦儒者仍然時時提到天一詞」[73]。

勞思光說他對於言神的宗教，持否定態度，主張以聖代神[74]。但是，他也認爲「經驗科學有其自身的範圍，不僅在對象方面並非包萬有而無遺的，而且在基礎上還必須假定超經驗的範疇。……所以欲以經驗科學的尺度衡量宗教的人，是不自知其理論的逾權」[75]。

---

71 同上，頁64-65。

72 同上，頁69。

73 項退結，《中國哲學之路》(台北：東大圖書公司，1991)，頁88。

74 勞思光，《儒學精神與世界文化路向(思光少作集一)》(台北：時報文化公司，1987)，頁199。

75 同上，頁138。

五、西方文化中的宗教

梁漱溟認為，西方文化是以宗教即基督教為中心的文化系統，而中國文化是以周孔之教為中心的文化系統。其實，這樣講並不完全。因為西方文化有兩個主要的來源，就是希臘羅馬文化和希伯來—基督教傳統，簡稱兩希，並非只是以基督教為中心的文化。特別是到了啓蒙運動以後，基督教在歐洲已經受到很大的衝擊。在中古世紀，基督教的影響固然非常大，但是它對於後來西方文明發展的影響，勿寧說是負面的多，而正面的少[76]。

基督教在西方造成了中世紀長達約一千年的黑暗時代，也造成了多次的宗教戰爭，基督教信仰在歷史上妨礙了科學的發展。到了現代，基督教的信仰仍然與科學有衝突。自從啓蒙運動以來，隨著科學的進步，基督教在西方社會的影響日益下降，歐洲先進國家的人民，相信基督教的比例近年來大幅下降[77]。在科學比較發達的國家中，只有美國人民信仰基督教的比例還比較高，但是這種情形在過去的十數年中，也有了相當大的變化。最近有關美國人宗教信仰的調查，發現1984年美國人有91%認為自己是基督徒，1989年仍有82%，到2009年已經下降到78%[78]。另外一項調查，顯示1990年仍

76 李雅明，《我看基督教：一個知識分子的省思》，第16章〈西方文明是基於基督教的嗎？〉（台北：桂冠圖書公司，2006）。

77 李雅明，《科學與宗教：400年來的衝突、挑戰和展望》（台北：五南圖書公司，2008），頁393。

78 Frank Newport, “This Christmas, 78% of Americans Identify as Christians,” Dec.24, 2009, *Gallup wellbeing.*

有86%的美國人認爲自己是基督徒，到2008年已經下降到76%[79]，在精英分子中，信仰的程度尤其很淺。有研究指出：美國人的基督教信仰有「幾千里寬」，但是卻只有「幾吋深」[80]。特別是在有重大貢獻的科學家當中，信仰基督教者比例越來越少[81]。從這些發展可以看出來，基督教固然過去對西方社會有重大的影響，但是在啓蒙運動之後，卻已經日益走下坡。

面對科學的挑戰，19世紀基督教神學家的回應，可以以德國神學家施萊爾馬赫(1768-1834)作爲主要的代表。施萊爾馬赫把基督教的信仰核心，從《新舊約全書》轉到了「宗教體驗」上[82]。以他爲代表的基督教神學，可以稱爲自由派基督教。一般來說，自由派基督教雖然主張《新舊約全書》是神的驗證，但是他們承認《新舊約全書》不見得完全是神的語言，《新舊約全書》的記載主要是象徵性的，也就是對科學的發展作出了一定的讓步。

進入20世紀以後，情況又出現了一些變化。面對挑戰，基督教神學家在20世紀做出了一些反應。在新教方面最主要的神學家是巴特(1886-1968)，他對於啓蒙運動以來的發展，採取了一種頑固對抗的態度。他認爲自由派神學對啓蒙運動的哲學作了太多讓步，他的

---

79 How will the shocking decline of Christianity in America affect the future of this nation?" *The American Dream*, Jan.19, 2012

80 D.M. Lindsay, "Religion in America is 3000 miles wide, but it is only 3 inches deep. Study finds most in U.S. reshape religion," *San Francisco Chronicle*, June 24, 2008.

81 李雅明，《科學與宗教：400年來的衝突、挑戰和展望》(台北：五南圖書公司，2008)，頁267-358。

82 雪萊(Bruce L. Shelley)著，劉平譯，《基督教會史》(北京：北京大學出版社)，頁458；F.L. Baumer, *Modern European Thought* (Macmillan Publishing Co., 1977), p. 278.

新正統神學始終以「上帝的絕對神性」爲基調，抬高「神的恩典和啓示」，貶低「人的認識或理解」。與他立場接近的新教神學家，還有瑞士神學家布魯內爾(1889-1966)和美國神學家尼布爾(1892-1971)等人[83]。

生於德國，後來移居美國的新教神學家蒂利希(1886-1965)採取一種較爲婉轉的態度，認爲上帝是終極關懷的象徵[84]。蒂利希關於神有名的定義是這樣的：「人是有限的，而神是這個問題的答案。神是人終極關切這個東西的名字。這並不是說首先有一個神，然後人對這個終極關懷的對象有了需求。這意味著人終極關切的東西，最後對人而言變成了神。反過來說，這表示一個人最終只會對他認爲是神的東西才會有終極關懷。」[85]他把宗教定義爲：「宗教是一種執著的終極關懷狀態，它是人的其他關懷的前提，並蘊涵著人的生命意義的答案」[86]。這就是蒂利希有名的關於「終極關懷」的論述。他喜歡用「存在本身」或「存在的理由」，甚至「存在的威力」，來作爲代表神的名詞。他說：「強調神的存在和否定他的存在都是無神論的，神就是存在本身，而並不是什麼存在。」。蒂利希認爲拒斥科學真理來給宗教保留地盤，是「一種落入窮途末路的神學方法」。但是，他認爲科學與宗教不屬於「同一個意域」[87]。

---

83 李雅明，《科學與宗教：400年來的衝突、挑戰和展望》(台北：五南圖書出版公司，2008)，頁260。

84 單純，《宗教哲學》(北京：中國社會科學出版社，2003)，頁371。

85 Peter McEnhill and George Newlands, *Fifty Key Christian Thinkers* (Routledge, 2004), p. 257.

86 Paul Tillich, *Christianity and the Encounter of the World Religions* (Columbia University Press, 1963), p. 4；單純，《宗教哲學》(北京：中國社會科學出版社，2003)，頁67。

87 張志剛，《宗教哲學研究》(北京：中國人民大學出版社，2003)，從這些引述可以看出來，蒂利希希望用比較寬鬆的、比較廣義的對神的解釋，來化解啓蒙運動和科學興起以後對於基督教的衝擊，特別是對於人格神這個觀念的批判。但是，一方面這種說法不爲傳統的基督教徒所接受，另一方面，蒂利希這種把基督教的神祇，當作是所謂「終極關懷」的寬鬆解釋，實際上是企圖把基督教人格神的觀念抽象化、模糊化，有些像是「魚目混珠」，希望蒙混過關，來躲過近代科學與宗教學研究對於《新舊約全書》和基督教教義的嚴格檢驗。

在天主教方面，20世紀最有影響力的神學家是德國的拉納(1904-1984)。拉納主張宗教兼併論，與傳統的排他論觀念相同，兼併論者堅持只有一種宗教信仰是絕對真實的，能使人得到真正的啓示和根本的拯救。他認爲基督教是「絕對的宗教」，不承認其他任何宗教具有此等權利。拉納強調羅馬天主教信仰的基本精神：「教會之外，別無拯救」。

像巴特和拉納這樣的基督教排他性神學主張，是不可能跟唐君毅所說的儒家宗教思想「和而不同」的。

六、科學與宗教的關係

科學就是以觀察到的事實，和驗證過的理論爲基礎，有系統、有條理組織起來的知識。用這種方式來獲得知識，我們稱之爲科學方法。17世紀起由於科學的進步，科學與宗教在許多領域都有了不同的認知，兩者之間因而無可避免的產生了矛盾。由於近代科學首先在西歐產生，科學與宗教之間的衝突，也就首先發生在科學與基

(續)

頁559。

督教之間[88]。隨著天文學和物理學的進步，宇宙星際的運行、地球上物體的運動，不再需要神的參與，也沒有神參與的空間。這與基督教認爲，世界上所有事物都是由神來決定的教義自然是互相矛盾的。科學對於基督教最大的衝擊應該是19世紀達爾文(1809-1882)提出來的演化論。基督教把人說成是由上帝所造的，而且世界上所有的生物都是上帝在六天之內造成的。達爾文卻發現物種不是不變，而是逐漸演化的。這與基督教的創造論因而有直接的衝突。而史學、考古學[89]、宗教學的研究[90]，也否定了許多基督教的傳統主張。

進入20世紀以後，科學家信仰宗教的比例日益降低。這方面的研究以美國心理學家路巴(1867-1946)首開其端。他在1914年所做的調查，發現在一千名隨機選擇的美國科學家中，有58%表示不相信或懷疑神的存在；在四百名「大」科學家中，這個數字上升到接近70%。1933年，路巴又重複了這項調查，發現這兩個數字分別上升到了67%和85%。1996年，美國學者拉爾森和魏桑姆重複了路巴的調查，他們發現「大」科學家信神的比例是前有未有的低，只有大約7%。在這些「大」科學家中，有百分之72.2%不相信神的存在，

88 李雅明，《科學與宗教：400年來的衝突、挑戰和展望》(台北：五南圖書公司，2008)。

89 李雅明，《出埃及：歷史還是神話？》(台北：五南圖書公司，2010)；Israel Finkelstein and Neil Asher Silberman, *The Bible Unearthed* (The Free Press, 2001).

90 R.W. Funk, R.W. Hoover and the Jesus Seminar, *The Five Gospels: The Search for the Authentic Words of Jesus* (Polebridge Press, 1993); Richard Dawkins, *The God Delusion* (Houghton Mifflin Company, 2006).

20.8%的人表示懷疑或認爲不可知，只有7%的人相信有神[91]。拉爾森和魏桑姆所選擇的「大」科學家，都是美國國家科學院的院士。

至於儒學與科學的關係，長期研究中國科技發展史的李約瑟(1900-1995)認爲，在科學發展方面，儒家有兩種矛盾的傾向，儒家的理性思想反對迷信，有助於科學的發展，但是儒家思想過於關心人事，過於強調倫理道德至上，而不關心自然事物，則不利於科學的進步[92]。這樣的論斷有其一定的理由。如果把儒教也算成一種宗教，在世界上目前所有的宗教中，儒家思想與科學沒有任何衝突，與科學的配合程度是最高的，而基督教與科學的配合程度則最低[93]。

七、當代儒家宗教觀之歷史使命

中華傳統文化在19世紀以後，面臨西方文化的強烈挑戰。在宗教思想方面，中國傳統思想，包括儒家、道家，以及傳入中國兩千年、已經完全中國化了佛教都受到了基督教的挑戰。冷戰結束以後的國際局勢，除了無可避免的國家利益因素以外，最重要的主導力量，已經從原來的意識型態，變成了文化和宗教，而宗教的影響尤爲嚴重。2001年9月11日伊斯蘭教基地組織以飛機炸毀紐約世貿大廈，和接連而來的阿富汗和伊拉克兩場戰爭，都顯示宗教之間的對立變成了世界上嚴重的政治問題。只有降低宗教的影響，特別是排

---

91 李雅明，《科學與宗教：400年來的衝突、挑戰和展望》（台北：五南圖書公司，2008），頁270。

92 祝瑞升主編，《儒學與21世紀中國——構建、發展「當代新儒學」》，（上海：學林出版社， 2000），頁213起。

93 李雅明，《科學與宗教：400年來的衝突、挑戰和展望》（台北：五南圖書公司，2008），頁374起。

他性宗教的影響，才能從根本上解決這個問題。

儒家的傳統是孔子的不可知論和荀子的無神論。宋明理學家在宗教方面的主要使命是抗佛老。在21世紀的今天，作爲中華傳統文化的繼承人，今天儒家學者在宗教觀方面的歷史使命已經十分清楚，那就是「非基」，也就是在面臨基督教這個外來挑戰時所需要作出的反應。

如果我們回顧一下歷史，19世紀後西力東侵，基督教也隨西方傳教士而第四度進入神州大地[94]。基督教第一次傳入中國是在唐朝的時候，基督教的一個派別聶斯脫利派傳入中國，稱爲景教。但是，在唐武宗滅佛後，景教受到牽連，以後一蹶不振。基督教第二次傳入中國是在元朝時期，稱爲也里可溫教，包括景教和羅馬天主教在內。「也里可溫」是蒙古語「有福祿之人」的音譯[95]。但是，在元朝滅亡後，也在中國消聲匿跡。基督教第三次傳入中國，是在明末清初的時候，羅馬天主教傳入中國。到了康熙年間，天主教因爲禮儀問題，與中國發生衝突。被康熙、雍正兩位皇帝驅逐出中國。基督教第四次傳入中國是在鴉片戰爭之後。這次的情形不同了。中國因爲戰敗，訂立了不平等條約，不得不開放讓傳教士進入中國傳教。由於基督教排他性的教義以及與中華傳統文化的分歧，造成了多起教案，這中間自然以1900年的義和團事件和八國聯軍最爲嚴重。1922年到1927年間，也爆發了多次的「非基督教運動」[96]。

94 李雅明，《我看基督教：一個知識分子的省思》(台北：桂冠圖書公司，2006)。

95 卓新平，《世界宗教與宗教》(北京：社會科學文獻出版社，1992)，頁184。

96 葉仁昌，《五四以後的反對基督教運動》(台北：久大文化公司，1992)，頁72-83。

1949年，中共占據大陸，國民政府播遷到了台灣。1950年代，大陸驅除外國傳教士，基督新教建立了「自治」、「自傳」、「自養」的三自教會。在天主教方面，1957年也成立了中國天主教愛國會，切斷與梵諦岡的隸屬關係[97]。但是，這也造成了三自教會與地下教會的分裂。

半個多世紀以來，基督教在中國海峽兩岸的狀況有了重大的改變。在台灣，天主教和基督新教從1949年到1965年，發展迅速。但是在1965年以後，基本上有發展停滯的現象。現在天主教徒約占台灣人口的1.3%，基督新教約占2.6%[98]。根據內政部2011年的統計數字，廣義的基督徒有59.18萬人[99]，成長不多。但是根據基督教會方面的統計，則基督新教占4.13%，包括天主教在內的廣義基督教徒則有5.6%[100]。這些統計數字有些出入，但是近年來台灣的天主教和基督教發展並不快則是事實。

至於在中國大陸，基督教徒(包括天主教與基督新教)的數目究竟有多少，頗有爭議。根據一份2009年的調查，大陸現有基督教徒2305萬人，天主教徒約600萬人[101]。國外有些報導則估計基督徒的人數超過4000萬人、天主教徒超過1500萬人。其他的估計從五、六千萬到七、八千萬都有，甚至上億。一份2001年的統計年鑑說：中國基督教徒的人數已經達到7.1%[102]。1948年，當時中國大陸的天主

97 中文維基，「中國天主教愛國會」資料。

98 中文維基，「台灣宗教」資料。

99 中華民國內政部統計處數字。

100 台北榮耀堂，「台灣廣義基督徒人口比例突破5%」，基督教資料中心2007年統計。

101 金澤、邱永輝主編，《中國宗教報告(2010)》(北京：社會科學文獻出版社，2010)，頁4、10。

102 G.T. Kurian, editor, *The Illustrated Book of World Rankings*, 5th

教和新教教徒人數大約分別是320萬人和70萬人，只占當時中國4.5億人口的0.86%。如果7.1%的數字是正確的話，那麼大陸在文革結束之後短短三十多年的時間，基督教的人口比例竟然增加了八倍多！這個數字雖然可能有些誇大，但是，在改革開放之後，基督教信徒的數目有大幅度的增加，卻是無可置疑的。過去中國以儒家思想立國，人們心中有一定的中心思想。受到孔子「敬鬼神而遠之」態度的影響，知識分子大多相當理性而不迷信。一般民眾如果有信仰方面的需求，則有中國化了的佛教、道教和民間信仰可以作為選擇。但是，在改革開放之前，大陸當局對於所有宗教都加以壓抑，對於儒家思想也加以批判，等到文革結束以後，馬列主義不再能成為有力的指導思想，人民的思想信仰因而成為真空，基督教於是趁虛而入，到了這個時候，過去的儒家思想和民間信仰都不發揮作用了，於是信仰基督教的人數大量增加。這種情形造成了中華文化傳承的重大危機。過去韓國以儒教立國，二戰後基督教人口比例大幅增加，已經成為南韓第一大教[103]，顯著的改變了韓國的國家性格，可為殷鑑。

在過去的四、五百年當中，歐美國家無疑是世界上的強權，基督教也成為強勢的宗教。但是，基督教過去的地位，不是來自於它的教義，而是來自於基督教國家的政治和經濟地位。到了現在，西方國家的殖民帝國已經不復存在，各個宗教必須把自己的教義放到同一個天平上來衡量。基督教的教義在這樣的分析下，並沒有什麼優勢可言。在科學與宗教的關係方面，基督教有關人格神、耶穌神

(續)

edition, Sharpe Reference(2001), p. 57，所列大陸基督教人口比例為7.1%，台灣為6.3%。

103 美國CIA，The World Factbook資料。

蹟和「三位一體」的教義，與科學的衝突最大，在三大世界性宗教中，因而與科學的配合度是最低的。隨著科學的進步，宗教的影響將繼續有所下降。這種情形以西歐一些比較先進的國家最爲明顯。近年來，歐洲先進國家人民信仰基督教的比例大幅度下降，可謂明證。

宗教之間的衝突，在歷史上造成了不知多少場宗教戰爭。1993召開的世界宗教大會，發布了主要由天主教神學家孔漢思所起草的世界倫理宣言。孔漢思提出：「沒有各宗教之間的和平，就沒有各民族間的和平，沒有各宗教間的對話，就沒有各宗教間的和平。」[104]。其實，排他性的宗教之間永遠會有衝突，這句話應該改爲：「只有去除排他性宗教的影響，這個世界才會有真正的和平」。

在這樣的歷史發展趨勢下，儒家宗教觀的使命應該是繼承孔子不可知論與荀子無神論的優良傳統，與科學進一步緊密配合，對不符合中華傳統文化的排他性宗教作出有效的防止與抒解，以保證中華文化的傳承和繼續發揚光大。

李雅明，曾任美國凱斯西方儲備大學電機與應用物理系教授，清華大學電機系教授，現為清華大學榮譽教授。除科技專業論文外，著有：長篇小說《惑》、《固態電子學》、《半導體的故事》、《我看基督教》、《科學與宗教》、《出埃及：歷史還是神話？》、《從半導體看世界》、主編《管惟炎口述歷史回憶錄》、翻譯《IC如何創新》。

104 杜小安，《基督教與中國文化的融合》（北京：中華書局，2010），頁123。

殖民地統治與大量虐殺

中國民族問題研究的新視野*

楊海英著　吉普呼蘭譯

日本學者清水昭俊在分析作爲一種思想的人類學在殖民地狀況中所經歷的變遷時指出：「收集『正在消亡』的『原住民』以及『原住民文化』的、殘留至今的零散資料。後世的人類學者稱這種研究狀態和方法爲『搶救(salvage)人類學』，因爲他們只專心致志地對於殘留很少的倖存物進行搶救。……搶救人類學家們希望，爲了有利於包括自己在內的『文明』，設法從『文明』正在被消滅的人們那裡，接收他們曾經保持到最後的文化遺產並使之成爲己有。從使自己得以成立的認知準備而言，搶救人類學完全是文化的殖民性掠奪」[1]。

清水昭俊通過論述「被忘卻的遠方的馬林諾夫斯基」，梳理了人類學與殖民地統治的關聯[2]。他所指的殖民者，並不是僅僅包括歐

* 本文的原稿是2011年12月18日在早稻田大學舉行的「中國穆斯林研究會十周年紀念大會」上宣讀的論文，在此，對於給予評論和建議的各位同仁表示感謝。日文刊登於日本巖波書店出版《思想》雜誌2012年8月版。

1 見清水昭俊，〈序 殖民地狀況與人類學〉，青木保等編，《岩波講座 文化人類學》卷12 《被思想化的周邊世界》(東京：岩波書店，1996)，頁1-29。

2 見清水昭俊，〈被忘卻的遠方的馬林諾夫斯基：20世紀30年代的文

美和日本，中國也是其主要對象。對於近代以前的「中華」及其周邊世界的階層構成，清水指出：歷史學家僅僅使用具有價值意義的術語「華夷秩序」來表現，而對於使用「帝國主義」或「殖民地統治」進行表述則很謹慎。然而，其後，只是以作爲主權國家而獨立的各個國家爲單位去分析「中華」世界的話，這樣的歷史闡述是不妥當的。因爲，對於那些在近代以前被強行納入「中華」世界的地域，歷史學家們只是追究帝國主義所實施的殖民地化以及其後的近代國家的形成過程，而沒有更多的關注介入於其中的、民族間的壓迫關係[3]。

清水指出，中國的「華夷秩序」與西歐近代的帝國主義是連續性的。他給我們留下了非常重要的課題，即中國在宣布「從西歐和日本帝國主義的壓迫下解放了人民」之後，對於各民族強制實施了殖民地統治的實際狀況。歷史學家們沒有充分認識到，「華夷秩序」並非停留於文質彬彬的禮儀，其實質是壓迫和剝削。因此，我在清水理論的基礎上，基於在被近現代中國殖民化的內蒙古的歷史和文化進行調查研究，揭示了社會主義國家的民族問題的殖民地性質。進而，我主張，這一問題同時也是回顧日本推行殖民歷史的間接材料。

一、作爲同謀的搶救人類學

戰前的日本曾經擁有滿鐵調查部和西北研究所等很多高等研究

(續)

化接觸研究〉，《國立民族學博物館研究報告》卷23，第3號(1999)，頁543-634。

3 見清水昭俊，〈序章 周邊民族與世界的構造〉，清水昭俊編，《周邊民族的現在》(京都：世界思想社，1998)，頁15-63。

機構。撤離大陸後的日本，從1945年開始進入了「在中國的田野調查的喪失期」、盛行「沒有中國田野的中國學」[4]。被時局所動員的人類學家們在反省之後，便回歸到脫離政治的、作爲純粹科學的人類學研究。然而，對於自己在過去的殖民地運營中扮演的同謀角色的批判和反省，並不像人們所期待的那樣徹底。

東西冷戰結束後的1980年代開始，中國門戶有所開放，衆多學者再次進入中國大陸展開細密的實地調查。在全面上演「日中友好」的時期，日本的人類學者所看到的是，由「偉大的中國共產黨」推行的「破舊立新」政策所破壞的、沒有「傳統文化」的「新中國」。如果借用清水昭俊的表述，當時的狀態讓人類學家們深刻的認識到，那正是一種「正在滅亡的人民」勉強維持「傳統文化」、而人類學家們的「調查來得過遲」的狀態[5]。從此，再次開始了現代日本的「中國研究的搶救人類學」。

熱心於「搶救人類學」的並不僅僅是日本的人類學者。幾乎在同一時期，包括我本人在內的衆多留學生，從「人民中國」來到「資本主義的日本」尋求真理。我們也曾經沒有絲毫的勇氣去研究「偉大的中國共產黨」「消滅封建傳統文化」的暴力行爲，而只是醉心於1949年以前的「傳統文化的重新構建」。其實只要對於「全人類都應該追求的、幸福的社會主義中國」與「人民由於受到剝削和壓迫而終日氣喘噓噓的資本主義日本」進行比較，即可一目瞭然看清楚「中國的問題群」，我們卻一直拖延未予以正視。我們這些出身

4 見馬場公彥，〈從出版界分析日本的中國學變遷：以岩波書店的刊行物爲中心〉，丸尾常喜編，《給中國學的建議：從外界看日本的中國學研究》日本中國學會大會講演會演講錄，第58回（日本中國學會，2007），頁75-106。

5 見清水1996年文。

於當地的人類學徒，長期以來一直有意迴避中國獨特的各種各樣的「問題群」，即「消滅了人民和文化」的共產革命暴力的問題，事實上與日本的中國學者構建著同謀關係。對此，現在至少我自身在進行反省。應該將「正在消失的文化」與「消滅文化的暴力行爲即共產革命」同時作爲研究課題。只是，如果允許以今天的視野進行一點點的辯白的話，正如清水昭俊所指出的，他們(人類學者)「採取與搶救人類學同樣的手法認識其文化的『傳統』，並將其作爲他們文化再生運動的象徵」[6]。在這種情況下，我們當事人(即被殖民者)所進行的傳統指向研究有其獨特的意義。換言之，因爲「在現代，先住民經常採取與搶救人類學同樣的手法認識其文化的傳統』，並將其作爲他們文化再生運動的象徵」。可以說，在我們當事人所進行的傳統指向研究行爲中，也包含著「文化再生運動」的目的。

如果再進一步具體地指出「同謀性」，那便是對於民族文化擁有最爲豐富知識的民族學者，卻一直忽視中國的民族問題。我認爲，民族學、文化人類學必須從正面認識、努力解決民族問題。而研究中國的民族問題時，則不能無視這樣的事實，即到1976年爲止，殖民地統治和大量虐殺是少數民族統治的基本特徵，今天的最大特點和目的，則是文化上的種族滅絕。學者們應該以這樣的視角和態度面對民族問題。下面，我以內蒙古(南蒙古)爲例進行具體闡述。

二、殖民地統治

殖民地統治的特徵是讓征服者定居落戶並壓榨和剝削原住民，並冠之以「文明的使命」的大義名分。我的故鄉內蒙古，從近代以

6 見清水(1999)，頁580。

後淪爲中國和日本的雙重殖民地。

1.淪爲中國和日本的雙重殖民地的內蒙古

對於中國人(漢人)的大規模侵略感到深刻危機的蒙古高原的原住民，於1911年「實現了亞洲最初的近代民族革命」[7]。北部的蒙古高原獲得了獨立，而南部的同胞們則遭受中國軍閥的壓制，作爲生活基盤的草原被開墾，各地長期出現了大量的虐殺。在中華民國，內蒙古被畫爲政治地位不明確的「邊疆」，但是他們從未失去對於獨立的嚮往。無論是貴族階級的王公還是普通民衆，曾經多次向庫倫(今烏蘭巴托)的神聖大汗(博克多汗)哲布尊丹巴・呼圖克圖呈送盡忠書簡，請求搶救。博克多汗的蒙古政府也爲了解放同胞，而嘗試過軍事上的統一作戰。另一方面，中華民國的軍隊也幾度對蒙古人行使武力，從而在槍口下，使他們上演了對中國人政權的忠誠。因此，在蒙古人看來，中國最初的近代「革命」，是更加鞏固地占領了由中國農民的殖民入侵而獲得的殖民地。

而其後不久，打著「成吉思汗乃源義經也」旗號的武士們出現在草原上，驅逐俄國勢力，割取內蒙古的東半部分成立了滿洲國。基於蒙古人生活的草原占據了滿洲國國土一半的事實，誕生了對於日本而言的「滿蒙」。但是，日本人創建的滿洲國並沒有招來蒙古人太大的嫌惡。因爲，滿洲國大力發展教育，在推進蒙古人的近代化方面做出了很大貢獻[8]。而且，堅持「五族協和」的滿洲國，禁止

---

7 見Urgunge Onon and Derrick Pritchatt, *Asia's First Modern Revolution: Mongolia proclaims its independence in 1911*(New York: Brill, 1989).

8 見Walther Hessig, *Der mongolische Kulturwandel in den Hsingan-Provinzen Mandschukuos* (Wien-Peking: Siebenberg, Waiter Exner, 1944). Narangoa, Li, "Educating Mongols and Making 'Citizens' of

殖民入侵的中國農民與原住民遊牧蒙古人的混居，禁止開墾草原。滿洲國由於注意保護生態環境，採取優待原住民蒙古人的政策，不僅對於內蒙古、而且對於新誕生的蒙古人民共和國而言也是很有誘惑力的國家[9]。相反，同時期的中華民國在內蒙古僅僅設立了一所學校。甚感「幸運」的是，該校是我的母校——國立伊克昭盟中學。以內蒙古作爲據點的傅作義等中國軍閥將蒙古人視爲協助日本的力量，槍殺蒙古人，企圖制造「沒有蒙古人的內蒙古」，爲山西、河北等地的中國殖民入侵者在內蒙古定居做出了巨大的「貢獻」。這或許就是兩個殖民地宗主國在政策和運營上的根本區別。

作爲宗主國的中國，通過排除另一個宗主國日本的殖民活動，將他人的領土即蒙古人的國土納入了自己的範圍內。也就是說，通過「抗日」，中國人獲取了主張將內蒙古納入自國領土的依據。也許有些稍微偏離正題，但台灣的近代史變遷也是中國人這種主張的旁證。台灣原本是台灣先住民的故鄉，然而在抗戰勝利後，台灣成爲在國共內戰中失敗的蔣介石的避難所，演變成爲中華民國。

在1945年夏季到秋季之間，內蒙古的蒙古人經歷了殖民地解放的瞬間的感動。蘇聯・蒙古人民共和國聯合軍進軍到萬里長城，爲實現喬巴山元帥「爲我們血肉相連的內蒙古同胞的解放」而勇敢奮戰[10]。內蒙古的蒙古人也成立了「內蒙古人民共和國臨時政府」以及「東蒙古人民自治政府」等，以期實現全民族的統一。然而，大國之間獨斷達成的雅爾達協定的女神，並沒有向蒙古人綻露微笑。

(續)

Manchukuo," *Inner Asia*, Vol. 3, No. 2(2001), pp. 101-126.

9 見田中克彥，《諾門汗戰爭——蒙古與滿洲國》(東京:岩波書店，2009)。

10 見呼斯勒，〈1945年蒙古人民共和國對中國的援助：對其評價的歷史〉，關口全球研究會《SGRA報告》第24號(2004)，頁1-27。

對蒙古人而言，這一協定驅逐了「從『那仁烏魯斯(蒙古語：太陽之國)』而來的、善良的近代殖民者」，但是以「文明人」自稱的、不識字的粗野漢人農民，卻永遠地留在了蒙古人的領土上。我們內蒙古的蒙古人，被剝奪了與同胞一起建設民族國家的機會，取而代之的卻是將中國人作爲「兄長」，並不得不作爲「中國人民」而生活。我認爲，包括中國在內的世界各地之所以不斷發生衆多的民族問題，皆由於第二次世界大戰的戰後處理埋下的火種。

2.永恆不變的民族革命的性質與殖民地統治

近代蒙古人的民族革命，無論內外(南北)，究其根源，均爲反對中國人的侵略和草原開墾而爆發的。換言之，近代蒙古人的民族革命勾畫了「反開墾史=民族自決史」的構圖。獨立蒙古國的第一代元首、博克多汗哲布尊丹巴・呼圖克圖反覆多次向蒙古各地發布命令，鼓舞民族革命，號召人們「殲滅所有侵入草原將大地變成黃色沙漠的漢人」。領導武裝起義的內蒙古東部的陶格套胡、嘎達梅林以及西部的鄂爾多斯地區的丹丕爾、烏力吉傑爾嘎拉(希尼喇嘛)，都曾嘗試將強烈的反漢、反對草原開墾的精神與共產主義思想的溫和一面結合。1925年秋，在位於長城腳下的張家口成立的蒙古人政黨「內蒙古人民革命黨」也懷抱著同樣的目標，而其嶄新的特點是由共產國際和蒙古人民共和國直接領導。然而，具有諷刺意味的是，由於殖民政府滿洲國保護了蒙古人的草原，採取限制中國人的殖民入侵的政策，內蒙古人民革命黨的黨員們在共產國際的啓發下，欣然變爲了滿洲國的優秀官吏和軍人。

滿洲國消亡後，不得不相信漢人共產主義者而別無選擇的內蒙古的蒙古人，從1946年起，被迫劃入中國領土內。在社會主義大本營莫斯科接受訓練的「紅色之子」烏蘭夫（1906-1988），保存了曾經身爲滿洲國的官吏和軍人的「挎洋刀的蒙古人」，並於1947年5月1日建立了內蒙古自治政府。這一歷史性壯舉，比中華人民共和國的成立早了兩年半。烏蘭夫最晚到1947年3月17日，一直向中國共產黨中央委員會要求承認蒙古人的「自決權」和建設「民主聯邦國」，這一事實在中國共產黨的文獻中也可以找到證據[11]。烏蘭夫希望在中國實現蘇聯型的民族自決。不言而喻，正如衆所周知，中國共產黨自身也以在當時非常具有魅力的「民族自決」爲幌子，壓制「邊境的野蠻人」們的「離心力」[12]。但是，烏蘭夫和他的同志們完全遭到欺騙，給予少數民族的是有名無實的「區域自治」。

3.社會主義殖民地的強化

內蒙古的革命家們在與同胞蒙古人民共和國統一的道路被切斷後，不得已選擇了中國。然而，他們無一例外地承認內蒙古成爲了中國的殖民地[13]。進入近代以來，中國人向周邊地區進行大量的殖民入侵，少數民族天真爛漫地相信，社會主義制度會成爲殖民行爲的防波堤。然而，中國共產主義者們非但絲毫無意解決從前的民族問題(即草原開墾和中國人的殖民入侵問題)，相反，將殖民入侵行爲以「開發邊疆」和「加強國防」的名義進一步正當化。

1949年的內蒙古自治區，有大約一百萬蒙古人，而中國人爲五百萬。以貧困農民代表自居的共產黨，無視蒙古人遊牧民「天賜之

---

11 見中共中央統戰部，《民族問題彙編》(北京：中共中央黨校出版社，1991)。

12 見毛里和子，《從周邊看中國——民族問題與國家》(東京：東京大學出版會，1998)。

13 見批鬥烏蘭夫聯絡站，《烏蘭夫的一個黑講話》(呼和浩特：內大「井岡山」印刷，1967)。

物草原」乃共同所有的古老理念，將擁有牧地的先住民蒙古人挨家挨戶地認定爲「地主」或「牧主」，並「和平地」(發動慘無人道的「土改運動」、用武力)剝奪了其土地。所謂「牧主」、「地主」原本在蒙古這樣的遊牧民社會是不存在的，完全是中國共產黨所製造的概念。遊牧民社會的階層分化並不發達，不存在漢人社會那樣的「地主剝削貧農」的階級壓迫。中國共產黨爲了分裂蒙古人社會，將蒙古人的土地分割給殖民入侵的中國人，於是杜撰了基於階級理念的這一概念。按照共產黨的理念和政策，在內蒙古所謂的壓迫剝削階級，從肉體上亦被消滅，攫取了土地後「站起來了的中國人」，在蒙古人的故鄉定居並長久落戶。連續大量增加的中國殖民入侵者未曾受到蒙古人的絲毫抵抗，歡天喜地的向蒙古人的大地開進了鐵犁和鋤頭。作爲中國共產主義者同謀的烏蘭夫，在1964年悲歎地指出：「從1958年起開墾了一千萬畝土地，而其中60%以上變成了沙漠」[14]。請允許我在這裡重複指出，蒙古族革命家烏蘭夫認爲中華人民共和國成立前的內蒙古是「中國的殖民地」，他率領「被壓迫民族的蒙古人」，爲擺脫被殖民的狀況而奮鬥。但是，根據殖民入侵的中國人人口的增加和草原開墾面積的擴大等事實，他認識到，談何殖民地被解放，其實殖民狀況早已進一步惡化，到了不可收拾的地步。正因如此，直到中華人民共和國成立十年後的1959年，烏蘭夫仍然主張「內蒙古在歷史上曾經是獨立的國家」，強調「蒙古民族必須尋求自治、自決，實現獨立和統一」。烏蘭夫於1966年春被整肅下台，此時，理應早已被他「解放」了的殖民地內蒙古的人

14 見烏蘭夫，〈1947年7月23日幹部會議上的報告〉，呼和浩特革命造反派聯絡總部，批鬥烏蘭夫聯絡站，《毒草集》第一集(1967)，頁25-29。

口比例卻變爲7:1。即七個中國殖民入侵者在「幫助」一個蒙古人。

這樣的事實並不僅限於中國。由貧困的俄羅斯人組成的布爾什維克宣稱「解放」了中亞的各民族。但事實上，他們並沒打算禁止俄羅斯人的殖民入侵，也未能阻止俄羅斯人對當地人的歧視。俄羅斯人「認爲，俄羅斯人殖民入侵並定居的塔塔爾斯坦爲首的中亞以及高加索的穆斯林民族地區絕不是『海外領土』，而是俄羅斯領土的延伸」[15]。中國人也同樣，毫無任何根據地認爲內蒙古是「我國固有領土」，強制推行殖民入侵和定居。

反殖民和反開墾是蒙古民族革命的性質。然而，社會主義中國的誕生並沒有幫助他們實現這一目標，相反，卻使問題愈發嚴重。大漢族主義絕不是「蔣介石國民黨反動派」的特許專賣，自我標榜「解放全人類」的中國共產黨，遠比其對手更加露骨地歧視「落後的少數民族」。蒙古人對此感到驚愕無比。作爲近代產物的民族問題，在社會主義國家未能得到解決。這一事實表明，在1960年代殖民地已經終結的說法是錯誤的。可以斷言，在以歐洲爲宗主國的殖民地崩潰的同時，「社會主義殖民地」反而被強化，並由共產主義意識型態不斷得以正當化。

2011年5月11日，內蒙古自治區錫林浩特市近郊的蒙古牧民被中國人開礦者殺害。由於在蒙古人的居住地附近發現了露天煤礦，中國人的數百台礦車和大型卡車夜以繼日地蜂擁而至。這些成群結隊的大型車輛在草原上毫無秩序的隨意馳騁，脆弱的植被遭到嚴重破壞，導致沙漠化，輾殺家畜卻拒絕賠償。甚至猖狂叫囂：「即使殺死蒙古人，只要賠錢就行」，襲擊蒙古人。同年11月，在鄂爾多斯

15 見山內昌之，《Sultan Galiyev的夢想——伊斯蘭世界與俄羅斯革命》（東京：岩波書店，2009）。

市烏審旗也發生了同樣的事件。這些只不過是冰山之一角，類似的淒慘事件非常多。共產黨政府每次都出動人民解放軍，鎮壓反抗的蒙古人，主張開發和資源掠奪是正當的。這些事實表明，奮力保護草原的蒙古人與強行開墾開發(實質上是掠奪和破壞)的中國人的對立，即使在進入21世紀後，依然沒有任何變化。只有中華民國的國民黨和軍閥才是萬惡，而共產黨和社會主義者的開墾則爲善的說法完全不能成立。否認「幫助少數民族的、善良的中國人共產主義者」的行爲是侵略和殖民，這種強詞奪理符合薩依德所指出的殖民地統治中的「重新設定、重新設置」[16]。在這裡，非常明顯的存在著淩駕於民族革命、民族問題的性質的、甚至超越了生活特性之間差異的、不同文明間的衝突。

進入到21世紀後的今天，內蒙古從過去的7:1的比例有了更大飛躍，「十個中國人愛著一個蒙古人」。如果還否認現在的內蒙古是殖民地，那麼，更名爲取消了「自治」的「漢土」，則更接近真相。

三、大量虐殺

社會主義者們曾有過以「民族的消亡」爲理想並爲之鬥爭的歷史。「偉大的中國共產黨」在無產階級文化大革命中，也以他們所擅長的暴力企圖實現「民族的消亡」。正是由於內蒙古自治區被劃爲中國領土，在此，發生了以蒙古人爲對象的大屠殺。

由中國共產黨發動、始於1966年並持續了十年之久的文化大革命中，約有34萬人被捕，27900人遭到殺害，12萬人致殘。當時的蒙

16 見艾德瓦德·薩依德著，今澤紀子譯，《東洋學》上，《平凡社文庫》(東京:平凡社，1993)。

古人人口約140萬，平均每個家庭至少有一人被囚禁，每50人中有一人被殺害。對於女性的強姦等性侵犯在各地橫行。強行移居，禁止使用母語。這完全是中國政府和漢民族主導的滅絕種族的大屠殺。滿洲國時代的「協助日本的罪過」以及尋求與自己同胞國家的統一、民族自決的歷史，成爲殺戮和強姦的藉口[17]。

前面提到的內蒙古人民革命黨，是爲了蒙古民族的自決和獨立，在蒙古人民共和國和共產國際的支持參與下，於1925年成立的政黨。經歷了日本統治的時代，在第二次世界大戰後，尋求與蒙古人民共和國的統一，但由於中國共產黨的阻止而未能成功。文化大革命中，毛澤東和中國共產黨中央委員會斷定「內蒙古人民革命黨的歷史是分裂偉大祖國的行爲」，發動了根除蒙古人精英的殺戮。這種國家暴力，就是學者們所說的「民族國家型種族滅絕大屠殺」。民族國家的建設和尋求民族自決，是近代的普遍原理之一。然而，中國則發動種族滅絕大屠殺、否定民族自決，因而可以認定具有反近代的性質。針對阿爾及利亞人爭取獨立的鬥爭，「人權國家」法國卻對其施行拷問和私刑。在這一點上，中國和法國是相同的。中國爲了建立漢人統治的國家，而對於反對中國統治、力爭建立自己的民族國家的蒙古人進行大肆虐殺。詳細分析蒙古人成爲其殺戮對象的過程，非常明顯，「少數民族的種族滅絕」才真正體現了社會主義中國少數民族政策的強權和暴力的本質。即使在今天，中國政府依然大肆宣揚，合併台灣是善行的「祖國統一」，而維吾爾人和蒙古人與同胞統一的願望則是萬惡的「民族分裂」。這表明，在中國，完全存在隨時再次發動「爲了正義的種族滅絕大屠殺」的危險。

17 楊海英，《沒有墓碑的草原——內蒙古的文化大革命以及虐殺的記錄》(上、下)(東京:岩波書店，2009)。

遭受大肆種族屠殺的並不僅僅是蒙古人。「重新征服這一地區是令人欣慰的、偉大的事情。文明在和野蠻的抗爭中不斷推進。開明的民族向蒙昧的人們伸出援助之手」。這是過去法國在征伐阿爾及利亞時的宣言[18]。與法國人並肩前進的中國人也於1958年開始侵入青海省和西藏。由共產主義思想武裝起來的「文明的漢人」，「和平地」殲滅了「推行比中世紀的歐洲更加黑暗的農奴制度的、野蠻的西藏反動派」。中國人的暴力由於「優秀的中華文明」和共產主義思想這兩個武器而被正當化。這與歐洲的殖民者們揮舞的利器是完全相同的。這兩把利劍還揮向了維吾爾人和回族。原本以爲，中國獨特的暴力將以1975年的「沙甸事件」(文化大革命後期的1975年發生的屠殺穆斯林的政治運動，人民解放軍歷時七天炮擊穆斯林的村落，殺害了包括老人、婦女和兒童約三千人)[19] 而「善始善終」。但是，中國政府長期以來對於西藏問題的處理以及對2011年5月內蒙古抗議行動的鎮壓，完全證明了中國的暴力本質沒有任何改變。

清水在努力「使被忘卻的遠方的馬林諾夫斯基復活」、即在論述英國的人類學家與殖民地統治的同謀關係時指出：「當今世界的所謂少數民族政策，假使是優質的，仍然與戰爭期間馬林諾夫斯基所理解的間接統治沒有什麼區別」[20]。依此分析中國，在中國的少數民族地區進行田野調查的外國人依然受到各種嚴厲的限制。被作爲「日中友好使者」的日本人類學家們，如若僅僅是謳歌中國的少數民族政策，談何學術的進展？如果說讚美過去是可以原諒的，但

18 見班塞爾等著，平野千果子、菊池惠介譯，《殖民地共和國法國》(東京:岩波書店，2011)。

19 見沙甸回族史編寫組，《沙甸回族史料》(雲南：開遠市印刷廠，1989)。

20 見清水(1999)，頁567。

是必須認識到讚美的對象絕不是「優質的東西」這一現實。而在意識到這一事實後，依然繼續讚揚中國對少數民族的統治，便早已不僅僅是「同謀」了。

四、文化的種族滅絕

「殖民主義在最爲強盛時，表現爲徹底的掠奪的過程。被殖民化的國民，沒有獨自的歷史，在愛爾蘭及其他一些地區，甚至喪失了自己的語言」[21]。蒙古人以反對中國人、反對草原開墾爲代表的反殖民鬥爭的民族自決史，在中華人民共和國出現以後，也被篡改爲「與中國人民一起抵抗日本帝國主義的革命史」或「中國革命的一部分」。所有的教科書都將各民族的歷史，限定在屬於「中國的某某民族史」的框架內，由此完全抹殺各民族原有的獨立的歷史。如此，我們內蒙古的蒙古人獨自的歷史淪落爲「中國人的歷史的一部分」，遭到貶低。按照清水的理論，這「完全是宗主國將(其消滅的)殖民地當地人的文化據爲宗主國已有的行爲」[22]。當「解放」的旗號開始褪色時，聰明的中國人便發明了「開發」和「發展」的新口號，變本加厲地強化殖民行爲，即所謂的「西部大開發」。中國從1950年代開始了持續至今的「先進的兄長援助落後的弟弟」的殖民行爲，而西部大開發是其繼續和強化。中國人總是在上演自己是「先進的」、而少數民族是需要「援助」的霸權行爲。少數民族的「古老陳舊」的行政組織名稱「盟」和「旗」，被「進步的象徵」

21 見歇馬斯・迪恩〈序論〉，特里・伊古魯特恩等著，增淵正史、安藤勝夫、大友義勝譯，《民族主義、殖民地主義與文學》（東京：法政大學出版局，1996)，頁1-23。

22 見清水(1999)，頁581。

的市所取代。而且，新採用的市名被冠以殖民而來的中國人的漢語名稱。在內蒙古自治區，哲里木盟改爲通遼市，昭烏達盟改爲赤峰市。先住民蒙古人的傳統地名被接連不斷地埋葬，取而代之的是漢語的地名。原本在草原牧民身邊的民族學校被大量撤廢，減縮後集中在城市。無法去遠方的民族學校就讀的蒙古人兒童，只能在就近的「便利的中國人學校」學習，被推向了忘卻母語的潮流。文化人類學家憂心地指出，文化的種族滅絕正在席捲所有的少數民族。

經濟基礎決定文化的興亡。在名爲「生態移民」的強制移居政策下，蒙古人被迫放棄畜牧，被驅逐出草原後，不得不住在中國人的骯髒街道。開墾草原，導致沙漠化的是中國人，但是破壞環境的罪責卻被轉嫁到蒙古人和他們的家畜上。遊牧民幾千年的生活並未導致任何沙丘的出現，而中國人入侵後僅三、四十年，卻使黃沙漫天飛舞飛遍全世界，對這樣的事實，政府絕不予以承認。如今，中國人侵略者剝奪了少數数民族地區從「爲人民服務」的最高職位——黨和政府的首腦——到清掃廁所的「光榮崗位」的所有就業的機會。這在維吾爾人的綠洲和西藏人的高原，也完全相同。迫使先住民忘卻母語，並使他們淪落爲重新構建的社會階層的最底層，這是中國式的殖民地的目的，也是現在進行式的真相。

在天安門廣場妝點著孔子的肖像、企圖在全世界設立孔子學院的「文明人」，或許對於毫無掩飾的大屠殺已有所節制。但是他們意識到，文化的種族滅絕是更爲有效的手段。曾經是「國民黨反動派」的「典型的大漢族主義思想」的「中華民族」論重新流行起來。曾經幾度變節的、「人格高尚的」民族學者費孝通先生，於1951年在象徵「新中國建設」的雜誌《新建設》上發表文章，強烈批判「蔣介石的狹隘的中華民族思想」[23]。而後，高明地給自己的這一歷史貼上封條，並於1989年，在早已生鏽的鍋裡的、早已腐爛不堪的大雜燴「中華民族多元一體論」上，加入了「以漢族爲中心」的佐料，重新端出。這無非就是使殖民地體制正當化而已，委實毫無價值，不值一提。

五、依然繼續的社會主義殖民地體制

中國人自認爲是「馬克思、恩格斯、列寧、斯大林的忠實的繼承人」，並一度自居爲「中國人民傑出的領袖毛澤東」思想才是馬克思列寧主義的「頂峰」。中國人後來發現，那些元祖們所提倡的民族自決理論是危險的。回族的馬戎抹殺了賦予少數民族的nationality，而從「美帝國主義」那裡進口了ethnicity理論。馬戎將企圖剝奪少數民族的民族自決權利的行爲稱爲「去政治化」[24]。列寧和斯大林曾經將擁有分離獨立權的民族自決作爲理想，而中國人共產主義者從未將這權利賦予過周邊民族，反而通過「去政治化」，剝奪了各個民族生來具有的、建設自己的民族國家的權利。從Mongol Nation淪落爲 Ethnic Mongol。與住在國境北側的Mongol Nation 擁有同一祖先和相同價值觀、卻作爲「中國人的養子」的內蒙古的蒙古人，日復一日地在「祖國是中國」的理論中被洗腦。

聰明的中國人早在1949年就已否定了民族自決的理論，但將沒

23 見費孝通，〈發展爲少數民族服務的文藝工作〉，《新建設》卷4，第3期(1951)，頁43-47。

24 見馬戎，〈理解民族關系的新思路：少數族群問題的「去政治化」〉，《北京大學學報》卷41，第6期（哲學社會科學版，2004），頁122-133。

有任何實權的區域自治的招牌勉強維持至今。而時至今日，中國人殖民者對於從最初就徒有虛名的區域自治，也早已無法忍受不耐其煩，便厭棄了「自治」的虛名，奮起要實施「共治」[25]。事實上，各個少數民族地區早已連「共治」都不是，全然「漢治」。但中國人仍決意大義滅親，給少數民族以最後的致命一擊，努力將其全部歸納爲「中華」。

「從一場革命誕生了一個共和國，反對壓制和特權，爲了自由和平等，向世界傳播了啓蒙的理想。……但是，這一共和國建立了殖民地帝國，聽任特權、不平等和專制的蔓延。……關於共和國的神話，就是，共和國是絕對不會有錯誤的，『本質上是善良寬大的』，而僅僅是由於個人的行爲，在各處造成對共和國的『背叛』，時而被情勢所左右」[26]。

這是對於「殖民地共和國」法國的華麗辭藻的批評。而這也完全適用於中華人民共和國。驅逐了帝國主義、封建主義和官僚資本主義的「三座大山」的中國共産黨，現在不僅是壓在少數民族而且也是壓在漢族人民的頭頂上的壓迫者。在民族問題上，萬惡的是「帝國主義的煽動和國內外的民族分裂分子」，而絕對不會承認中國人和「人民共和國」的錯誤。堅決主張在文化大革命中進行大肆殺虐的只是「四人幫」，而首都北京中南海的領導們則是「善良而寬大」的「人民的好總理」、「偉大的領袖」。

殖民地體制遠沒有在19 60年代終結。社會主義殖民地或者說是中國式的殖民地，恰恰是在1960年代以後確立了其頑固的體制。少

25 見朱倫，〈論民族共治的理論基礎與基本原理〉，《民族研究》第2期（2002），頁1-19。朱倫，〈自治與共治：民族政治理論新思考〉，《民族研究》第2期（2003），1-18頁。

26 見班塞爾等(2011)，頁8、22。

數民族地區不僅僅是中國的「內部的殖民地」。少數民族的同胞中有不少人擁有自己的國民國家。而中國早已顯露出了對於關係到本國利益的所有地區進行殖民化的傾向。最爲顯著的實例是「上海五國」，即由中國主導的五國國際協作組織(SCO)向周邊地區的接觸方式。很明顯，其意圖是借助同胞的拳頭，粉碎居住在中國境內的「恐怖分子、極端的宗教主義者和極端民族分裂分子」。而且，以宏大的「公共事業」爲名，向作爲其「非洲同胞」的獨裁者們出賣武器參與種族大屠殺，同時，瘋狂掠奪當地資源。「吞噬非洲的」中國的這種「活躍」行徑，也從另一側面證明了中國的企圖。對這些事實不能輕視。

從1966年到1967年之間，有很多「挎過洋刀的蒙古人」以「協助日本」的罪名遭到殺害。我將這一種族大屠殺稱爲「間接的對日歷史清算」。「偉大的領袖毛澤東」和「人民的好總理周恩來」以寬大的胸懷表示放棄對日本的賠償要求，而「殖民地統治的走狗蒙古人」卻未能倖免於難，付出了血的代價。那麼，處於日本和舊殖民地內蒙古之間的狹縫的日本人類學家，應該如何干預民族問題呢？我想以此問題來結束本文。

清水昭俊指出，一百年前發生的辛亥革命導致了「華夷秩序」的變化。從前的「華夷秩序」內的一部分實現了獨立，其他部分被中國殖民入侵者變爲「我國的固有領土」。然而，與在意識型態方面強調「文明的優越性」的近代西歐同樣，中國主張「中華文明的優越性」，並對於沒有能夠取得獨立的「蠻夷」繼續實施其強權統治和經濟壓榨。歷史學家們卻忽略了這一真相[27]。以中國爲對象的日本「東洋史研究」，長期以來引領著國際學術界，然而必須認識

27 見清水(1998)，頁28-29。

到，還沒有擺脫意識型態咒語的束縛。

與優雅的「東洋史研究」相比，在殖民地統治的問題上，人類學具有兩種含義。人類學家強調人類學知識對於殖民地政府的意義、要求政府振興人類學，同時，他們也批評殖民地政策。以「搶救式」的特點拘泥於「不斷消失的傳統文化」、對於「消滅文化的暴力」視而不見，這種行爲袒護、助長了殖民地統治。或許日本的細膩人類學者們在擔憂，如果觸及「殖民地」會牽連到自己的過去。抑或是由於日本國民非常天真爛漫，從而爲了真正實現「日中友好」，相信「善良寬大的中國」，而對於革命的暴力性質視而不見。倘若如此，那是雙重的袒護，是對於過去與現在的殖民地狀況的雙重袒護。

楊海英，1964年生於內蒙古，1989年赴日本留學，專攻文化人類學。現任國立靜岡大學教授。主要著作有《沒有墓碑的草原：內蒙古的文化大革命以及虐殺的記錄》上、下(岩波書店，2008)。

吉普呼蘭，南蒙古人，現居日本。

思想訪談

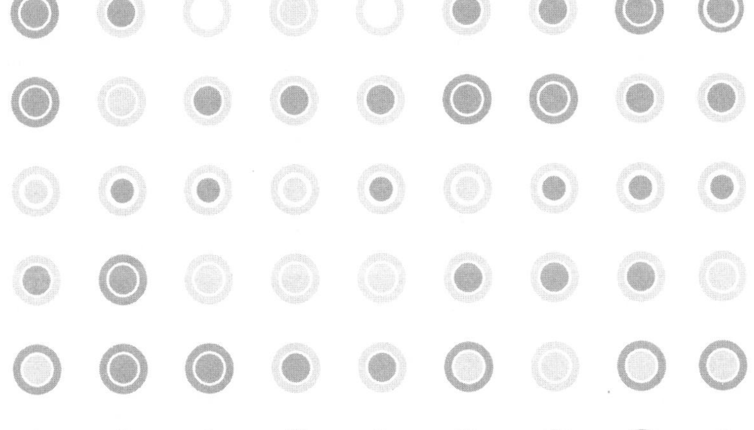

信念的必須承受之重：
朱天心女士訪談錄

李　琳

朱天心女士，台灣著名作家，祖籍山東臨朐，1958年生於高雄鳳山。她出身文學世家，係作家朱西寧與翻譯家劉慕沙之女。早年私淑胡蘭成，十七歲即憑《擊壤歌》揚名台灣。創作內容涵蓋多個主題，曾多次榮獲各大文學獎項，主要著作有《擊壤歌》、《我記得……》、《想我眷村的兄弟們》、《古都》、《漫遊者》、《獵人們》等。除文學創作外，她亦積極參與台灣各類社會運動，尤其致力於動物保護運動。

與常見的「朱天心訪談」不同，本次訪談避開了朱天心女士的「文學家」身分及她的文學創作，而是聚焦於她在文學之外的關懷與實踐。此外，有別於本刊以往的訪談偏向「男性知識分子圍繞特定的宏觀問題展開學理分析」，本次訪談著重朱天心個人的經歷與思路，涉及的問題較為廣泛，切入的方式不求邏輯嚴密的學理分析，而是著重動情切膚的親身體悟。這是從另外一種視野，帶來另一種風貌的訪談。

此一訪談於2012年5月22日、6月16日在台北進行，由李琳提問，錄音由蕭育和、李琳整理成文字檔，經李琳編輯、校對後，由朱天心女士修訂、確認。

朱天心女士與貓

一、大陸的台灣想像與台灣的自我想像

李琳(以下簡稱「李」)：由於兩岸政治的對立及資訊的封閉，新中國建立後的很長一段時間內，台灣主要以負面形象出現在大陸人心中。但隨著最近二三十年來兩岸局勢的緩和與來往的增多，大陸人的「台灣想像」經歷了一個不斷正面化的過程。在當前大陸的語境中，台灣往往和文明、民主、自由、人權、法治、傳統中華文化、熱情、友善……等一系列具有正面價值的詞彙聯繫在一起。韓寒那篇傳誦一時的博文〈太平洋的風〉可謂此種觀點的代表。在大陸，我們把這個現象稱爲「台灣熱」。除了「台灣熱」，這幾年大陸還有另外兩股熱潮：「民國熱」與「國民黨熱」。雖然讚美民國與國民黨未必等同於肯定台灣，但在大陸的特殊語境中，三者時常

合流，形成一股強勁的「唱盛台灣」浪潮。不知您如何看待這個現象？

朱天心（以下簡稱「朱」）：先談台灣熱。十幾二十年前我剛去大陸的時候，遇見半生不熟的朋友只要聊到台海問題，本能的反應是先護衛自己，大談我們怎麼怎麼好、你們還有待改進哪裡哪裡。那種只看到對方缺點——且不管這些缺點是真的假的，是否純粹是因爲冷戰對峙的關係而塑造出來的——的思維，讓我們很難發現對方的好東西，也很難相處下去。可差不多這五年以來，我發現這個狀況改變很大，大家聚在一起時會開始看對方的好、講自己的不足。懷著這樣的善意，才有可能學習到對方的長處，也才有可能有後續的長久發展。從這個角度講，台灣熱有其正面意義。當然我也不是無止盡的樂觀，畢竟「熱」字暗示這個風潮可能只是一時的，裡頭可能帶了某些盲目跟風的流行因素。可要是在這過程裡能夠發現、學習、留下對方的一些好東西，總是好事情。我還是很正面地看待這個現象。

至於國民黨熱，倒是一種不太健康的現象。過往對國民黨的極端否定或今天對國民黨的極端肯定，兩個極端都不好。我自己每次聽到大陸朋友讚美老蔣等國民黨領袖，總會覺得有一點荒唐。這表示無論是大陸還是台灣，都還沒能走出「領袖崇拜」情結。

李：在很多大陸人看來，無論是唱盛國民黨還是台灣，其實都是「項莊舞劍，意在沛公」。

朱：是啊，明眼人都看得出國民黨熱、台灣熱意有所指。我理解大陸人對現狀的不滿，爲了抒發憤怒，有時會故意借捧國民黨來貶共產黨。但我個人還是想回到歷史中去儘量善意地看待國民黨和共產黨的分野。當初兩黨沒有一個是故意要去搞砸事情、故意要把中國弄亂的，它們只是嘗試了不同的兩條道路。在此過程中，各有各的斬獲、各有各的錯誤、各自給人民帶來了重大的傷害、也各有各的恍然大悟。退一步看，當時整個世界的氛圍，何嘗不是如此；各國各自嘗試不同的現代化道路，也各自有不同的得失。

李：最近二三十年來，台灣在打造流行文化、發展文化創意產業等多個方面的表現均引人注目，這是「台灣熱」得以產生的一大要素。許多大陸人據此認爲台灣可以憑藉軟實力在整個華人文化圈中發揮積極影響，甚至扮演主導角色。不知您怎麼看？

朱：我對這個問題沒有那麼樂觀。就我所熟悉的文學領域來說，過去幾十年來，台灣確實在文化領域表現出了一些優勢，但這和台灣當時的歷史環境、文藝氛圍脫不開關係。中華人民共和國建立之後，現代化曾經中斷很長一段時間，作家失去創作的自由。相較之下，台灣的創作氛圍確實寬鬆很多。——雖然像陳映真、李敖等曾經因爲創作自由吃過苦的人一定無法認同我這個說法，但是我說的是一個大致的、相對於大陸的狀況。——之所以如此，並不是因爲國民黨多開明，而是因爲他們對文學創作的無能與無知；他們不知道怎麼樣去插手這個領域，反而給從事文學創作的人留下了一定的空間。確實，台灣的現代化比大陸開始得早，文化的積累看起來顯得比大陸厚。可是，這個領先未必能一直保持。大陸有一些三十歲上下的、自我要求嚴格的作家，他們的作品在我看來比台灣同世代作家優秀很多。所以我覺得台灣過去二三十年的領先優勢並不是永遠的，不進則退，要一直努力去更新才能維持。

李：台灣的民主化成就是催生「台灣熱」的另一大要素，許多大陸人將台灣視爲大陸政治改革的範本。不知您怎麼評價台灣民主政治的歷程與現狀？

朱：中華民國建國百年時，《聯合報》開設了一個「百年思索」專欄。我應邀寫了一篇文章，剛好談到了你剛才問的這個問題。我的想法是：台灣之於大陸很像是一艘身先士卒的船艄，最早看到岸陸魚群的是它，最先遇到暴風冰山的也是它。無論好事、壞事，它一樣沒缺地全都遭遇到，也繳出了它獨有的成績單。這份成績單上，有好看的高分，也有不及格的掙扎。雖然比起許多還沒開啓民主化進程的國家，台灣已經走在前面了，但我們不必對此太過樂觀。說真的，台灣民主的品質是經不起細究的，我們唯一擁有的也不過是「選舉」而已；其他民主政權應當具有的品質(例如關懷弱勢)，我們都談不上。「民主」不是一條單向的電動步道，若整體社會少了對國家／權力的時時警醒，我們很可能在不知不覺中進一步退兩步或甚至走回頭路。例如這幾年台灣人譴責國家的基本方式，已從抗議並制止它做什麼，轉變成要求它做什麼(台灣的流行語是「硬起來」)。我們要國家嚴刑重罰押人關人槍斃人、要它驅趕遊民彷彿清垃圾、要它廣設監視器、要它捕殺流浪貓狗、要它放手管管那些肥胖的人、抽菸的人還有後座不繫安全帶的人。我們竟大聲要求我們自豪的民主政治像作之君作之師的兩蔣時代，把我們當小孩子管理！馬英九政府及其官員，本來就有濃重的中產性格，做事保守、喜歡管手管腳。民間若無自覺意識抵抗政府的干涉，反而不斷放任甚至要求政府的手伸進來，那我們的民主真是徒有虛名。

我始終覺得，兩蔣離世雖已二三十年，開明專制也早已結束，但是台灣人的心態並沒有發生本質的改變。大家並不習慣自己負責任，每次一出問題，總是立刻找到一個上達天聽的最高領袖來歸罪。好比520遊行那天，我看到一個年輕女生在接受採訪時義憤填膺地說：「珍珠奶茶漲了五塊錢，馬英九該下臺！」如果你真的那麼在乎珍珠奶茶漲價這件事，你可以去找消費者協會投訴、你可以在網路上發起抵制。你可以做的事情很多，可是你完全不想做、也不認爲自己能做什麼，你只是非常簡單輕鬆地、一步到位地推給最高領導人。這完全是小孩子心態，不想承擔任何公民的職責，一出事情就推給大人。立基在如此心態上的民主，是很不健康，甚至脆弱的。

李：您覺得民主的品質如何才能提升？是否應當更大幅度地推動公民教育？

朱：公民教育當然重要，但我更在意知識分子在社會中的表現。這些年我注意到一個現象，很多從前並不關心公共事務的台灣知識分子在去大陸跑了一圈以後，開始意識到「公共知識分子」這個頭銜很重要。於是他們回到台灣之後，紛紛開始對公共議題發表意見。每個人都在罵政府、罵馬英九，一個比一個罵得兇，但多見民粹，少有專業。問題是，大陸和台灣是有一個時間差的。大陸的國情決定了大陸的公知敢批評政府，需要一定的勇氣，但是台灣早已過了那個階段。在這個人人可以罵馬英九的時代，你罵馬、罵政府其實毫不需勇氣、不需要背負風險，這種批評是很廉價也無效的。台灣知識分子現在應該自我要求的，不是跟著一時一地的新聞熱點而轉移的亂罵，而是深刻、冷靜、有品質並本乎專業領域的批評。如此台灣民主的品質才有望一步步提升。如果這些餘閑較多、資源較多的知識分子都棄守不說真話，那如何指望一般民眾能據以獨立思考和下判斷呢？

李：由於台灣現代史的複雜曲折，「國民黨熱」在台灣並不風行，但「台灣熱」卻與近年來台灣對自己的定位、打造不謀而合。大陸人對於台灣的美好想像，幾乎正是台灣主流話語對自己的描述。我知道您對這種思維向來持有異議，能談談您的想法嗎？

朱：你所說的「唱盛台灣」，其實是從李登輝時代才開始出現的現象，不過十幾二十年的歷史。它是一種主張台灣要有別於中國、有別於過往的國民黨所代表的中華文化的台灣國族主義論述。在這套論述裡，台灣代表著海洋文明，台灣人是冒險的、進取的、開放的、多元的、好奇的，對外來者滿懷熱情的、大器的……這套話語說久了，大家慢慢地好像真的相信了，真的覺得「我們台灣人就是那個樣子的」。但事實是不是這樣？其實只要看看我們對待外籍勞工、外籍配偶或其他民族以及邊緣弱勢的態度，就可以看出真相了。弱勢人群的眼光宛如一面鏡子，透過他們，才能映照出我們衣冠楚楚、自我感覺良好的外表之下究竟藏著怎樣一副真實面貌。

李：不久前有一篇名爲〈孤島與高牆〉的博文在網絡上引起廣泛討論，這篇文章批評台灣人終日沉浸在自己的小世界中，缺少國際視野。類似的批評屢有耳聞，我在台灣生活的這半年，對於這個現象也略有感觸。不知台灣民眾對於國際事務的普遍淡漠是因何形成的？我很好奇台灣民眾如何定位台灣在華人世界、亞洲乃至整個世界中的地位與意義？還是說，由於現實國際政治環境使然，在大多數台灣人心中，「亞洲」、「國際」這些字眼離既抽象又遙遠，使人提不起關注的興趣？

朱：我猜想缺少國際視野可能是一種氣球被戳破之後的沮喪吧。長久以來，台灣存在一種事實與名分之間的錯置，既像是把一個大國的架構硬塞到一個小國裡面，也像是給小孩穿大人衣服。從1949年以後到1970年代，很長一段時間台灣都是聯合國安理會的常任理事國；但現實卻是它只是一個小島，一個島國。從退出聯合國到本土化以後，大國夢的破碎日益明顯；可是長久以來台灣一直不是很想面對這個事實，總是假裝沒有看見。這些年來，伴隨大陸的飛速崛起，台灣也不得不學著去正視大國夢幻滅之後的現實。我們只有二十幾個邦交國，我們也都心知肚明那種邦交關係基本上是靠金錢維繫著的。所以提到台灣，一直有一種悲情論述：前有被命運撥弄無法當家做主的歷史，現有孤立無援、處境艱難的現狀。說回到開頭你提到的「台灣熱」，這三五年來大陸對台灣的關注似乎給落寞已久的台灣注入了不少自信。很弔詭的是，在多年的政治鬥爭中，台灣一直把大陸描繪成一個隨時打算把我們併吞的大怪獸、大惡魔；可是現在給予我們最多溫暖與肯定的，居然正是這個大怪獸、大惡魔。這一點是很弔詭的，有時候想到會覺得很錯亂(笑)。

李：您剛剛提到台灣的悲情論述，在我的印象裡，自覺自願地將「悲情」作為台灣史貫穿始終的敘述主線，似乎是相當晚近的事情。我在閱讀這二三十年來出版的台灣史著作時，時常想起魯迅先生那句話：整部台灣歷史，「從字縫裡看出字來，滿本都寫著兩個字是悲情」。不知您怎麼看這種現象？

朱：說真的我對這種悲情論述很不耐煩。「悲情」的心態無限膨脹之後，會發展成一種自憐、自溺、自哀的文化，終至自我禁閉成孤絕之島；既無暇顧及其他國家、其他人的存在，也無法反思自己內部存在的問題。台灣當然有很悲情的歷史，在很長一段時間內沒有任何主體性，只能不斷地被交易。可是台灣的情況並不是孤絕、唯一、不被了解的，亞、非、拉美等地亦有相同經歷。而且非常弔詭的，「悲情」論述最盛行的時候，反而是台灣人已經當家做主可以一票一票選總統的時候。照常理來說，如果是自然生成的「悲情」，當你開啓民選之後，這種情緒應該會漸漸消散；可是悲情論述非但沒有消失，反而變本加厲。這難免叫人懷疑這種「悲情」含有人工的成份，是政治人物操弄的產物。我常用的一個譬喻是：如果說台灣人是木片，悲情論述就是用以打造國族主義的桶箍，政治人物正是依靠這個桶箍把零散的木片緊緊栓在一起。

李：談到國族主義，在台灣近二三十年來的國族認同紛爭中，「中國／台灣」的二分法成為製造恐慌的利器。許多人或被逼或自願地表態、站隊，爭先恐後地表示自己對台灣的忠貞與熱愛，彷彿不如此便無權自稱「台灣人」。您曾經在《古都》中嚴厲批評這種故意製造族群對立的二分法，能否請您談談您的想法？

朱：我始終不想掉入政客制訂的無聊遊戲規則裡，被他們的邏輯擺弄。在省籍情結最烈的那些年，我不只一次被人質問「兩岸打起來妳會幫哪邊？」之類的問題。有一次採訪者問我：「妳覺得妳屬於哪裡？中國還是台灣？」。我當時快哭了，因爲問我這種問題的並非政治記者，而是正在《新新聞》工作的年輕優秀小說家邱妙津。我真的已經受夠族群撕裂這頭怪獸了。除了短期的旅行，我一直沒離開過台灣，也只會寫台灣；這樣熱衷檢驗人民忠誠與認同的台灣讓我覺得好陌生，或該說恍如隔世(好似前人告訴我們的50年代)，好想一走了之。正是因爲這個原因，我才會在《古都》裡談「不認同的自由」。也正是由於這一場經歷，每次聽到別人自誇「我們台灣人如何包容友善」，都覺得好諷刺。

二、回首「中國」

李：今天重讀《擊壤歌》，大概很難不注意到書中濃鬱滿溢、毫無掩飾的愛國熱誠。「我的海棠葉」、「我的中國」之類的辭彙，在書中俯拾皆是。對當年的您而言，「中國」意味著什麼？這麼多年過去後，「中國」又意味著什麼？您還有「中國夢」或「中國情結」嗎？還是說，對今日的您而言，「中國」只具有文化意味、只是血緣的故鄉？

朱：很不幸地可能真的是這個樣子。49年後來台的眷村外省父輩，他們來台的目的雖然不一，但恐怕都沒想過要在台灣終老；而相對隔絕封閉的眷村，很容易將你的想像投射在大陸——事實上，這也不算是想像，而是事實，畢竟你的老家、你的爺爺奶奶確實還在那裡。另外，這些跟著軍隊來的眷村外省父輩，要回去也只能是跟著軍隊回去，家國的命運是綁在一起的，幾乎不會有二想。即便偶爾覺得這個軍隊、這個黨不妥，但那種感覺近乎我們看待自己的父母一樣：儘管父母有時候比較嚴厲，但總不會對我不好吧？這種想法和感情在今天看來當然是很不利於民主發展的，可是這就是當時的事實。對父輩來說，「中國」是他們唯一的家，是他們終將回去的地方。解嚴以後，不少老兵先後回大陸探親，可絕大部分人最終還是選擇留在台灣。原因可能很多，例如大陸的政治社會氛圍令他們感到不適，例如在這裡成家了、對這裡比較熟悉。父執那一代如此，我們這一代更是如此，更不用說我們下一代了。「台灣」才是我們唯一熟悉的、有真實生活經歷的故鄉，「中國」對我們來說更多的是「文化中國」、「歷史中國」。甚至有時候我都不敢多去大陸，心想就讓那些蘇州、杭州永遠美好地留在我念過的那些唐詩宋詞的世界裡吧。

李：可是，「現實中國」與「文化中國」能夠那樣清楚、乾淨地切割開來嗎？二者之間有無張力？現實中國在發展過程中出現的種種痼疾，會否影響到您對文化中國的認同？

朱：會得很！被你逮到了(笑)。先不談大陸，就台灣來說，這些年來打造「台灣主體性」的過程，也是不斷地故意遺忘過往的灰暗面、一味放大過往的光榮面的過程。我覺得這是很不健康的心態。回頭說大陸，其實也是如此。我怎麼可能只看漢唐時期的中國，而對今日中國的問題視而不見呢？許多台灣的統派帶著朝聖的心情前往延安，可是去到那裡看見的卻是一個高度商品化的面貌；他們滿懷失望而歸，卻仍然不願去面對大陸的陰暗面。我理解他們的心情，他們很害怕一個哪怕最微小的否定都會鬆動你整體的信念。但我以爲凡有價值信念的人，都該勇敢地讓它「體露金風」，被挑戰、衝擊、修改、放棄或堅持。

李：幾年前您曾在經典版《擊壤歌》的序言中委婉地指出，今日中國大陸的世界圖景中只有歐美國家、沒有第三世界。請問您如何看待今日大陸出現的種種問題？

朱：大陸的現代化經驗是以災難開始的，例如鴉片戰爭、八國聯軍等等，那是一段被迫接受的、屈辱的歷史記憶。到共和國建立與文革，現代化曾經中斷很長一段時間。這三十年來的改革開放太短了，得同時面對人家一兩百年來的所有問題，難免會令大家措手不及，畢竟有些東西是需要時間慢慢養成的。

李：說到這裡，最近這幾年好些位台灣知識分子先後在大陸報刊上寫稿，指出大陸的不足、分析大陸的未來。您似乎從未萌發此念，不知這是出於什麼考慮？

朱：確實對此一直有兩種不同的聲音與思考在拉扯著我。其一，我們該善用外人的身分充分發聲，因自由和人身安全無虞。但怎麼發聲是一個很重要的問題。很多人寫到後面，開始漸漸異化了，純粹只是「爲罵而罵」。就像剛才說的，我們需要的是有品質的、有效的批評，要能夠細分不同事件的錯誤，要敢於不媚俗、不民粹。我很怕我變成一個無效的評論者，什麼都罵，卻沒有一件事觸及痛癢。在所有評論者中，我覺得實踐得最好的是梁文道。他非常耐煩地就一個一個大小議題談，不大而化之或流於刻板的批評，既敢得罪當道，也能向億萬網民直言(這一點應該是最難的)。我以爲他的發言之所以有力和有效，除了諸般原因(也許更重要如人格特質等等……)外，脫不開他花了很多的時間在地甚至蹲點。這一點我做不到也沒打算改變，因此也帶出我要說的第二個考慮。

台灣解嚴前十年間，我去遍了黨外的各種抗議和競選場合，那時有一些「海外週末革命家」讓我印象深刻：他們發言尺度最寬，煽動力最強；但他們話語中透露的因出國多年(當然大多是被國民黨列入黑名單的不得已)對台灣現狀的不了解與並不想了解，而一味以他國的現狀(大多是美式民主)來批判台灣，甚至玉石不分的全盤否定，讓我們這些走不掉又不願走的人備感挫折屈辱。我一點不想像他們那樣以「上國」的姿態參與這一場中國崛起的眾聲喧嘩，或煽動，或生火，然後一走了之回到安全之地過我的老日子。那些真信了你的主張、熱情被挑起，但走不了的人，怎麼辦？

所以除非像梁文道那樣起碼做到是半個在地人了，不然我不會輕易對大陸的事情亂發議論。

三、走出神話國

李：您曾經在多個場合引用昆德拉在〈加速前進的歷史裡的愛情〉裡寫下的這段話：「過去的幾個世紀，個體的存在從出生到死亡都在同一個歷史時期裡進行，如今卻要橫跨兩個時期，有時還更多。儘管過去歷史前進的速度遠遠慢過人的生命，但如今歷史前進的速度卻快得多，歷史奔跑，逃離人類，導致生命的連續性與一致性四分五裂。」這種歷史場景的快速更迭，以及隨之而來的個體生命經驗的張惶無措、四分五裂，在台灣過去幾十年的歷史中隨處可見。有太多人昨日信仰A，今日信仰B，明日又改為信仰C。信仰的轉變並不令我意外，但令我感到困惑的是，大多數人並不把這種轉變視為一件需要嚴肅以待的大事。在解釋信仰更迭的原因時，他們往往用全盤否定過去的「今是昨非」輕鬆地帶过一切。對他們來說，信仰的倒塌與重建，似乎是一件輕而易舉的、不需太過費力面對的事。但您並非這樣的人。這麼多年來，昔我與今我之間的關係，始終是您的思考重心之一。您曾說過：「我真的覺得我們這代是很特殊的。這速度快到你來不及看清楚自己的樣子。這一個階段的你也許還沒長好，下一個歷史階段已經把你拖走了。不禁令人疑問：到底哪一個階段才是真正的自己？」這段話流露出您面對高頻率的歷史變遷及自我更迭時產生的迷惘。多年來，許多人撰文分析您這些年的心態變遷。例如何春蕤認爲您向來看重政治正確，因此面對90年代的眾聲喧嘩難免感到無所適從[1]。又如楊照認爲您至今無法面對許多個不同的自己之間的斷裂，無法解釋舊我與新我之間的轉變[2]。對於這些評論，您如何看待？您認爲它們是否符合實情？

朱：何春蕤的說法大概是我最不同意的，她對我的解讀和事實完全相反。大概是從鄉土文學時代開始，我第一次感覺到「政治正確」的含義及給書寫者帶來的壓力。那時候不管你多真誠地寫東西，只要你寫的題材不對，你的作品就是矮人家一級的。你要是寫愛情，就是鴛鴦蝴蝶派；可你要是寫工人或是農人，不管你寫得怎麼樣，你都是一流的。這麼多年來我的寫作動力和支撐，不脫我想要告訴大家「事情不是或不只你們所說的那個樣子」，我反對的正是這些刻板印象或是化約論述。所以當我讀到何春蕤的評論，真的嚇了一跳，她怎麼會解讀得正好相反？我在意的從來不是「我有沒有站在多數那一邊」，而是一個作家在面對每個時代內涵不同的「政治正確」時，你要如何去面對它、回應它，而不是輕易地被它馴服。至於楊照，他從哈佛大學念書回來以後，也許是爲了跟我們這些少年友人劃清界線吧，他在那篇文章中對我做了一個比較誇張、劇烈與戲劇化的評論；也許那個階段他出於一些現實的考慮，必須要寫下這些在我看來是謊言的東西。黃錦樹當時就寫過，楊照寫這篇文章

1 何春蕤，〈方舟之外：論朱天心的近期寫作〉，《中國時報》「人間副刊」1994年1月1日。

2 詹愷苓(楊照)，〈浪漫滅絕的轉折〉，《自立早報》「副刊」1991年1月6、7日。

是在向我喊話：「當下的主流就是這樣，你放下過去，趕快融入大多數人吧」。可他並不知道，是不是和主流意見、政治正確站在一起，我根本不在意。

如果說在這二、三十年的急劇變化中，我時常顯得失落、感傷，那絕不是因爲如何春蕤猜測，我爲自己沒能站在「正確」的一邊感到懊惱，而是因爲我非常痛心地看到民進黨及其支持者得勢以後又把國民黨及其支持者當年犯過的錯誤重新犯一次。經歷過國民黨威權統治這一場之後，我本來以爲我們應該吸取教訓，不要用拜神的態度來對待一個哪怕再了不起的信念、價值、政黨、人物。可是後來我發現取而代之的民主鬥士企圖告訴我們的是「只要所拜的神是對的，拜神還是可以的」。曾經於我有二次啓蒙意義的人與前輩，他們已經忘記了這一點，開始變本加厲地叫我们拜神，甚至比國民黨時期拜得更凶。我記得張俊宏曾經直言不諱地說，國民黨可以獨裁，我們現在爲什麼不行？我聽了真的好吃驚。我們批評過去的外省人包庇國民黨、對國民黨缺少反思，那麼今日的本省人面對民進黨時是什麼樣子呢？有不同嗎？我自己感覺到最失落的其實是這個部分，而不是像有些人所揣測的那樣因爲我外省人的身分優勢不再而感到失落。事實上，外省人亦有多種，以中下級軍士官爲主的眷村根本從來沒有處在權力位置之上。從未當權，又何談失勢？

李：您剛剛反復提到「政治正確」帶給您的壓迫感。時至今日，當鄉土文學、民主化進程、本土政權先後在主流敘述中佔據正當地位後，當初曾經支持國民黨、曾經對鄉土文學持有異議的您，因此被擺放到了某個「政治不正確」的位置上面。我很想聽聽您是如何理解「政治正確」的？您是不是覺得「政治正確」這個字眼太過單薄、簡化，根本不足以呈現出當事人對於某些價值及事件的複雜體認與艱難抉擇？

朱：我年輕的時候，非常在意某些人當初爲何會選擇站在某一邊。例如我曾經質疑父親爲何會跟著大右派國民黨來台灣，而沒有選擇留在當初擁有公平正義理想的新中國？可是這二三十年來，我漸漸不這麼看事情了。父親過世以後，我在〈華太平家傳的作者與我〉裡寫過這樣一段話：「我漸漸看待一代之人不以事後之明的分法，例如不再惑於用意識形態、主義、信仰(及其所衍生的陣營立場)來分出一代的『好人』『壞人』，我比較好奇於分辨出心熱的、充滿理想主義、利他的、肯思省的……，以及另一種冷漠的、現實的、只爲自己盤算的兩類人。前者，在任一時代，都有『站錯邊』的可能，而後者，當然是從不會『犯錯』、絕不會被歷史清算、最安全舒適的，此中有高下嗎？求仁得仁而已」。

在鄉土文學論戰中，作爲反對派的我們所反對的，並不是以勞苦大眾爲創作內容，而是前面講過的「用題材決定文學成績的高下」。僅僅由於我們和鄉土文學主張不同，而鄉土文學和國民黨主張不同，大家順著「敵人的朋友就是敵人」的邏輯，不由分說地把我們打到國民黨那一邊去了。就這件事情來說，我們這些人當然是極端「政治不正確」的。可「政治正確」這個大帽子，很籠統、武斷且具有欺罔性。

李：讀您的作品，可以感覺得到您非常在意歷史與記憶的真實性。在您看來，這些真實走過的痕跡不容事主事後修改、必須真誠面對。與您這種直面歷史的坦誠態度相比，許多與您同時代的人選擇迴避、甚至修改自己的過去(例如拒絕承認自己曾經加入過國民黨)。您如何理解他們的心態？

朱：其實這不難理解，畢竟把罪名統統推給國民黨的洗腦教育是最簡單省力的。可我覺得若因此錯失了一個反思自己的機會，那才是最可惜、最大的損失。

李：您現在回看自己的早期作品，心裡還會有疙瘩嗎？還是已經能夠心平氣和地面對昔我與今我之間的差異了？

朱：當然會有疙瘩！像是妳回頭去看妳小學的作文，一定會覺得怎麼這麼幼稚。只要你認真生活，年歲沒有徒長，那麼你的感受、認知一定會有改變。所以當我回頭看這些作品，我心裡就只有一句話：全面的幼稚多過其他。今天的人讀到這些作品，一定覺得當時候的我們很傻，而且因爲我們這樣的傻，正好增長了這個政權的穩固。這些都是事實，我自己並不打算去迴避、遮蔽或是去修改這段歷史；我還是會讓當時的言論與行爲留著，就當作呈堂證供或是病理解剖吧，幫助後來人了解當時候的台灣。

李：在閱讀台灣現代史時，我自己特別感到難過的一點是：那麼多曾經意氣風發的理想主義者，在神話國倒塌之後一個個轉向虛無。他們在否定某個過去的理想的同時，把理想這件事的意義也一併否定掉了。面對台灣社會近幾十年來戲劇般大起大落的歷史，您在逐步走出神話國的過程中，經歷過怎樣的心路歷程？當自己曾經相信的政黨、人物與價值皆告崩潰的時候，您是否也曾一度感到絕望？

朱：眷村人脫離黨國教育的過程是很慘烈的，很像是神話裡的哪吒割肉還母、剔骨還父。眷村是一個獨立於台灣社會的、自成一格的封閉系統，裡面有學校、食堂、菜市場、醫務所，所以基本上我們小時候是可以不和外界發生關聯的。眷村人都是跟隨國民黨來台灣的，家族史、生命史，此前的命運與此後的前景都與國民黨無法分割，所以大家共用同樣的歷史記憶、黨派信念。我們甚至不太知道眷村外面的台灣人、台灣社會是什麼樣子。直到離開眷村或到有本省人的學校讀書，我才開始接觸到異質的經驗，開始聽到來自別人的不同的生命故事。在這個過程裡，我慢慢意識到原來你熱愛且相信的這個政黨，對別人來講像是惡魔一樣，是會剝奪他們的青春、自由、生命的，這是一個很大的震撼教育。隨後我親眼看到自己曾信任的政黨被從神壇上大力拉下來(當然我也在其中出了一拳一腳之力吧)，所有的神話完全毀滅。其實至今我都不敢聞問其他眷村兄弟姊妹們那些年是如何過過來的。

這段歷程確實讓我記取了很多教訓，其中一個就是我再也不會用一種素樸的感情去面對一個有權力的人，不管他表現出來的面貌是什麼。只要面對權力、面對國家機器，我就只會有一種態度，那就是懷疑、不信任與抵抗。好些年了，我試著學習活在一個不知有神，也不見先知的世界中自行尋覓、堅持自己的價值和信念；人不能有幻覺，對世界的道德地位不能有童騃的樂觀，更不能期待任何此世或他世的力量或秩序，來保證自己行爲的後果在道德上的地位。一個人如果不能認定一個終極價值並對之獻身，則他只能對世界的現狀認同，隨著這個在倫理上無理性的世界的法則運作、漂盪——沒錯，韋伯那段撼動人(我)心的話[3]。

李：上世紀80-90年代大概是您和政治走得最近的一段時間，但近年來您的工作重心漸漸轉移到社運領域，較少參與政治活動。不知這是出於什麼原因？是對政治的失望嗎？在〈佛滅〉與〈新黨十九日〉裡，您毫不留情地指出政治人物的言行不一。一些論者認爲，這些政治小說顯示您在經歷了諸多變故之後對政治滿懷譏諷與虛無心態、不再相信任何政治理想[4]。不知您怎麼看？

3 該段引文出自德國社會學家韋伯膾炙人口的演講〈政治作為一種志業〉，載韋伯著，錢永祥編譯，《學術與政治：韋伯選集(I)》(台北：遠流出版公司，1995)。

4 參見洋父，〈是政治冷感還是性冷感——談朱天心《佛滅》〉，《自由時報》「副刊」1989年8月13、14日；詹宏志，〈時不移事不往〉，

朱：我絕對不是「政治虛無」，直到此時，我仍非常在意人的斷裂。所謂斷裂，就是場上說一套、私底下是另一套，或是曾經用一套標準去嚴格檢驗對方、等到自己上臺以後卻又換了另一套標準，這在政治裡往往表現得最爲鮮明。我寫那些小說的時候，正逢李登輝、陳水扁等本土派開始掌權，我眼看著他們及支持者甚至(過往我敬重的)學者知識分子換意識型態跟換手套一樣快，心裡覺得很悲憤。

李：幾十年來，您秉持的許多價值都與主流論述有異，您也因此飽受抨擊。面對外界的質疑，您有沒有曾經感到傷心、疲憊？您有沒有想過融入主流，轉而過一種較爲輕鬆的生活？是什麼支撐著您這麼多年來始終堅持異議？

朱：黃錦樹曾經比較過張大春和我，他認爲我們代表著兩種截然不同的面對回憶的方式。大春的態度是「一切都是假的，所以你們什麼都不要相信」，那是一種拆毀式的姿態。當他搶先一步採取了這種姿態，別人就很難再用「你相信什麼？」這種問題來爲難訕笑他，所以大春很輕盈地避開了這個問題。可是我的態度是剛好相反，我始終都試圖告訴大家：「不對不對，事情並非像大家說的那樣，我記得……」。而當你執拗的記憶與大歷史大論述如此扞格時，你等著吧。正是因爲我在乎，所以我無法像大春那樣輕鬆地躲開這些，總是一而再再而三地被別人質問。坦白說，活到這個歲數，我何嘗不知道什麼樣的回答方式比較好聽順耳、容易過關？只是放眼望去，一個個我曾經敬重喜歡的前輩或同儕，流年暗轉偷換，個個都成了輕鬆、討喜之人，可能這就是支撐我的念頭吧：「我不要變成他那樣的人」。這些倒下、走開、或變了的我在意的人，一具具

(續)————————

載朱天心，《我記得……》(台北：遠流出版公司，1989)，頁8-10。

屍身一樣築成河道；而我流水至此境地，靠著負面的力量前行。其實那圖象好荒涼，所以偶爾遇到一兩個真誠的「能人志士」，我都會覺得特別溫暖幸福。

李：雖然近年來台灣的族群對立問題稍有緩和，但事實上族群議題仍有很大的動員力量。巨靈一日不除，就有可能再一次出來興風作浪、撕裂社會。在您看來，族群問題會慢慢淡化甚至得到根除嗎？您對族群問題的解決是否持樂觀態度？

朱：我並不太樂觀。陳水扁下臺、馬英九上臺之後，似乎一切又都回到原點。大家都疲倦懶得吵了，你別笑我，我也別笑你；你講陳水扁，我就講馬英九。大家沒有心情與勇氣清理戰場，沒有細想我們在這二、三十年的族群衝突中到底得到了什麼、失去了什麼，我們犯了什麼錯、又有什麼對的事需要堅持。台灣有句話叫擺爛，就是擺著拖著直到爛掉，目前的狀況就是如此。

李：確如您所說，戰爭似乎暫時結束了，可戰場卻沒有清理乾淨。作爲旁觀者，我注意到經歷過這一場漫長的爭鬥後，台灣社會顯露出一股疲態。真正重要的問題仍未得到足夠的重視與討論，就這樣被懸置在那裡，真的好可惜。

朱：對，我會覺得台灣藍綠惡鬥這二十年，使得大家對大問題變得毫無興趣。大問題不是指統獨這種問題，而是指我們剛剛談的，斑斑可考的正義、公平、人的慷慨與道德等等問題。這一場惡鬥下來，到最後只會得到一個結論：不要傻了，不要去信任任何政治人物、政黨，以及他們堂皇的主張。你不要相信任何人，你就永遠不會犯錯，也就不會被歷史清算，你就會顯得好聰明好機靈。如果你今天還在相信什麼價值，也許不用三五年你就會被事實真相甩一個耳光，你就會顯得很可笑。所以現在一聽到有人要出來談公平正義，大家都覺得好累，趕快掩耳不願聞。

李：聽您這樣說，令人覺得灰心。難道台灣的族群對立問題真的找不到解決之道嗎？對於有心於此的人來說，有沒有什麼施力的空間？

朱：我不知道其他人怎麼想，但我始終認爲如果公民社會夠強的話，政治就不能爲所欲爲。唐諾曾經這樣形容政治與社會之間的關係：社會是永遠的，政黨、政權是一時的。正是出於這種想法，2004年我和一群朋友一起創辦「台灣民主學校」。就像宣言裡寫的那樣：「民主自由，是這數十年來台灣所有這一代人的共同大夢，它不只在政治場域進行，更在社會場域每一個角落進行，它不是少數幸運政治人物的專利，而是整體社會力的展現」。一旦社會的各種實質連帶網絡夠強，藍綠政治勢力就沒有辦法進來撩撥。

李：您覺得台灣年輕人有沒有可能走出您們這一代的困局？您在《初夏荷花時期的愛情》裡對台灣青年有不少批評，您覺得他們最大的不足在哪裡？

朱：這一代台灣年輕人生長在「台灣錢淹腳目」的時代，從小衣食無憂，備受全家呵護；一路接受的是西式的鼓勵教育，聽到的都是「你太棒了」、「你是獨一無二的」。在這種完全正面的氛圍中長大，難免使得他們的承壓力很差，經不起批評和挫折，所以才會有「草莓族」這樣的稱呼。但如果說我對這一代青年有所謂擔心的話，可能是在他們的知識結構方面。我覺得學習有縱的有橫的，縱的像是歷史、傳統與我們的閱讀，橫的像是你的同儕、你一時一地的資訊。我接觸到的年輕一代，對於他們出生以前的事毫無興趣，對縱的這塊毫無學習。他們的訊息主要從橫的一塊獲得，當然網路更大大加強了同儕效應，這使得他們之間非常趨同，一致性很強。這於文學創作是極不利的，文學是如此地需要獨特性，當你如此跟大部分人一模一樣的時候，你要寫什麼呢？而且，這一代人終日浸淫在網路之中，久而久之很容易形成反智與民粹的心態。所謂民粹，就是不能夠歷史地、結構地看問題，而是跟從「眾」之所好所惡。

四、社會運動

李：這二三十年來，台灣民間社會與各種NGO的蓬勃發展，在整個華人世界乃至亞洲均備受稱讚。您投身台灣動保運動多年，且時常參與其他社會運動，不知您如何評價台灣社運的現狀？有什麼長處與不足？

朱：台灣的社會運動在不長的一段時間內取得這麼多發展，當然是很不容易的。但是以我的觀察與經驗，台灣社運也有它須面對的問題。一是弱勢團體之間的串聯太少，這十多年，不肯被藍綠執政摸頭收編的弱勢／社運團體，大概都只剩半條命(人少資源少)，總覺得對其他弱勢團體聞問不起，一心一意關起門來解決自己的議題。我覺得這樣好可惜，如果弱勢都不幫弱勢，運動如何跨得出門並有推進？所以我自己從不放棄在不同的社運場合偷渡其他社運組織的狀況、理念，例如我總忍不住在動保的場合講外籍勞工的處境，在外籍勞工的場合講原住民運動的情況，在原住民那邊講動保議題。我希望弱勢群體能夠養成相互關心幫助的習慣，這樣步伐才能跨得出去。

第二個問題是台灣社運的日益中產階級化。有些社運通常以環保、健康、「財產神聖」之名(誓死)對抗公權力／體制。他們的動能很強(例如一夕就可建立網站，一次募到的款項可抵弱勢團體一兩年，他們的人員組成不乏大學教授、律師、醫生、竹科工程師、退休公務員以及喊得動的子女以「學生」身分出場)，他們通常能快速地吸引媒體(市政記者)的報導，但大約在完成他們的訴求後就解甲歸田，不再聞問哪怕是隔條街或隔壁縣市的同樣問題。有些人以正面態度看待這類事(連大學教授都站出來了！)，以爲有總比沒有要好。可是我對這些貌似在關注公共利益公共議題(其實就只關注他家社區背後的擋土牆或門前街道的秩序和清潔)的運動卻極爲感冒，以爲這類中產／納稅人的權益爭取其實是很消耗一般人對社運的印象和信任的。

李：近年來台灣年輕人逐漸成爲社運的中堅力量，例如不久之前的文林苑事件，主要參與者便是在校學生。您怎麼看待這個現象？對於有意參與社運的年輕人，您有什麼建議？

朱：我自己是心熱的人，所以對任何世代肯關懷弱勢人們並爲之爭取權益的人，我一貫心存感激並心嚮往之。但年紀既長，漸覺得心愈熱，腦就得愈冷。尤其讀了些書的人(無論大學生或知識分子)，得想得多些，切勿像一般人一樣只憑第一感或媒體現象反應行事，僅僅滿足於街頭英雄那種感覺。我這想法不時被批評爲精菁英心態或特權，對此我不迴避，但視爲精菁英的責任義務。畢竟，當我們不需像大部分人在田裡街頭揮汗，我們就得盡責地多想想。你爲了什麼議題、在什麼場合走上街頭，這些事情是要去深思的。我個人的原則是我會去幫那種人很少的、力量很微薄的社運議題。像動保、外籍勞工、外籍配偶這些議題，支持者、關注者都很少，所以我會過去幫忙；像女同運動這種從論述到組織都頗具規模的社運，我就覺得似乎不缺我一個。

現在很多年輕人分不清社運的含義，他們以爲「抗議水電費漲價」也算社運，但事實上這只是消費者在維權。只是在幫自己爭利益的活動，算不上社運。對於有意從事社運的年輕人，我自己的一個建議是：心越熱，腦子就要越冷，不然的話就會盲目地跟風。好比這一次的文林苑事件，如果參加抗議的學生都參與過三鶯部落、樂生、十四張、紹興南路的抗爭行動，我能理解和敬重其中一貫的價值信念的護守。可是如果你從沒投入過這些抗爭，只是覺得電視網路上天天討論文林苑看起來好熱鬧，於是你也跑過去參一腳，我會覺得很不夠。當你頭腦不夠冷的時候，你給出的理據也難以服人。在文林苑示威抗議的人口口聲聲說如果拆掉這套房子，「王家一生財產化爲烏有」。但事實上都更[5]並沒有使之化爲烏有，而是化爲更多。當然王家可以主張「我不要都更後的現值一億多，我就是要住有感情記憶的老屋」，但那是另一套價值訴求了，而非抗議者所說的「化爲烏有」。此中最叫我不解的是一些號稱左翼的社運人士和學生，怎會將「財產神聖」置於一貫主張的「反對土地商品化」之上？

之所以再再細究這些照理跟我一同站在國家對面的公民社會的行動者，是基於我始終把這害怕變動的主流社會偶發的「望治」、「求變」視爲公共財產，不能隨便浪費錯失掉。社運人士消耗自己的熱情也就罷了，更糟糕的是，他們會消耗掉嚴肅的抗爭機會。如果未來有一天真正負責任的社運人士再來談某些議題時，社會大眾會因爲這些議題已被先行者過度操弄而疲憊得掩耳不願聞問。當然我能理解此中不能想不願想或無發聲管道的人，有時只能以Kuso戲謔的形式來突顯問題(沒錯我說的是反核)，但我不解能說能寫的人何以也溷跡於此形式，因爲輕謔的叩問勢必只會得到(好不容易因歷歷在目的福島危機而願意想想核電存廢的)主流社會的輕謔回應。我很怕這類無效且徒然損耗公共財的行動。我不願將之歸諸於童騃或

5 都更乃「都市更新」的簡稱，亦稱「都市再生」、「市區重建」，意指因早期欠缺規劃或建築物老舊，為促進土地再利用與開發、增進公共利益，在都市計畫範圍內，依據法定程序，實施重建、整建或維護措施。

偷懶(許多反核人士既不要核電，也不要碳排放的傳統發電，更不要價昂的替代能源……拿不出任何實質性的解決方案，問題就這樣久拖不決)，我更願意把他們視作激進極端的環境主義者。可若真是如此，那就要說到做到，別讓人看到你開車去反核。這不是道德的檢驗，是實踐的證明。若對環保極端如你都做不到這一點，你的整個訴求主張豈不很虛空、令人沮喪嗎？

李：很多社運工作者對於公部門全無信任，不願意和公部門多打交道；有時爲了表示自己的獨立與不被收編，甚至會特地與公部門劃清界線。可是您在這一點上似乎持有不同看法，例如最近這段時間您一直在積極遊說立委成立動保司。

朱：我理解很多社運人士對政府的警覺，我認爲那也是極有必要的。許多社運團體出於對藍或綠的特別感情，與政府越走越近；久而久之，漸變成政府的花瓶或外圍研究機構而不自知。在這種情況下，我其實打心底敬重那剩不幾個，在藍綠執政時不被收編(拿政府補助、包案，最終爲政策背書)的社運團體。他們的存在，是我極大的支撐和鞭策。

但如同前述的，社運尤其是動保是「全無」不起的。沒有政府的配合，社運的成果很難得到保護，很可能在一夕之間被摧毀。我看過太多愛護動物人士以一己之力，甚至不顧自己的生活／生涯(如我姐姐天文)，過著近乎非人的生活，而仍做不勝做，近於徒勞無功。好比在「街貓TNR計畫」[6]施行之前，都是動保人士自掏腰包爲街貓做結紮。可結紮過的貓咪放生之後，往往被政府的捕貓大隊抓去處

6 TNR是Trap(誘捕)、Neuter(絕育)、Release(釋放)的簡稱，這是一種取代安樂死的人道管理和減少流浪貓犬數量的方法，近年來受到許多動保人士推崇。

死，一切心血皆告白費。2006年台北市流浪動物的主管機關動檢所(去年始升格爲動保處)所長接受我們的建議，試行TNR計畫。初行時只有兩個里，由於效果顯著，慢慢推廣到其他里；到今年已有189個里，將近半個台北市。我們希望在未來一兩年達成全市施行，再及於四都和全台。光是這一場經驗就讓我不能也不願輕忽公部門有所正面作爲時的力量。當公部門無論基於什麼原因(社會進步力量、公務員個人的信仰善念……)願意有所作爲時，一個正確的政策制定，實可抵多少或可保護住民間努力的成果。正因如此，我才參與動保司和動保法的修訂。

李：許多社運人士篤信「要麼全有，要麼全無」，視妥協、讓步爲不可饒恕之罪。可您對此有不同看法。您曾說過，社運人士不能求全貪多，有一分是一分。這是您在從事動保多年之後摸索出來的心得嗎？

朱：我像你這樣的年紀時，也曾要求不打折、不妥協、不讓步，並且還會用道德性的觀點去看待打折和妥協。年輕時大家光爲了組織的名字、會議的程序，就可以吵到地老天荒甚至不惜決裂。但是現在人到中年，大家都會有一個默契：把事情做得動最重要，彼此找到最大公約數，其他存而不論。沒錯，這和浸淫於動保工作很有關係，你若堅持一絲不准打折的「全有」的同時，一分一秒有多少看得見看不見的動物受苦死去，這真讓我忍受不了。所以我早習慣試著以事情朝前又推動了幾分(而非我們的主張訴求被折扣退讓了多少)來做事，哪怕只有兩分的進展，換算爲動物數就等於有萬千條生命當下倖免於受苦折磨。我很看重那每次一分兩分的進展，儘管我知道這在我那些激進的社運友人眼中實在太「溫良恭儉讓」了。

李：和很多社運工作者相比，您不是那麼看重實際的結果。就拿成立動保司來說，您雖然很清楚此事希望渺茫，可您還是耐著性子一個立委、一個立委地遊說過去；就算遭到冷遇或第二天得不到任何新聞版面，您也不灰心喪志，繼續遊說其他立委。所以能如此，我想和您這種關注「我們獲得了多少」甚於「我們退讓了多少」的思路密不可分？

朱：是，我嚴禁自己去分析每一次行動的成敗得失。如果我們每做一件事都先去衡量它能換來多少實際結果，那會削弱你的行動力和熱情，到最後你會什麼都不想做。不能因爲我們想要的結果無法一步到位，就完全不去做。我已經很習慣不去問結果，就算知道沒用還是要去做。我常常會勉勵朋友，我們要做好「做白工」的心理準備，只有這樣才不會被動地被最終的成敗得失拖著走。我幾乎視之爲「修行」，一次次的作爲當作對自己信念的護持。

李：有些社運人士覺得，某些社運議題更爲重要、優先，例如我曾聽一些從事工運的人直言不諱地表示他們的工作比動保更重要。不知您怎麼看這種排序？

朱：我傾向於把不同的社運議題看做社會分工，而非輕重先後之爭。從事社運的人已經這麼少了，大家就別花力氣爭執，就做你認爲最重要、最迫切的事吧，只有這樣你的力氣與熱情才會出來。而且我始終覺得，動保是在幫其他的社運守最前面一線；因爲如果人對最爲弱小無法發聲的動物能有憐憫寬容，他豈不會對其他弱勢或「非我族類」(不管是外籍勞工還是外籍配偶)懷有善意？

李：在社運中，始終存在「理論」與「實踐」之間的緊張。有些社運工作者認爲實踐經驗勝過一切，也有人認爲只有擁有良好的理論準備才能將社運推行得更好。您如何理解「理論」與「實踐」在社運工作中的關係與比重？

朱：很鄉愿地說，我覺得兩個都很重要(笑)。實踐做久了，你會失掉感覺，甚至不知不覺走到一個非人的境地(也就是自己也快變成一隻流浪動物啦！）。在這個時候，有意義的理論是可以給你一些支援的。例如前不久我看錢永祥與梁文道兩位的對談[7]，給我好大的支撐，增我一甲子的功力，提醒我在做的是一件意義非凡的事。當然關於理論與實踐之間的關係，應該要更嚴肅地去討論(比方說我就始終不覺得有意義的實踐和有意義的理論是涇渭分明的)；可是我們既然已經在談活生生的人或事，那就依自己的個性和所長去做吧。

李：社運人士往往是具有高遠理想與滿腔熱情的人，但現實的錯綜複雜，又常常要求他們必須懂得自我克制、適時做出妥協。您在從事社運的過程中，一定也多次面對現實與信念之間的拉扯吧？您如何平衡二者之間的緊張？

朱：唉，一直到現在，我都不知道要如何平衡二者之間的張力，這對我來說很難。可是若真有一天練到了金剛不壞之身，再也不會波動受傷，那我大概就什麼事情都做不了了。有時不免想，要是我有宗教信仰的話，也許會好過些。

李：說到這裡，我記得您出生在基督教家庭，早年也曾是位虔誠的信徒。不知您後來爲何會脫教？其間是不是有什麼慎重的考慮？

朱：我倒也沒有像很多的文學藝術家那樣，對此有很深刻或慘烈的思辨。我甚至不排除也許到了一個年紀，例如七、八十歲，或者一場重病中，說不定會再一次希望有一個超過一切的力量來奧援我。離開宗教單純是因爲我覺得宗教可能會讓我變得懶惰，讓我習慣把煩惱跟困惑交託給主，然後就不再去面對、去想這些了。這些苦惱對一個平常人來講也許很折騰，可是對於一個靠腦子工作的人

7　錢永祥、梁文道，〈動物倫理與道德進步〉，載《思想》第21期《必須讀〈四書〉？》(台北：聯經出版公司，2012)，頁125-153。

來說，這是思維的開始呀。

李：有趣的是，您的本職文學要求的是體察世間最爲複雜、幽暗、難解的一切；可當您從事社運時，需要的往往是簡潔、明快、清晰、易懂的思維與語言。當您在這兩套不同的思維系統中切換的時候，心理上會不會覺得很困難？

朱：會得很。在街頭和群眾場合我常常話一出口就懊惱：天啊，怎麼講出這麼簡單的話。如你所說，文學的本分是去捕捉模糊幽微、難以言傳的事物；但社運不一樣，要旗幟鮮明，話要很簡單、強烈，兩個完全相反。在理想情況下，二者也許能彼此豐富深化；但事實上，它們通常是彼此拉扯、拖累。年歲越大，只覺得困難愈深。

李：許多社運人士張口閉口「我們左派」，自詡爲對抗大官僚、大財團的左翼反抗者。與之相比，您從未以「左派」自居。然而，若我們將「左派精神」定義爲反抗不義、同情弱勢，在我心裡您絕對是一位「左派」。不知您如何理解「左派」？您如何界定自己對於弱勢群體的關懷？您覺得左右之分在今天還有意義嗎？

朱：你知道嗎，幾年前我被顧玉玲問過一模一樣的問題。對於什麼是左派，政治上、歷史上、經濟上有很多不同的流派與定義、主張。但對我來說，只要我還有身外之物、郵局裡還有存款、經過商店還是會心動、手上的戒指還沒拜託小燕子送給瞎眼貧病的寡婦(沒錯，自小撼動我心的那則王爾德童話故事〈快樂王子〉……)，我沒有資格說我是左派。

李：(驚訝)您是我認識的所有人裡，對左派的定義最爲嚴苛的一位。

朱：可我會覺得如果我無法放棄那些物質上的享樂的話，那所有一切關於左派的森嚴定義憑什麼有可能被我實踐？例如我看到很多左派不耐煩現實生活中的任何小實踐，他們覺得那全是溫情主義，無濟於事甚至會延緩巨大革命的動能和時機；他們不耐煩任何小細節，只想做大事。但若生活裡一步都不屑跨出，你要怎麼走到那個遠方呢？對我來講生活裡每一步的實踐都是有意義的。我很怕自己是個爲了一個遙遠偉大的目標，變成一個口氣很大、心腸很硬的人而不自知。

李：比您更早幾輩的學者，從陳映真到錢永祥他們，讀中學的時候常去舊書店搜羅左翼禁書。在您的成長經驗裡有沒有左翼這一塊資源？

朱：我覺得可能沒有左翼之名，但有左翼之實吧。這一點我和父親的情況很相似。我父親沒有左派之名(我想這也是歷史命運的撥弄吧，由於他自己的兩位兄長都死在跟共產黨的鬥爭中，這讓他對共產黨有一種不信任感)，可是他在意識上，更寬廣的意義上，是個素樸的人道主義者。父親的書房書櫃自始對我們完全開放，他從不指點或禁止我們的閱讀探索。記憶中，父親只推薦過我們張愛玲和包了書皮的、神秘寶貴的1930年代小說，這些在當時的台灣都是禁書。父親很喜歡老舍，還有沈從文、魯迅……。很多人會覺得他是懷舊作家、懷鄉作家，但唐諾就說：所謂懷鄉，是一切舊的都美好。朱老師對傳統／鄉土批判性這麼強，怎麼會是懷鄉？

李：社會運動是一個緩慢、長程的積累過程，相比之下，政治運動的成果更爲快捷、明顯。1980年代末、1990年代初，您曾經一度和政治走得很近：撰寫政治小說、在《時報週刊》寫時評專欄、參與社民黨、在朱高正競選省長時爲其站臺……您如何理解社會運動與政治運動之間的關係？您當時爲何會積極參與政治事務？

朱：儘管我1992年的時候參加過朱高正的中華社民黨(那是我唯一加入過的政黨)，但我並不覺得那是參與政治，而是加入一個有理念的弱勢小黨(黨員95%是農民和少少的留歐知識分子)。那時候李登輝剛上臺，與此同時民進黨從黨外階段以來第一次在立法院拿了幾十個席次、陣容至爲龐大。理論上民進黨最可以扮演起監督、制衡甚至取而代之的角色，可是因爲李登輝很不道德地操弄省籍議題，使得民進黨非但沒有起到制衡作用，反而倒過來護航李登輝。以我自己很在意的土地交易所得稅爲例，當時的財政部長主張按實價課徵，可由於李登輝的金主都是地方財主，李登輝對這個稅的態度是很曖昧的。最終，民進黨喊出「外省部長欺負本省總統」或「外省人搶本省人土地」[8]。就這幾句話，政策的論辯空間就沒了，我甚至以爲台灣從此走往貧富差距擴大之路並回頭不了。更糟糕的是，以前國民黨蔣家統治的時候，從人民到知識分子都知道我們國家是很獨裁的，就像是人知道自己生什麼病。可是李登輝剛剛執政那個時候，我們最強大的反對黨在當時扮演的居然是護航的角色；我們不僅不知道自己生什麼病，甚至還覺得自己好的不得了，那才最可怕。

所以當朱高正組織社民黨、發出兩黨之外的聲音的時候，我和張大春、唐諾與侯孝賢都加入了。朱高正是留德的，他把德國整套的憲法、社會民主黨的黨章黨綱幾乎移植過來。他可以一場一場地用台語講康德給雲嘉南的農人們聽。那一整年每個星期三晚上我們都去開決策委員會(不過大春很早就離開了)，年底立委選舉，我跟侯孝賢被列入不分區名單。我們租了一輛九人巴，到田裡頭、到曬穀場開講，講國民黨的種種惡行惡狀，像是黑金、政商掛勾等等。儘管我不會說閩南語，可也努力在臺上講它個一小時，農民們居然也不離場。即便是這樣，我也不覺得那是政治。朱高正常對我們說，我們這種人是沒有資格做政治的；因爲我們全是抱著「公益心」，

8 當時的財政部長王建煊為外省籍，遂有此說。

一點野心與企圖心都沒有。我自己也始終覺得，即使在台灣藍綠惡鬥讓一般人對政治已經倒胃到掩耳不願聞，政治還是有它的專業的，並不是只憑一副熱心腸就可以去做的。所以我做的是公共事務，是公共領域或公民社會的事，不是政治。

五、動物保護運動

李：您是從什麼時候、因爲何種原因開始投身動保的？

朱：硬要找個時間點的話，應該是出生之初吧(笑)。我從小和貓狗生活在一起，它們對我來說是天然的存在；遇見貓狗受難，會本能地伸手。真正開始積極地投身動保，是在我看到太多默默付出、直到連自己都快成了流浪貓狗的愛心媽媽們之後。她們的處境讓我非常不忍，我能寫、能發聲，自然得多做一些。很多人在介紹我從事動保的始因時都會說：「因爲她愛貓成癡」。每次聽到這四個字我都覺得好刺耳。我做這些不只是因爲「愛」，更是因爲「不忍」。如果「愛」成爲我們從事某項社運的理由，那人們是不是可以用「我不愛非洲小孩，所以他們挨餓與我無關」來拒絕關懷或捐輸呢？

李：與一般動保人士相比，您有兩點與眾不同的地方：一方面您不僅關心貓狗，也關心其他動物的處境，這可以從您積極主張設立動保司上看出；另一方面，您不像一般動保人士那樣只關注動保議題，也關注外籍勞工配偶與原住民的問題。您有意識到您與其他動保人士的這些區別嗎？它們是您刻意發展出來的，還是在無意之間形成的？

朱：我常被質疑怎麼只針對流浪貓狗，畢竟除卻貓狗之外還有這麼多的經濟動物、實驗動物與野生動物。但我把這看作一個循序漸進的過程，先從容易的、熟悉的做起。相較於那些經濟動物、實驗動物，貓狗大概是大部分人最熟悉的動物。如果動保一開始就說「我們要好好對待經濟動物」，很難打動那些對動保毫不關心或毫無概念的人。先從熟悉的同伴動物開始，其實是一種策略上的考慮。至於爲何會關注其他動物，是由於從流浪友伴動物做起的同心圓效應。對貓狗的關心，勢必會延伸到其他動物身上。

雖然我與從事動保的友人們時有分歧，但我從來避免嚴厲檢驗其動機，甚至也不挑剔有些三分鐘熱情就離開的人。我總試著將這辛苦的弱勢社運視爲接力賽，願意跑三分鐘的人我亦心存感激，不願像一些人將運動視爲禁臠。出於同樣的心情吧，但凡那些長期蹲點迭經考驗的社運人士——包括令我敬重的顧玉玲(外籍勞工)、江一豪(三鶯部落、十四張)、夏曉鵑(新移民配偶)、吳音寧(農運)、林憶珊、黃泰山(動保)——召我去參加哪怕只是運動中最輕鬆的記者會或內部嘉年華活動，再忙我都一定去。這既是出於與他們的情感，也有理性的考慮。因爲我始終相信，社運團體／公民社會彼此的關懷連帶愈深，面對政治時才愈有自主性。如前所說，如果各個社運團體之間老死不相往來、沒有養成互相關注的習慣，步伐怎麼跨得出去？

李：過去幾個月來您與諸位朋友一直在爲動保司的成立及動保法的修訂奔忙，可否介紹一下您們的考慮與訴求？

朱：之所以有催生動保司行動，是因爲我們一直沒有獨立專責的動保主管單位。我們原先一直將動保議題歸入畜產司之下，但誰也知道這是兩套不同的思維。畜產是殺動物的，以人的經濟利益爲要；動保則是保護動物的，以動物的利益爲上。若將之混爲一爐，每當價值與利益衝突之時，動保被犧牲是勢必的。

至於動保法，現行的法律是十四年前通過的。我們深覺這部法的大前提是「有主動物」，意即若有地方政府囿於法而嚴格執行的話，無主動物是在保護範圍之外的，人人皆可捕可殺。並且，因近年政府大力推動生技產業，台灣終須面對實驗動物的問題。我們在修法上想補強實驗動物部分和加入流浪動物(無主動物)之篇章。儘管動保團體對後者有歷久的分歧，但我認爲不同於歐美，我們滿坑滿谷流浪動物的現實必須面對，或至少可將其訂爲落日條款作爲妥協。

李：這些年來，動保似乎呈現出了一個「中產階級化」的趨勢。在一般人的印象裡，動保似乎是有錢階級與有閑階級閑來無事時的消遣。您怎麼看這個現象？

朱：要外界分清「只愛家裡那一兩隻貓狗」與「動保」之天差地別，確實有些難。例如某些公眾人物總愛提他們多麼疼愛自己的貓狗，給它們吃進口的乳酪、司機專人接送、配有專用高檔推車等等。不是說這些公眾人物不能這樣寵溺貓狗，而是說當還有無數小孩在挨餓受凍時，你宣告全天下「我家小孩吃的是最好的、穿的是最好的」，這樣有些殘忍吧。而且這會給不喜歡動物或不了解動物處境的人造成一種錯覺：你看吧，這些動物比人類小孩過得還好，幹嘛還要我們去保護牠們？動保根本沒有必要嘛！這個情況確實叫我們苦惱極了，覺得這些公眾人物簡直比敵人還敵人(如林志玲抱紅貴賓拍一張照，次年四下都是紅貴賓棄犬)。

李：有不少人質疑：畢竟貓狗不會講話，動保要怎麼培力呢？以您個人的感受和觀察，您怎麼看這個問題？

朱：我不認可那種說法，動保當然是可以培力的。我親眼見過一個愛心媽媽，她從前是一個很壓抑、沉默的人；就是因爲投入運動，她現在敢於在社區管委會甚至里民大會闡述她的動保理念、據理力爭。這活生生是一個培力的好例子啊！而且我覺得動保特別能夠培養人們的同情心與善念。我將它視爲所有弱勢運動的第一塊多米諾骨牌，因爲若能守住這道德底線，延伸出去，不管對老人對小孩對殘障人或對其他「非我族類」，就不可能會用殘忍的方式。

李：您投身動保這麼多年，和當年初入門時相比，您現在對於動保的看法、自己介入的方式等有沒有發生變化？

朱：光就我寫的兩本關於貓的書，就可以明顯地看出這種變化。2005年寫《獵人們》時，比較是以一個小說家的身分觀察自己身邊千姿百態的貓；可到了2012年寫《我的街貓朋友》時，不免較自覺地用社運人士的眼光去看待街貓問題。其間有發生一個從個人的描寫到公共的論述的差別。

六、女性議題

李：與許多著力描寫女性議題的女性作家不同，您對於女性議題似乎並沒有特別的偏好。雖然您先後發表過〈鶴妻〉、〈新黨十九日〉、〈袋鼠族物語〉、〈初夏荷花時期的愛情〉等涉及女性議題的小說，但您並未自限於此。您的作品與實踐涵蓋的議題極廣，如族群對立問題、政治犯問題、國家認同問題、社運問題等。在您成長、書寫、實踐的過程中，「女性」的身分重要嗎？身爲女性，可曾在某些狀況中給您造成困擾與壓力？還是說，由於某些個人特質，「女性」的身分非但未曾束縛您，反而給您帶來了一種有別於男性作家的獨特視角？

朱：我經常會被批評缺乏女性自覺或意識，這可能要「怪」家裡一直女權至上。這是外省人1949年來台那一代很特殊的一個處境。1949年來台的，無論男女多數人是隻身，沒有爺爺奶奶沒有公婆。從一開始就是一個原子家庭，也就無從講究起傳統長幼秩序。記憶中，在眷村裡全是男人、男孩做家事。例如我們家，三個女兒的美勞課、家事課永遠是父親代勞。他做這些的時候(例如繡花)，我母親通常在山上小湖釣魚或去小學打她熱愛的網球。很多年後我才驚覺到這是眷村才有的特例。我剛認識唐諾的時候，驚訝地發現兩邊的女生處境非常不同。在他們家，做完飯媽媽和姐姐一定是在廚房吃，不和男人一起在餐桌上吃；而且他們習慣女生不多話多意見，不參加公共談論(唉，想來當初我對他家衝擊極大吧)。這和我們眷村的氛圍是不一樣的。在結婚前，我的家庭是完全的自由自在沒有什麼壓抑。在結婚以後更是如此，唐諾很尊重我，他幾乎對我沒有任何要求。而且常常是他做飯，因我只會煮很好吃的泡麵(笑)。

除了家庭，我猜想我從來沒有上過一天班、沒有在職場做過一天，大概也是造成我缺少女性意識的重要原因。我從來沒有感受過職場裡那種女生應該去倒茶、應該做比較次等的工作、同工不同酬等男尊女卑的問題。我自己在家寫稿子，沒有老闆，以致於在性別上沒有覺得被壓抑或被不平等對待。當然這不代表我就會疏於關心身邊其他女性的處境，可是說真的這種關懷始終不是我的排名前三，老有其他更吸引我的議題。所以說每次被別人批評我缺少女性意識的時候，我確實無話可說。

李：1949年來台那一代外省女性的經歷確實是挺特殊的。兵荒馬亂之中，許多大陸女性從原先的大家庭中脫離出來，在台灣組建了一個個核心家庭；在一個上無長輩、旁無親友的家庭結構中，她們取得了較傳統中國女性較高、也較自由的地位。您覺不覺得這樣一種「前無古人，後無來者」的經驗，使得那一代及您這一代女性養成了一種很特別的精神面貌？跟現在這一代七年級、八年級女生相比，您覺得您們的差異在哪裡？

朱：坦白說一直以來我都沒覺得我和這一代年輕女生有多大代

溝(因爲二十年多來，我身邊朝夕就有個七年五班的女生[9]呀！)，但是去年年底遇見的一件小事改變了我的想法。那一次爲了「催生動保司」，我們去總統府見馬英九。有一位同去的小女生對我說：「天心姐，你真的好勇敢！」我當時心想，是不是因爲我沒有像一般人那樣盛裝打扮、而是穿著日常的樸素衣服來見總統，「布衣傲公侯」，所以顯得很勇敢？結果她說：「你居然敢不戴假睫毛就出門，真的好勇敢！」我從來沒有想過有一天「勇敢」的定義會變成這樣(笑)。我對這一代年輕女生的心情，其實是很複雜的。她們愛吃、愛打扮，樂於各式各樣的感官享受，並且敢於大聲地講出來。好比美食這件事，至今我都覺得這是身爲人族「戒不掉的惡習」，我不免僞善的只能做到只做不說。可是這一代年輕女生沒有這個包袱，她們甚至公開把它列爲人生目標。這是她們比較真誠、可愛之處。但是我心裡並不真的認同這種價值觀，我仍會覺得美食、打扮不是人生中最重要的事情。之所以忍住不願多批評她們，不是因爲媚俗、不想得罪年輕人，而是因爲我總是提醒自己：我們上一代那麼拼命地打仗、我們這一代這麼努力地爭取自由民主，不就是爲了讓新一代人有空間做一些儘管我們這一代不太以爲然的事情嗎？所謂的自由，應該也要包括不做正事的自由、發呆的自由甚至墮落的自由吧。每當對年輕一代心生不滿時，我總是再再提醒自己，勿忘初衷。

李琳，華東師範大學研究生，並擔任本刊網路編輯，目前為美國加爾文學院哲學系交換學生，學術興趣為思想史及道德哲學。

9 指朱天心的女兒謝海盟。

權錢之間：
周瑞金先生談改革

李宗陶

周瑞金先生，浙江平陽人，出生於1939年。1962年從復旦大學新聞系畢業分配到上海解放日報社，歷任評論員、評論部主任、副總編輯、黨委書記。1991年，在《解放日報》副總編輯的任上，周瑞金主持了一次專題評論，由當時的上海市委政策研究室處長施芝鴻、《解放日報》評論部主任淩河執筆，以「皇甫平」為共同筆名，先後發表〈改革開放要有新思路〉等四篇文章，為「改革開放」鼓與呼，從而引發圍繞著改革開放的性質、市場經濟的取向以及此一政策總設計師本人所展開的爭論與交鋒。1992年，鄧小平「南巡」並發表講話。「皇甫平事件」被認為是此行先聲。1992年，周瑞金當選為中共上海市第六屆委員會委員。1993年調任《人民日報》副總編輯兼任華東分社社長。1998年授任中國社會科學院研究生院博士生導師，之後分別被聘為復旦大學新聞學院、北京廣播學院和上海科技大學新聞與人文科學系兼職教授。出版專著《寧做痛苦的清醒者》，合作編著《編輯學》、《現代科技新成就》、《建設有中國特色社會主義的理論讀本》等，晚年多有政論發表。

此一訪談原擬在2012年3月初，因周先生不慎摔傷，需要休養，延至5月22日在上海進行，由李宗陶提問並整理、校對，經周瑞金先生修訂、確認。

周瑞金先生

一、「先富起來」與原罪

李宗陶（以下簡稱「李」）：現在大家都痛感「貧富差距越來越大」，問題是否出在「讓一部分人先富起來」的起點上？能不能回顧一下，先富起來的是哪些人？

周瑞金（以下簡稱「周」）：1978年9月20日，鄧小平在天津視察時第一次明確提出「先讓一部分人富裕起來」。三個月後，十一屆三中全會召開，鄧小平再次提出了「先富」的思想，當時的提法是「允許一部分人先富起來」，這「一部分人」包括企業、地區、社員，「以先富帶後富」，經過漫長的道路，「實現共同富裕」。「共同富裕」是目標，但不是說「一部分人先富」之後，馬上就能「共富」。

最早一批富起來的，是對市場敏感、利用商品經濟、敢於闖市場的人。在此之前，城裡人跑長途販運、農民把農產品拿到城裡賣，這些今天看來很正常的經濟活動都是犯罪：投機倒把罪。所以有種說法，第一批致富的好些都是從牢裡放出來的壞蛋，其實他們是計劃經濟下的活躍分子，因爲特定的時代而背負罪名；當然也有一部分人與刑事犯罪有關，但他們出來以後，一無所有，反而敢闖。這些人的營利空間，是商品流通中的價差。比方農民把農產品拿到城裡來賣，肯定比在當地賣價高；原來不允許農民流動，農民只能和土地捆綁在一起。所以最早富起來的，相當一部分是農民，所謂「農民企業家」。

接著，農村承包制的經驗用到城市裡來，國有企業出現像馬勝利、步鑫生這樣一批人，利用國企的條件，走的是承包的、私有化的路。

然後，幹部下海了。有些幹部擔心失敗，還保留了公職，所謂「停薪留職」，搞不好可以回去。

李：那些被查處的民營企業家多半有「原罪」，爲什麼他們的起家必須從「原罪」開始？

周：在原始積累時期，「原罪」是很容易產生的。偷稅漏稅是很大的一塊；走私，最大的就是賴昌星；還有，製造假冒僞劣商品。此外，在資金的動用上，因爲受限於體制性因素或法律法規不完善，他勢必要左突右破鑽法律的空子，自然也會留下痕跡。

但另一面是，這些構成「原罪」的行爲往往也推動了經濟的發展，起到了潤滑劑的作用。比方官員拿回扣，國外也有，但人家有規矩、有度，拿了錢替你辦妥事；我們是含含糊糊，明著不敢暗裡要，收了也不辦，而且是個無底洞，這是許多外商切齒痛恨之處。

李：在改革開放初期，致富的機會是不是均等的，特權有沒有？

周：特權也有，產生於價格雙軌制當中。當時官二代得到的好處就是賣批文，所謂「不正之風」。通過批文拿到國家控價的原材料，再通過市場價賣出，賺其中差價。它跟農民企業家、國企改革先鋒、幹部下海是一齊發生的。

相比較而言，在市場經濟初級階段這種特權的腐敗只能算是「小原罪」，賺不到大錢，除非拿到很大的批文。而且相對來說，個人發展的機會是比較公平的，不論背景，誰努力、誰有本事誰先出頭，許多農家子弟當上了企業家。不獨經濟領域，政治領域也是這樣，現在中央到地方的許多一級領導、骨幹，都是1980年代憑本事拚出來的。而今天一個有能力的貧家子弟想要靠個人奮鬥走出來，很難。階層固化、特權世襲是很大的問題。今年我們同學畢業50周年聚會，有一位退休的少將說，在如今這個年代，我恐怕一個連長都當不上……階層的大規模固化是很可怕的，它使得階層對立持續存在。

李：什麼是「大原罪」呢？

周：小平南巡講話以後，全面走上市場經濟的時候，有些人開始炒生產要素：土地、能源、資本(股市)，這才是一夜爆富，賺了大錢的。

中國許多地原來是荒地，不值錢，現在一畝地幾百萬，大量財富從這裡來。吳敬璉先生講，改革開放三十年，開發的土地相當於一個英格蘭。土地增值，是中國產生一批富豪的原因。股市，莊家做局，小部分人得大利。炒礦、炒鋼材，炒一切緊缺物資。這其中，特權與資本的共謀也是各顯神通。

近年來，搞房地產、採礦這種實體也不受歡迎了，直接搞私募基金、資本運作、錢生錢。不少地方發生的高利貸資金斷裂、跑路現象，就是這一階段的反映。放棄實體經濟，單靠發展金融及其衍生產品，把國內外資本炒家都吸引過來，這是死路一條。

李：您也接觸了不少民營企業家，您感覺他們富了以後，最主要的訴求在哪裡？

周：民營企業家也分幾類，一類有社會責任感，比較願意回饋社會；一類皈依佛門，覺得自己在致富過程中做過一些虧心事，怕遭天譴，拜佛捐錢很虔誠——他們不是真的信佛，是有求於佛。還有一類我覺得很值得注意，就是往國有企業上靠，許多國企是「伴著權力運作」，這些民營企業家也想「伴著權力運作」。融資難，得到土地難，所以他必然去行賄各級領導。沒有健全的法律法規，沒有公平的機會，沒有調動資源的能力，民營企業家靠個人奮鬥很難。

二、政改的歷程

李：哈佛大學傅高義教授在《鄧小平改變中國》中說，1977年復出後，鄧小平作爲黨的最高領導，堅信只有共產黨才能救中國，所以忍辱負重，在接手政權時做了一些深思熟慮的調和，比如對毛澤東的評價。結果共產黨執政的合法性，在經歷「文革」之後，被力挽狂瀾式地重新確立。今年以來，我們頻繁聽到「改革有風險，但不改革黨就會有危險」的聲音。那麼，執政黨的危險來自哪裡？

周：「改革有風險，但不改革黨就會有危險」，是中組部部長李源潮同志談論幹部人事制度時的一個觀點。《人民日報》在去年和今年兩度做了闡述，有更強的社會指向性。改革開放以來，我們繞過去的一些深層問題和新出現的社會矛盾，在積累和疊加。涉及資源配置和權力格局方面的改革，事實上已經停滯近十年，這很危險。

改革進行到一定階段，倒退回去是不可能了，既得利益集團不想倒退，但他也不想前進，因爲兩者都會損害他的利益。一些地區和行業的領導幹部缺乏歷史的擔當，「漸進」的改革在很多地方變成「不進」；強化維穩這麼多年，社會上不穩定、不和諧的因素反而急劇增加，政府與社會各階層的關係趨於緊張。在基層官民關係、民眾社會心理，特別是知識界對政府的批評和期待方面，我們依稀感覺似乎有1990年代初南方談話前，甚至1970年代末三中全會前的某種味道。改革又到了猛擊一掌的歷史時刻。

李：小平南巡講話發表二十周年，和蘇聯解體／俄羅斯轉型二十周年的紀念幾乎接踵而至。作爲事後研究，學術界對於「經濟改革和政治改革同步進行」的基本判斷是：同時完成民主化和市場化，是一個不可能完成的任務。但爲什麼說，經濟改革進行到今天，政治體制改革不動不行了？

周：80年代初，中國改革的啓動是經濟體制和政治體制改革配合進行的。允許農民搞土地承包制，也就瓦解了人民公社的政治體制。1980年8月18日，鄧小平關於黨和國家領導體制改革的講話，就明確提出：「政治體制改革同經濟體制改革應該相互依賴、相互配合。」1986年，鄧小平二十多次提出要進行政治改革，指出不搞政治改革，經濟改革也難以貫徹。1987年黨的十三大報告有專門一章論述以黨政分開爲重點的政治體制改革的具體內容和實施步驟。鄧小平逝世後，新一代領導人在鄧小平追悼會上再次提出政治改革的問題。

這三十多年，我們不是沒有進行政治體制改革。黨和國家領導人形成規範化、程式化的交接班制度，建立幹部退休制度，網路媒體成爲推進民主政治建設的重要平台，等等，都是重要成果。問題是，十多年來政治體制改革相對經濟體制改革來說，滯後了。黨政分開沒有貫徹；建設現代市場經濟必須的憲政要素：法治、民主以及財產權、公民權等在制度和法律層面的進展十分緩慢，《物權法》、《反壟斷法》拖了十三年才出台。

今天再不啓動政治體制改革，走上市場化、民主化、法治化的正道，經濟體制改革就不可能進行到底，已經取得的改革成果也有可能得而復失，當前社會上產生的新矛盾新問題就不可能從根本上得到解決，甚至，正如溫家寶總理在3月14日會見中外記者時所警示的，「文革」這樣的歷史悲劇還有可能重新發生——這就把政治體制改革的緊迫性提到了全黨全國人民面前。

李：1980年和1986年兩次發軔的政改，爲什麼沒有推行下去？

周：中央下決心搞政治體制改革，實際上有三次。1980年，鄧小平決心啓動政改，具體思路是中央黨校廖蓋隆提出的「庚申改革」方案，一共有六條：

1. 真正發揮最高權力機構全國人民代表大會的作用。機構壓縮爲1000人，分設兩院：區域院300人，由各地區選派代表組成，社會院700人，由社會各階層的代表組成。兩院共同立法，互相制約。人大一年召開兩次會議。50-70人的常委會，應是精幹的，整年工作的。

2. 實行黨政分開。一切政府職責範圍內的工作都由各級政府獨立議決和處理。改變工會、青年團、婦聯、科協、文聯等群眾團體由黨包辦代替的狀態，群眾團體要代表群眾利益，工會領導要由工人選出，建立獨立的代表農民利益的農會。

3. 司法獨立。法院作出判決無須送黨委審查。法律面前人人平等。

4. 新聞自由。除國家軍事外交等機密外，人民有權知道一切事情。允許和鼓勵新聞工作者獨立負責地報導新聞、刊登群眾來信和發表評論。

5. 企業、事業管理體制改革。實行工廠管理委員會、公司董事會、經濟聯合體的經濟委員會領導和監督下的廠長負責制、經理負責制。黨委只管政治領導，而不擔任管理和日常行政工作。企事業單位要普遍建立獨立的職工代表大會制，並有權向上級建議罷免不稱職的領導人及選舉基層領導人。

6. 黨的領導機構實行分權制衡制。全國黨代表大會實行常任制。黨中央設三個委員會：中央執行委員會(原中央委員會)、中央監察委員會和中央紀律檢查委員會。三委員會互相監督和制約。在中執委下面設常委會處理日常工作，取消政治局。

但就在這一年，波蘭成立了團結工會，形勢影響到國內。此前新聞宣傳的重點是「肅清封建主義的影響」，但突然就停下來，不再提了。

第二次是1986年到1989年初，當時背景是戈巴契夫1985年出任蘇共中央總書記，1986年提出「新思維」，這對中國推動很大。實踐也表明，從1979年改革元年起，六七年間經濟改革遇到的許多阻力確實來自於政治體制，政改不行，經濟改革的成果就不能鞏固和深化。鄧小平深以為然，於是再次啓動。

這一次鄧小平決心很大，改革班子也齊整。當時明確提出的重點是資訊公開，老百姓有知情權，這是借鑒戈巴契夫的做法；開始實施的是黨委退出高校、工廠，黨委不能干預校長、廠長的決策和工作；黨員社區化，不再歸屬於各單位，這些都是很大膽的舉措。還有輿論宣傳，1986年8月還提出「報紙刊登什麼不刊登什麼由總編輯說了算」。當時我在解放日報社工作，深有體會，否則也不會有後來刊發「皇甫平」系列文章的決定。

這一次政改與1980年那次不同，在許多方面已經展開，但被「八九風波」沖掉了，有些方面又走回老路、甚至收得更緊，強調「加強黨的領導」，這在高校和新聞領域表現得更突出。從這個角度看，那次學生運動帶來的最大後果，是把一次很有希望的改革結束在起步階段。當時以鄧小平在黨內的威望，可做改革的堅強後盾，而趙紫陽的智慧和魄力，讓他可以勝任執行者，這是在中國推行政改難得的一對搭檔。現在找不到這樣的強人了。

李：不知是巧合，還是冥冥中的中國命運。

周：在中國搞政改，是很艱難的。這次時機失掉以後，要再等這樣一個際會，恐怕要多走很多路。我注意到，南巡以後，鄧小平就再也沒提過政治體制改革，但學生提出的一些主張他是去做的。比方「反對老人政治」，他就宣布退休；「反官倒反腐敗」，他把鄧樸方召回來，康華公司解散……

另一個可能影響他的因素是東歐劇變，蘇聯解體，戈巴契夫垮台，他失去了來自國際的動力。但是他在1993年編定《鄧小平文集》第三卷時，之前有關政治體制改革的談話他一句不刪，全部保留下來，當然新的話也就沒有了。

第三次是1997年，「十五大」召開之前。那年3月，我參加了中央黨校省部級幹部進修班(第22期)，這一期的成員有徐匡迪、吳儀、項懷誠、薄熙來、汪洋、馬凱等。大家向江澤民總書記建議「十五大」就政治體制改革專門寫一章，江總書記委託主持十五大報告起草工作的溫家寶同志，來聽取意見。之後我們得到回覆說，政治體制改革問題來不及寫入「十五大」，但打算在「十五大」之後專門召開一次中央全會來討論政治體制改革。1997年5月29日是我們進修班的結業典禮，江澤民出席並發表講話，講話的內容就是「十五大」的主要精神，我記得當時提出「股份制不是私有制」等許多新觀點。

從「十五大」到「十六大」，國內國際形勢令我們沒能得到討論政改的機會。「十五大」提出「建設社會主義法治國家」，「十六大」重申了這個主張，進一步提出「建設民主政治和提升政治文明」。但關於政治體制改革，沒有看到江澤民有一整套思路，繼趙紫陽之後，他做的實際上是權力回收，強調加強黨的領導。

反觀江澤民總書記十三年的任期，經濟上是取得很大成就的。從朱鎔基總理在90年代推出「五大改革」，1990年代後期爲配合加入世貿組織所做的國內經濟政策調整，到2002年中國正式加入世貿組織——這是重要的一步，它實際上形成了對外開放倒逼改革的格局。

三、政改的路徑

李：在不同的人那裡，政治體制改革好像是不同的含義：在兩會言論中，它似乎更多地指向「轉變政府職能」；在自由主義者那裡，它指向民主憲政。您心目中的政治體制改革是什麼含義？是否會在妥協中生成一個「有中國特色的政治體制改革」？

周：中國有13億人口，發展很不平衡，政治體制改革一定要從國情出發，循序漸進地建立社會主義民主政治。轉變政府職能是一方面，建設有限而有效的公共服務型政府，把政府機關和黨政官員自由裁量權特別大的命令經濟，轉變成規則透明、公正執法的法治市場經濟。要打破特殊利益集團的阻礙和干擾，推進從威權發展模式向民主發展模式的轉型。當然，政治體制改革的長遠目標是要實現憲政社會主義。

李：林毓生曾經提出過一個問題：爲什麼在兩千年間，中國沒有一個思想家設想過可以有一種不同於家長制的政治體制？而錢理群講：中國的政治家始終都邁不過一黨專政這樣一個檻。

周：要邁過這個檻，我想要等到黨內的第三次思想解放。建國以來，黨內經歷過兩次思想解放：第一次是1978年「三中全會」以前，關於真理標準的大討論，它衝破了對領袖個人崇拜所帶來的教條主義，推動了改革開放；第二次是以1992年鄧小平「南巡講話」爲標誌，它衝破了對傳統社會主義制度的思想束縛，解決了私有制和市場化的合法性；第三次，應該是對執政黨執政方式和領導方式的改革、創新，這是最核心的。現在是處在第二次與第三次思想解放之間。

我覺得還是應該由共產黨來領導中國的改革。儘管黨內腐敗很嚴重，但一大批政治精英和經濟文化精英都在共產黨內，總還是有一批忠於黨忠於人民的領導幹部。這一屆政府已經實現「無爲而治」，從他們開始，真正停止了政治運動，儘管他們也必須面對政治鬥爭。建國以來我們一共開了十七次黨代會，除了「八大」、「十六大」這兩次比較平穩，其餘每一次黨代會，都是不平靜的、充滿鬥爭的。「九大」打倒了劉少奇，推出林彪；「十大」打倒了林彪，推出了王洪文；「十一大」打倒了王洪文，推出了華國鋒；「十二大」華國鋒下台，胡耀邦上台；「十三大」胡耀邦下台，趙紫陽上台；「十四大」趙紫陽下台，江澤民上台；「十五大」處理了陳希同；「十七大」處理了陳良宇；這次「十八大」，處理薄熙來的問題。

李：您在中央黨校進修班上接觸過薄熙來，對他有什麼印象？

周：我始終認爲他是主張(政治體制)改革的，雖然他的問題比較複雜。後來(發生了)那些搞運動、政治造勢……但他如果進入政治局，還是要推動改革，他應該知道自己沒有別的出路。

薄熙來事件之後，我想了兩個問題，一個是如果沒有王立軍事件和刑事案，薄熙來進入政治局常委怎麼辦？第二個問題，今後出現李熙來、張熙來怎麼辦？這樣的人進入常委，怎樣來駕馭他？我認爲需要進一步改革。

我們今天知道「十八大」要換人了，哪些人要上，哪些人要下，這本身就是政治體制改革的成果，原來都是終身制的，而從今往後是常人政治。在我看來，中國領導人的換屆，跟外國兩黨制、多黨制下的大選雖然程式不同，但起著同樣的作用，都是給老百姓一個新的希望。以國外兩黨制爲例，總是一黨主張效率，一黨主張公平，公平和效率的問題是千年難題，通過一左一右兩種力量的博弈，讓公平和效率在執政黨的更替中達到一個動態的平衡，從而推動經濟社會向前發展。

一黨內部也會產生不同的派，有的偏重效率，有的偏重公平，要允許黨內有派。仍然堅持共產黨的領導，但由黨內的不同派輪流執政，要解決的就是公平和效率的問題。如果這個制度可能產生，那麼就是「中國特色」。這個要平靜看待，爲了黨的長治久安。

還有一個問題：在交接班之後，怎樣保證一把手的決定權？黨內實行民主集中制，少數服從多數，是可以的，但決定國家要不要參戰這種重大事項，少數服從多數恐怕不行。國外總統制，總統對議會有否決權；我們黨的總書記、國家主席，是不是也可以有否決權，或者在常委裡佔有一席兩票？黨的高層政治，也有待進一步完善。

另外，我覺得常委不能多。現在的九常委制就不如過去的七常委制。條線分得越開，越難以集中，會很被動。鄧小平南巡講話中有一條就談到：關鍵是人，要出問題就出在黨內，常委會建設好了，就可以放心睡大覺了。這些都是政治經驗，是值得思考的。

李：瑪雅曆法說，2012年12月22日是時間的終結，也就是傳說中的世界末日。如果有一艘諾亞方舟，可以拯救人類中的一小部分，您覺得該讓哪些人登船？

周：社會轉型期也是矛盾凸顯期，當前基層民眾通過互聯網，有大量的利益訴求，甚至怨氣。事實上，作爲民意、民怨的對立面，官場中人也有很多牢騷不滿，官員自身有時也缺少安全感和尊嚴感。關鍵是建立政府和民眾之間順暢溝通和良性互動的機制，讓這個溝通和互動的管道越來越寬敞。

每個社會階層，包括官與民，包括市場經濟過程中發展起來的「新社會階層」，每個階層的聲音都應該得到充分表達，都應該被認真傾聽，都有登船資格。官民諒解，社會不同利益群體求得社會「最大公約數」，是2012年中國人的「船票」，我們別無選擇，只能同舟共濟，上下一心，攜手度過社會轉型期的難關。

如果說在中國誰不該登船，恐怕只有一個群體，就是「裸官」。不僅是因爲「裸官」威脅國家的經濟安全和政治安全，而且涉及基本政治倫理。除了政府引進的優秀留學生和海外人才，先在國內做官然後讓直系親屬移民海外的「裸官」——既然你的直系親屬特別是伴侶改變了國籍，你成了外國人的丈夫或妻子，外國人的爸爸媽媽或爺爺奶奶——已經失去了對國家和民族的認同，有什麼樣的資格和忠誠度適合繼續做13億中國人的「公僕」？對「立黨爲公，執政爲民」政治宗旨傷害最嚴重的，就是「裸官」群體。

四、改革的未來

李：舉目看世界，各國歷史上真正成功的改革極少見。無論是戈巴契夫的「理性制度設計」還是捷克斯洛伐克的經濟改革，都遭遇改革何時該漸進、何時該決斷的難題。當胡錦濤總書記提出「不失時機地推進重要領域和關鍵環節改革」，我們應該怎樣理解其中的「時機」以及「重要領域和關鍵環節」？

周：任何時代、任何社會都不存在十全十美的改革，決策者只能在不斷的比較、選擇、實施和修正中尋找較爲可行的路徑。社會改革是一個複雜的系統工程，任何一個領域的改革都需要其他領域的相應舉措與之相配合。

歷史上那些頗受稱讚的改革，從商鞅變法、王安石變法到張居正變法，目的都在於強國。所有改革都是爲了強國而沒有富民的打算。中國的現代化之始也不是爲了富民，而是爲了強國。洋務運動從學習工業開始，就是明證，一開始就採用了國有企業的形式。在近代，由於中國太過貧弱，因此強國成爲政府、知識分子和民眾的共同理想。今天我們的改革既要強國，更要惠民，改革過程中一定要防止動機與效果背離，手段與目的脫節，達到民富國強的目標。因爲社會主義社會始終與人民的利益休戚相關，離開人民民主，離開改善民生，離開社會公正，離開尊重人權，就談不上社會主義。一定要防止在改革中出現一些人或者某個特殊利益群體假改革之名，行聚斂財富之實的現象。這不僅激化了社會矛盾，而且敗壞了改革的聲譽，使得最應該支持和擁護改革的最廣大人民群眾可能會站到改革的對立面。

胡錦濤總書記提出的不失時機，這個時機就指目前這個時機。所謂的重要領域和關鍵環節，主要是指以政治體制改革爲中心環節的經濟體制、政治體制、文化體制、社會體制「四位一體」的改革。

李：傅高義概括鄧小平之所以改革成功的法則：別爭論，去做；如果行，推廣它。在您看來，改革進行到今天這個階段，在哪些領域可以先動起來？

周：我想有幾點改革，現在就可以啓動，而且並未傷及政府的權力來源和根本性的利益格局：

一是黨政分開，改變以黨代政、以黨代法，改變權力過分集中的現象。

二是發展基層民主，包容甚至鼓勵基層老百姓自薦參選人大代表。80年代的中央書記處對公民自薦參選人大代表做出過正確的判斷，翻不了天。其實，基層自薦參選，說到底不過是在「廟堂」華麗的盛宴中，空出一桌，請三五個有勇氣的「江湖」人進來坐坐，對「廟堂」的權力構成毫髮無損。

三是支持司法獨立。老百姓打官司，是窮盡其他辦法之後的最後選擇，是維繫社會穩定的最後一道門檻。司法獨立、司法公正，是維穩的釜底抽薪之策。

李：怎麼理解剛才談到的「四位一體」的改革？

周：中國的體制改革我認爲應該分三個階段走，第一階段以經濟體制改革爲重點，初步建立社會主義市場經濟，這一步在2003-2004年基本上完成了。第二階段，進入社會體制改革，在2004年《進一步完善社會主義市場經濟體制的決定》中，提出「以人爲本」、「全面協調可持續」的科學發展觀、「構建和諧社會」，標誌著這一改革階段的開始。

這個階段我覺得又要分三步來走，第一步解決幾大民生問題：教育、就業、分配、社保、醫療、住房、環境與食品安全。這些年，大家都能感覺到這些民生問題的嚴峻現狀，這是需要政府下大功夫的。

第二步是改變社會結構，壯大中產階級，就是要推動城市化，轉移農村剩餘人口，有幾個指標：非農產業要達到85%以上，城市化程度60%以上，我們今天講已達50%，但專家講至多40%；非農就業達到70%以上，年收入6-18萬元的人(這是中國的中產階級)占到40-60%，現在是20%，所以現在提出要培養一批高級技工。

第三步是培育成熟的公民社會。我們現在是政府太大太強，社會太小太弱，市場處在半統制半市場的階段。我們要建立的一個權力有限的、以公共服務爲基礎的政府，它不是主導經濟發展，而是監管市場、調節經濟。發展經濟應該靠市場的力量，而不是全能型政府的力量。政府不應該審批那麼多東西，應該下放權力，管好政府該管的事情，比如民生問題。另一構架就是讓社會有活力，要壯大非政府組織，讓各種商會、協會、基金會、慈善組織、維權組織起來，社會的問題大部分可以交給它們去管。第三個構架是企業，要按市場邏輯、按創造財富的邏輯賦予企業配置資源的權利，不能過多干預。

完成了這兩個階段的改革，政治體制改革才有基礎。然後再帶動文化體制改革，這就是「四位一體」的改革。如果沒有建立社會主義市場經濟，沒有建立基於公權力、社會、市場這三個邏輯之上的公民社會，一下子進入憲政改革，會造成亂局。所以我寄望於「二十大」以後，進入政治體制改革爲重點的改革階段，蘇共也是「二十大」以後啓動政治體制改革的。

李：您怎麼看蘇聯改革和解體？

周：對蘇聯改革的不同看法有很多。有一個材料講得非常好，沈志華寫的。蘇聯改革從赫魯雪夫開始，經過勃列日諾夫十年停滯時期……後來三任蘇共最高領導人都只有很短的任職時間，然後就傳到了戈巴契夫這裡。戈巴契夫年輕，有改革勇氣，他做了許多事情，最後以蘇聯解體告終。葉立欽，也是改革者，他能找到普京這樣的接班人，也很不容易，所以俄羅斯堅持到現在。

就在2012年5月初，戈巴契夫被授予象徵俄羅斯最高榮譽的勳章，他寫了一篇回顧文章。他說，在他執政期間，如果想維持這種體制，可以維持一百年，他也可以保住自己的權力；但他太厭惡這個體制了，所以要摧垮它。我認爲一個大歷史事件的成功失敗，一定要放在更長的歷史裡去看，一個領導人竭盡全力完成了在他的歷史階段所能完成的任務，哪怕是把體制的弊端完全暴露出來但未能解決，都是值得歷史銘記的。普京有句話說得不錯：對蘇聯解體不感到痛心的，是沒有良心；但如果想回到過去，那是沒有頭腦。改革總要付代價的。

我認爲從大歷史的角度看，戈巴契夫的改革是功過並存、功大於過的。蘇聯能從舊體制走出來，關鍵一步是他邁出的，儘管代價沉重。俄羅斯經過十年動盪的社會轉型，一步步走到今天，不差的。

李：吳敬璉曾說，「我常常覺得，改革後十年中，好像支持搞正正經經的改革的力量不是在增強，而是在削弱。光是靠一些知識分子的理念支撐，是蒼白無力的。」一方面，我們看到白髮者在爲國家前途憂心忡忡，中年人在現實的困境裡上下求索、左右突圍；另一方面，80後、90後看起來離官二代、富二代或者新生的中產階層更近。兩會之後，國計民生又被大家已經習慣的娛樂所取代，看不出他們有改革的迫切需求。所以，今後幾十年，改革的動力來自哪裡？青年可能扮演什麼角色？

周：對改革的動力，我絲毫不悲觀。希望在於互聯網。網路長大的整整一代青年，包括80後、90後，以及相當一部分70後，有更爲遼闊的社會視野，對在中國建立一個更爲合理的資源配置秩序和社會公正，有很強的敏感性和政治訴求。政府如何較爲迅速地完善社會保障制度，完善市場資源配置制度，給年輕一代以職業的安全感、社會的溫暖感、個體的尊嚴感，涉及他們對現存社會秩序和社會制度的認同和皈依，切不可掉以輕心。

有網友稱：「互聯網是上天送給中國人最好的禮物。」當前，政府的公共管理需要改變傳統的居高臨下模式，引入民意政治，可以借助互聯網傾聽民意、化解民怨，學會必要的道歉，對民眾的訴求更謙卑，更敏感，也更有擔當。

李：去年以來，出現了幾位伸出手去救人的「最美阿婆」、「最美女教師」，雷鋒也被重提。這些新舊典型，能挽救中國人的道德現狀嗎？這部分「改革」應該怎樣進行？

周：建國以來，經歷了幾個階段，一個是**政治人**的階段，人人關心政治，參加階級鬥爭，湧現許多妻子揭發丈夫、兒子批鬥老子的事蹟。有些人懷念政治人年代拾金不昧、夜不閉戶的社會風氣，認爲原因是那時候人的道德很好，我認爲未必。政治人的道德很糟糕，都在打小報告、整人，然後被整。至於樹立的先進人物典型，樹一個是爲了起到一個特定的政治作用，全國統一號令，但沒想過那個典型是不是一個真實的人。比方雷鋒，今天回過去看，他不是一個真的人，而是黨的一個理念人，他是缺少生命力的。

改革開放以後，政治人轉向**經濟人**，人人關心經濟發展，人人想創造財富，關注個人的經濟利益。應該說，這個階段的人比政治人要進步，對推動社會前進起到重要作用。多少創造發明、科技進步、社會財富，都是經濟人創造的。但經濟人也有消極的一面，比較看重金錢、看重消費，消費也逐漸走向享樂、奢華。這也是發展的一個階段。一個人在窮的時候想富，但富到一定程度，他會覺得錢再多，也不過如此。

2007年我到雲南演講，就提出要從經濟人轉向**社會人**。在注重經濟利益的同時，也要追求精神的境界，要建一個精神的家園，要有一個昇華。西方啓蒙運動帶來的「以個人爲中心」是必要的，我們過去籠統的集體主義是不能激發個人創造力的。但過分強調個人，對社會的關注就少了。在一個群體中，如果人人都以爲自由是「我想幹嘛就幹嘛」，那就有問題了。

李：美國《時代週刊》曾經把中國的80後稱爲「我一代」，因爲他們開口總是「我我我」。

周：個人的自由和群體的秩序、規範是同時並存的，人類的文明就是某種秩序和規範。在這方面，我們傳統的一些東西不能丟。當前的道德問題我覺得也不必看得太嚴重，這是歷史的一個階段。

還有，現代社會的公德和傳統社會的私德是兩回事。台灣淨空法師曾在安徽一個小鎮進行回歸傳統道德的試驗，比方「百善孝爲先」，教大家學做孝子。可是，一個在家敬孝父母的人，不等於他在社會上也能尊老愛幼，見義勇爲，扶助弱者。所以，我們要在傳統「修身」的基礎上學會做現代公民，從小培養守規則、講誠信、愛別人、負責任、追求社會公正公平的公民意識，希望下一代不要再像他們的父輩一樣把心思、力氣用在突破各種秩序、規範上。

李：您對中國改革的前景比較樂觀？

周：總體上我還是比較樂觀。我覺得中國如果真的能夠分三步走，經濟、社會、政治三方面的改革應該有一個比較好的前景。二十多年來，我們把市場經濟框架搭起來了，再到2021年，建黨100年時，如果我們社會體制改革能基本完成的話，那麼到2049年，建國100年的時候，我覺得政治體制改革也應該有眉目了。那時候，再帶動文化體制改革，就能真正跟我們經濟的騰飛配合起來。到那時，我們的經濟總量肯定超過美國了，體制也比較順了，才會有真正的「中國模式」，才會有真正的中華民族的復興。今天50歲以下的人也許能看到這一天。

李宗陶，《南方人物週刊》高級主筆，著有訪談集《思慮中國》(2009，新星出版社)。

女性主義與自由主義

女權運動與自由主義思潮的對話

黃長玲、顏厥安、蘇芊玲、陳昭如

殷海光基金會與婦女新知基金會舉辦座談，討論自由主義與女性主義的分歧與互補，藉以促進對話，相互學習。座談會於2012年5月26日在台北市「青田七六」舉行。座談會的紀錄由殷海光基金會秘書楊桂果女士整理成書面稿，再經發言的各位增補定稿，在此發表。除了受邀的黃長玲、顏厥安、蘇芊玲、陳昭如幾位之外，還有陸品妃、謝園、劉亞蘭等幾位在場發言，也一併在此發表。這份書面稿，都經過發言者過目修訂，但整合、編輯過程中若有失誤，當是編者的責任。

編　者

錢永祥(主持人)：

感謝今天大家到場來參加這個活動，也要謝謝台上四位朋友來共同探討女性主義與自由主義的複雜關係。女權運動或者女性主義在台灣，如果從呂秀蓮首倡開始計算，歷史已經接近四十年了。如果從《婦女新知》創辦開始計算，也延續將近三十年。在我們《思想》21期，各位可以讀到「婦女新知」第一任董事長李元貞的一篇文章，根據《婦女新知》(下文的「婦女新知」主要指團體)的經歷對台灣女性主義的緣起提供了生動的回顧，各位或可參考。

自由主義在台灣，也積累了很多年的歷史。從1949年開始算，《自由中國》半月刊大概是最重要的一份刊物，在大家所熟知的雷震、殷海光幾位前輩的經營之下，奠定了台灣自由主義的基本論述。多年以來，台灣思想文化界的走向，以及政治上的發展，自由主義並沒有旗幟鮮明的組織或者陣地，但是它一直發揮著可觀的影響。

不過在這幾十年之間，就我所知，女性主義與自由主義似乎「雞犬相聞，老死不相往來」。女性主義對於自由主義的理論提出了許多批評，可是這些批評對於自由主義構成了全盤否定嗎？似乎不是；畢竟，自由主義與女性主義都強調差異不應該涵蘊不平等，都強調個體必須受到保護，也都重視個體的權利，特別是在身分與待遇上的平等權利，甚至於平等的發展。那麼自由主義是否需要從女性主義學習呢？當然需要，因爲加上女性觀點之後，上述那些共用的資源會取得一些新的內容，從而成爲更豐富的實踐張本。可惜的是，至少在台灣，女性主義與自由主義都受制於一種潛意識中的「自給自足」，彷彿對話既沒有理論的必要，也缺乏現實的意義。

這種缺乏對話的現象，其實並不奇怪。畢竟，任何運動與思潮，都會參考環境爲自己界定任務。如果在眼前的任務上面並沒有衝突或者互補的必要，大家便不會意識到對話的必要。

這幾十年來台灣的女性主義有自身的日程表，大體上從改良到激進多頭並進，到今天成績非常突出非常明顯，幾乎改變了整個社會的表層風貌。但是女性主義在女性的性別意識上雖然成就很大，讓「女性」成爲一個獨立、自尊的身分範疇，逐漸衍生出各種獨立的訴求，並且這些訴求在法律、政治、以及身分認同這些或可歸屬於「肯認」的範疇之內成果斐然。但是論及社會資源的分配，各類負擔的分配，以及文化與日常生活領域中的對待方式，特別是涉及居於社會經濟弱勢地位、非中產階級、非主流族群的女性時，女性主義行將面對的問題將不再侷限於形式的承認與尊重，而是實質的待遇。這個領域的問題，需要更多的思考資源。

自由主義在近二十年的新環境之下，所面臨的挑戰更嚴峻。隨著政治民主化，自由主義失去了「反威權」這項熟悉的動力，變得面貌模糊，幾乎找不到自己。當年在威權統治的時期，自由主義說得出一套清楚的立場跟主張。到了今天，全面的自由化與民主化之後，自由主義在台灣明確主張什麼，或者是明確反對什麼，卻好像愈來愈難以說明。其實，自由主義如果在一個相對而言開放、民主的社會裡要找到介入的理由，就必須發展「社會」議題，包括資源分配以及多元身分之間的實質平等；也應該注意周遭其他社會的狀況，與他們協力追求自由與公平這些普世價值。台灣的自由主義，目前正在針對這個新形勢調適之中。在思想上，在現實中，這都是很大的挑戰。

面對這種情況，女性主義與自由主義不能不開放門戶，相互學習與支援。

主辦單位今天請到的四位與談人，對相關的議題都很很好的經驗與觀點。我們先請台大政治系的黃長玲教授發言，請她爲今天的討論開闢一個方向。

黃長玲(台大政治系教授)：

謝謝主持人。其實我對整個座談並沒有設想清楚的架構；我準備的內容是回應殷海光基金會秘書長吳鯤魯教授之前寄給我們的幾個題綱，我就針對這幾個題綱發言。座談主題是「女權運動跟自由主義思潮的對話」，但嚴格來講，在公共論述的場域裡，台灣的婦女運動其實從來沒有正面跟自由主義思潮嚴肅的對話過，或者從來沒有形成一個像在西方英語世界裡頭那樣的長期辯論，也就是婦女運動的思考者、策劃者，針對自由主義的很多理念進行批評。一個很基本的原因是，對於當代的任何一個民主體制而言，自由主義幾乎是它的基石，嚴格要求個人的基本權利要受到保障。這個概念普遍運用在每一個追求平等自由尊嚴的價值場域裡，結果，由於它的普遍運用，因爲它太廣泛滲透到每一個議題當中，台灣婦女運動並沒有必要跟自由主義正面交鋒。我們處在靈活運用自由主義的狀態下，也就是說當它對於性別平權的進程有幫助的時候，我們在公共論述上，或政策的倡議上所用的概念便是自由主義的基本概念。

有趣的是，我們把自由主義界定爲：每一個人生來是自主的，有屬於他的尊嚴，人跟人之間是平等的，每一個人都應該得到合理而平等的自由發展的機會，這些東西不受社會體制的支配，不受國家權力的干涉。這是自由主義的基本概念所在。但是在某一些倡議的過程裡頭，我們並沒有完全尊重自由主義的原則，最明顯的，就是憲法裡規定的婦女保障名額。在我們所熟悉的台灣的民主體制裡，婦女保障名額其實施行了非常多年。我們不但繼續支持這個體制，這幾年還作了一些變動。

剛剛提到台灣婦女運動並沒有正面跟自由主義交鋒，但是有兩個長期以來女性主義對自由主義的批評，在今天的台灣還值得繼續論辯，對我們來講也在持續的思考學習跟奮鬥當中。這兩個主軸反覆的出現在西方的辯論當中，在台灣也是沒有解決的問題。

第一個就是個人權利跟群體權利之間的關係。自由主義的出發點是個人主義，「個別性」是很重要的：個人的自主性、個人的尊嚴在此。但是女性主義很早就批評，所謂的個人自主性不是一個抽象的原則，套一句女性主義者常引用歐威爾的話，美國的獨立宣言第一句話就是人生而平等，可是有的人生來就比別人更平等。譬如說，寫出人生而平等這一句話的湯馬斯傑佛遜，生來就比別人平等，他是白人，是一個農莊主人，擁有黑奴，有一定的資產，像這樣的人居然會寫出人生而平等，你就知道有人天生比其他人更平等。所以對於女性主義來講，或任何一種「差異」政治的主體，包括族群的、性別的、宗教的、語言的、文化的差異主體，都會要求自由主義去認可一件事情，就是對於某一些人來說，他所屬的社會類別，他所屬的社會群體，如果整體的地位沒有改善的話，他做為一個個別的、那個社會類別當中的成員，他的地位再怎麼卓越，其實他受到的限制還是很明顯的。這個情況在現實上，無論在台灣在國外都會看到，不然的話像美國，這個在1776年就提出人生而平等的國家，不會到2008年選出黑人總統的時候，還是歷史的里程碑。又譬如說我們台灣2012年大選，關於可不可能出現第一個女總統，居然還多少是一個話題。

第二條軸線就是所謂公領域私領域的問題。在理論上，自由主義遲遲沒有有效解決這個問題，也形成女性主義對自由主義的質疑、挑戰、或者是困惑、不滿。在傳統自由主義的論述之下，對公領域的定義比較狹窄，公領域是指政治這個場域，所以在這裡出現了兩個場域，但問題是不太能夠有效的定位。(這一點我們看當代自由主義最重要的學者羅爾斯就很明白，他關於資源分配平等以及自由的討論裡頭，家庭這一塊是完全沒有處理的。女性主義針對他這部分的討論非常多。)

我們說有公私兩個領域，但公私怎麼劃分呢？一塊我們稱之爲公民社會，不過過去自由主義古典的傳統裡頭，市民社會不叫公領域，市民社會叫私領域。可是對女性來講，市民社會怎麼可能是私領域？因爲很多的女性根本就無法進入這個所謂的私領域，市民社會對女性而言其實是一個公領域。所以市民社會其實有兩種性格，要看它的對象是誰，要看它所指的是國家或是家庭或是個人。在這個狀態之下，公領域私領域之間的界線並不清楚。

另外一個場域，當然就是家庭，這裡問題尤其複雜。如果回到西方哲學的傳統，從希臘哲學以降的那個傳統，家庭這個場域向來跟市場、跟市民社會和國家並列成四大場域。可是在家庭這個場域裡頭，女性所面對的權力的不平等，資源分配的不平等，女性主義已經提出非常多的批評。到了今天，我們看理論上的發展，自由主義跟女性主義，在某個程度上必須要去合作，要更多的對話，你才能夠使家庭也成爲一個相對平等的場域，使每一個成員都有充分的、自主的、平等的、尊嚴的發展機會。但是，我們知道，其實家庭的實況離此還遠，在台灣是這個樣子，在國外也是這個樣子。所以當代女性主義者花那麼多的時間討論家庭正義，這個家庭正義的內涵跟精神，事實上很大一個程度是在跟自由主義的基本原則進行對話。

在上述這兩條軸線之下，自由主義跟女性主義基本的辯論，在台灣還沒有解決。台灣的性別平權運動前一階段，已經取得一定程度的成果。這個成果很大一部分是建立在自由主義的原則上。譬如說法律上的進展，相關的工作上、教育上、參政上，落實在古典的自由主義會觸碰到的基本的平等權利，過去所面臨的諸多限制，很多的障礙，在過去這三四十年當中，陸續、持續的有了改變。透過立法的遊說，或者是透過過去這幾年來各方面的發展，譬如透過與行政權的互動，還有像最近這幾年挑戰司法權、挑戰對法律的詮釋跟裁判，都有一些成果。但是除此之外，最具有挑戰性的最棘手的議題，我們還要花非常多力氣去處裡，不僅僅是政策遊說而已，還包括跟社會的對話。那就是我剛剛講的，一個是個人權利跟群體權利之間的關係，一個是公領域跟私領域之間的關係。對我們來講，我們還需要多努力的，終究還是跟家庭正義這一塊有關的問題。這兩大塊事實上都還需要辯論跟思考，但是家庭正義與親密關係的正義問題，顯得更爲尖銳。對傳統自由主義來說，這是不可想像的；那個私領域的東西怎麼可能有國家權力介入的空間？事實上對女性來講這是非常尖銳的問題，原因很簡單，就是有時候你的壓迫者就是那個睡在你旁邊的人，那你該怎麼辦呢？壓迫的來源有可能是直接的肢體暴力，有可能是經濟資源分配的不平等，有可能是用語言造成羞辱，或是財產分配的不平均。這是很尖銳的問題，這個人既是你的壓迫者也是你人生的伴侶。

基本上我認爲台灣推動所謂的婦女保障名額及性別比例原則，是比較成功的女性主義跟自由主義對話互動之下所產生的政策性結果。我們憲法裡頭規定的是婦女保障名額，這是保留席次，原始概念只保留給女人。但是在過去的十多年相關的政策倡議上，包括說服政黨在內規的處理上，或者是過去這七八年來，政府各種委員會治理的基本精神，並不是保障名額。在婦運界。其實我們並不太鼓吹婦女保障名額。我們用的概念是性別比例原則，在英文裡叫做性別配額gender quotas。這個原則在每個國家實際運用方法不同，我們憲法裡頭所講的婦女保障名額就是保留席次給女人，這只是其中的一個類別。在台灣我們鼓吹的性別比例原則，實際的意思是性別中立，就是真正在保障的是少數性別，而我們並沒有假設說，少數性別一定是女性。我們要求的是性別均勢。當我們談三分之一婦女保障名額的時候，意思是三分之一的席次保留給女性；當我們談三分之一性別比例原則的時候，意思卻是任何一個性別在這個場域裡頭都不應該低於三分之一。你去設想背後的精神，它其實是兼具了差異政治跟自由主義的精神，因爲它並沒有本質化的去假設那個需要被保障的類別一定是女性。經過這麼多年社會的變化，大家都肯定了社會的多樣性，在不同的場域裡頭性別有不同的角色。我們希望看到的是，在任何場域裡頭，任何不同性別都有合理的代表性，大家都有合理的存在。

顏厥安(台大法律系教授)：

謝謝主持人、長玲還有各位，剛才主持人提到，在台灣自由主義與女性主義並沒有正式的對話。我個人倒是想先談一次經驗。1990年代初期，我那時還在政治大學教書，有一次有一群女性主義者再加上一些自由主義者在討論一些基本的問題，包括女性主義的基本主張等等。我對那場討論的印象非常深刻，爲什麼呢？主要有兩點，第一，我一開始認爲，這是當時民主改革的過程中，一場進步派的意見交流，彼此立場相當接近。可是我錯了。與會的女性主義者認爲自由主義問題重重，而且與女性主義有嚴重的緊張關係。第二，與會的女性主義者要來啓發男人的能量是非常大的，所以我必須承認我受到大大的啓發，被好好教育了一番。這也因此讓我開始更認真的去反省，好像不能把一些都在爭取自由民主的立場簡化地認爲是相同或相近的。這些主張與思想的內部，可能有巨大差異。實際上在台灣就是有個巨大的衝突能量在那裡。後來我就開始更認真的思考這裡面的差異。

我必須承認，在那次經驗之前，我主要關心的兩個思想力量，都是很男人的看法，也就是自由主義跟社會主義。這當然牽涉我思考的一般背景。在台灣，很長的一段時間裡，因爲反威權的關係，所有反威權的思潮，表面上會結合爲一種共同陣線，可是其內在的差異意識其實仍是存在的。它會隨著民主化，或者是不同的時間地點場域而爆發爭論。我必須「告解」一件事情，就是女性主義對我而言，是個額外的領域，即便到現在，我上法理學的課，原則上是不講女性主義的。直到一本很權威的法理學教科書放入女性主義一章後，我才想要講授，可是老實說，我並不知道怎麼講授。我可以講解社會主義或後現代，可是對女性主義我真的不知道該怎麼講，所以到頭來還是避免去講。我認爲自由主義或社會主義是有優勢地位的，所以女性主義對我們這種男性學者來說，是額外的領域，需要的時候可以講一下，但原則上可以不講。我認爲這是個缺點，但一時也很難調整。

因爲自由主義有很多不同類型(其實女性主義也是，內部的分歧有時相當之大)，因此今天能夠談的大概只是一般性的主張或多數會支持的想法。這裡面我首先要提的是，自由主義跟民主運動的結合，在西方歷史裡面有相當時間了，但是自由主義並非一開始就跟民主結合在一起。我們現在認定的自由主義者，歷史上並不一定都那麼熱心的支持我們現在所理解的民主，而是經過一個相當長的過程，才出現了我們現在所瞭解的「自由民主」這件事情；自由民主不是必然的，你可以主張自由主義，可是不一定要同時主張民主。我爲什麼特別要提這點呢？這其中有兩個層面可談。一個是自由主義跟民主運動的結合，促使了普遍主義(universalism)在政治實踐上開始發揮作用。簡單來講，當你開始主張無產階級也要有投票權的時候，就朝向普遍投票權邁出關鍵一步。因爲原先是受過教育的、有財產的人才能投票，甚至念牛津大學的可以投兩票，但是當這些東西都被翻轉，而且不是理論上，而是實踐上落實了普遍主義，它就朝普遍投票權邁出一步。這個發展，對後來爭取女性投票權有正面的幫助。

即便是在20世紀的海耶克理論裡，自由與民主也不認爲必然是連接在一起的。這兩個支流的結合，應該有效的界定了19世紀以後公共領域大部分的詞彙以及思考架構。詞彙就是剛剛提到的權利、自由、平等，思考架構就是個人與國家的關係，國家跟社會的關係等，這個架構跟語彙大概都在自由主義與普遍主義結合的過程裡被界定。

後來的很多思潮，包括社會主義、女性主義等等，原則上也都先在這批語彙裡面發展，而它們的突破之處，就在於發展出了一些新的架構跟新的語彙。譬如說國家跟社會的關係，國家跟個人的關係，漸漸變得好像不是那麼重要。在社會主義裡面，「階級」的關係就成爲一個重要的新架構。語彙對我們學法律的來講相當重要，例如說社會權，原本不是人權，至少在自由主義傳統下不是必然有的，但是後來產生了一個新的社會權概念。這些新出現的東西也漸漸變成公共領域內共同接受的詞彙與架構。

除了普遍主義之外，我覺得「個體主義」的預設也是自由主義的共同思想基礎。最主要的自由主義思潮都接受個體主義立場。「個體主義」主要涉及兩個層面，一個是方法論個體主義，另一個是倫理學個體主義。倫理學個體主義是大家比較熟悉的，例如個體的尊嚴權利等。當然我們必須承認，這個個體往往是以男人爲形象。至於方法論個體主義，就是說每個個體是真實的，社會則是由個體集合構成的。個體主義是自由主義的核心。但是我認爲女性主義的哲學立場，一般而言比較不傾向接受這兩種個體主義。或許自由主義之女性主義是例外，但是其他的派別，應該不需要特別去接受個體主義，尤其是方法論上的個體主義。例如女性主義也許會質疑，社會結構一定比個人更不真實嗎？恐怕不是，因爲性別並不是生物性的，而是一個社會建構。我認爲這一點應該是自由主義與女性主義的一個主要分歧。

政治立場方面，今天討論會的大綱中提到民主憲政、自由與平等、法治與人權，自由主義者普遍都接受這三項，我所知道的女性主義應該也都接受這三個主張。這就是我提到的18、19世紀以來，從歐洲推廣到全世界的公共領域基本的語彙跟架構，大體上是不會受到很多質疑，即使對於什麼是平等或人權可以有深淺或不同的側重。但是大綱中提到的另外兩個主張，也就是價值觀中立之多元主義，以及公私領域二分，就比較有爭議。尤其對於公私領域的二分，女性主義應該是有很大的質疑。但是這是不是自由主義的基本預設呢？我覺得是，自由主義不太能夠放棄公私領域二分。我們學法律的，固然覺得公法與私法的區分方式要調整，但它基本的要求還是在。但是女性主義就會覺得有很大的問題。其實美國的批判法學也覺得這個公私領域二分有問題。我個人認爲，目前我們操作的制度架構，還是以二分爲原則，把它彈性化調整是例外。比如說，家暴我們認爲要干涉，或者是家庭正義需要干涉，但是原則上公私領域二分不該放棄，因爲不只是家庭問題，其他比如說「私立」學校就可以如何如何，私人「公司」就可以如何如何，還是需要這個二分法。例如說你在你家的公司裡面推廣佛教當然沒有什麼問題。但是你在環保署裡面要推行法輪功，我想當然就有問題。所以公私領域二分，應該是自由主義會堅持的主張。至於自由主義的價值觀中立的這部分，羅爾斯是最新最強的一個代表，他認爲合理的多元主義社會是一個現代世界無法迴避的前提，所以他認爲政治要在不預設價值前提的情況下去維繫多元社會。但是我覺得女性主義不需要全盤接受這種觀念。

接下去社會經濟這一塊，既是自由主義的強項也是弱項，強項怎麼說呢？強項是自由主義可以用「自由經濟」提供一個簡單明瞭的答案，即使對私有財產保障做出不少限制，但仍不影響自由經濟的理念。比較弱的部分在於，自由主義比較少提供深入一點的社會理論。因爲自由主義是方法論個人主義，它對社會的想像就是個人的集合，缺少一套比較複雜的社會結構的看法。馬克思或馬克思主義對社會有較複雜的分析，但是自由主義不是這樣。因此自由主義是以重分配的方式面對社會正義問題，就是維繫以個人爲基礎的自由經濟，出了貧富不均問題再來重分配，且是透過國家的中介來重分配。如果是社會主義者，就會強調是生產結構的問題。最近這些年，我們看得出來資本主義加深了階級矛盾的問題，但是這種分析不是資本主義發展出來的思維方式,而是從馬克思主義發展出來的。

我初期接觸女性主義有一個重要的文本就是恩格斯的《家庭、私有制和國家的起源》，所以我認爲女性主義者在社會理論上比自由主義更早發展了較複雜先進的觀點。我不知道我的認識對不對，在這一點上女性主義對社會的看法，遠比自由主義要精緻而複雜。比如說，談階級、談性別等「社會」範疇，這在自由主義古典的文獻裡面並不是重要議題。至於在主要政策立場方面，也是這幾年台灣的熱門問題，比如說情色言論，性工作，性侵害，性騷擾等，我認爲這幾點，女性主義跟自由主義會持續的有重大的分歧，尤其情色言論，自由主義很難轉變爲女性主義那種立場，性工作也是。對性工作的問題，我認爲不能罰，但它是不是可以是一份「工作」則是另外一回事，起碼娼嫖都不能罰。要積極去壓制性交易，從自由主義的立場恐怕很難走到這一點，除非涉及強暴脅迫或人口販運等。至於性交易本身的定位，我還需要想出一個理論來處理。其他刑事政策、婦女保障名額等爭議就暫時不談。

蘇芊玲(銘傳大學教授)：

我跟吳鯤魯老師是同事，最近兩年在學校一起開課，他因爲殷海光基金會的職責在身，正在安排系列對談活動。有一天他說，要不要來談談婦女新知。我在婦女新知的參與大約從1986、1987年開始，當董事長是1999到2001，卸任也十年了，後來謝園擔任董事長，接下來是黃長玲。今天我邀請黃長玲來，原因是我們可以有相當程度的搭配，應該把它變成對談，後來錢老師、顏老師也進來，又想現任的婦女新知董事長台大法律系陳昭如教授應該也邀請進來，就變成今天這個規模，從單純的一人邀約變成今天的盛況。

我自己比較偏重運動，是婦運的參與者或婦運的行動者。我本來不是學社會學，是文學院出身，對社會科學理論在唸書時沒有什麼接觸。我進入婦女新知，主要從女性的生活經驗出發，從生命經驗裡面許多的問號開始。進入婦女新知之後，才覺得應該有些理論基礎，所以我是直接從女性主義理論進入的。這跟在座的幾位可能較不一樣，她們可能從學院開始，先接觸社會科學領域，而我是先進入婦運團體才開始接觸理論。這個模式有點像美國第二波婦女運動時，婦運提供給學院的人、或是比較擅長作理論的人很多實務的經驗，或是實際的狀況，而學院的人再提供一些理論架構或是策略建議給運動者，這兩者相互產生一種不錯的互動。我自己的養成過程有一點類似這樣，我是直接從女性主義切入。其實不管是生命的經驗或運動的參與，或者是理論的切入，總是先有了女性主義的認識，然後才去看女性主義怎麼樣跟其他的主義對話或批判，這是很多人的共同歷程。

今天在座的人雖然不少是參與過婦女新知，但我們並不能代表台灣的女性主義。三十年來，婦女新知不斷進行某種互補或傳承，參與者相當多樣，比如說謝園是建築跟設計的背景，在這個情況下，我們彼此之間的對話或激盪可能某個程度上豐富了、辯證了我剛才所提的歷程。

自由主義的某些基礎論點對我有啓發，例如個人所追求的自由權利等等，很打動我的心。但因爲現存的社會並不是一個真空的社會，特別是怎麼樣去改變現存的不平等和差異，也就是追求社會正義，跟追求個人的自由，這兩者之間存在比較大的、需要思考的矛盾。婦運團體包括婦女新知在內，很想在這兩者之間取得兼顧或平衡。

在此，我想談談過去十多年來婦運者跟國家的關係。大概是從1990年代中期開始，在陳水扁擔任台北市長的時候，開始有所謂的婦女運動者進入政府的組織，以委員會的方式直接做政策的建議或是實際參與。在中央政府的部分大概是1997年。其實是1996年彭婉如事件之後，1997年3月，行政院成立一個「婦女權益促進委員會」，黃長玲跟我都曾經是委員，開始以運動者的身分進入到政府。自由主義認爲政府的干預應該儘量減少，可是對一個運動者來講，十多年來這個部分其實有很多的張力，我們也常常會接受公開的或是私底下的質問。譬如，過去婦運場域的朋友有許多困惑和質疑，想瞭解到底你爲什麼做這個決定，要進入政府的委員會？這個問題值得多談。我卸任婦女新知董事長已有十年，之後我轉而關注性別平等教育這個議題，這個議題也是婦女新知開始的。十年前我開始轉移到性別教育團體，專心這個議題。就我這十年的經驗來說，性別教育也是透過進入政府改變政府的政策，再進入到校園的一種推行性別平權的例子。但回顧起來，性別教育好像產生了一些非預期的結果。這個議題和自由主義其實很相關，就是去把人的潛力挖掘出來，去empower每一個個人，讓每一個個人享有更獨立、更寬廣、更可以發揮的空間。如果是這樣的話，這也是女性主義者在推動性別教育的時候非常重要的目標。但如今去看校園，性別教育的介入，當然並不是完全沒有發揮影響或結果，但另一方面，我們也看到，校園變得更緊縮，因爲在相對保守的人手中，性別教育被當成一種箝制的武器或工具，結果讓校園在性別的問題上更加緊縮而不是更加empowering，產生一個非預期的結果。這讓我們去面對跟思考，當我們懷抱某一種理念，想要藉著政府來實現，會產生什麼問題？比如說跟政府的關係，即使我們自己是清楚跟堅定的，但並不表示在參與的時候，自己沒有矛盾或兩難，不知道這中間的張力，擔心產生這樣非預期的結果。這個要怎麼去面對，需要集思廣益，我也想在此做誠懇的交代。或許透過今天的與談和各位的提問，可以相互激盪得更加清楚，可以協助未來的工作。

陳昭如(台大法律系教授)：

我一直在研究跟學習法律，也研究跟學習女性主義。這兩者之間的關係，就像是女性主義跟自由主義，一個被認爲是無觀點、一個是有觀點；一個是客觀、一個是主觀。剛才顏教授說，他認爲一般人認爲客觀的學科中不太會談到女性主義，我相信如果在那樣的一門課裡，女性主義法學會變成是某種客觀法理論的一部分。但是當我在女性主義法學的課堂上教女性主義的時候，它就很清楚地被認爲是一個主觀的學問。我的意思是，法律跟女性主義之間被假定了有一個潛在的矛盾跟衝突：法律是客觀的，女性主義是主觀的，前者有客觀性、是理性的；後者是主觀偏激的。這兩者的關係也是原則跟例外的關係：原則上要談客觀的，主觀的則是例外再來談。這是我自己在認同、研究跟運動實踐上始終面臨到的衝突：如何讓人們認識到，這兩者之間是可相容而不相斥的。剛剛三位談了很多，我的想法跟長玲不太一樣的地方，是長玲認爲女性主義靈活運用自由主義，但我認爲，這些年來台灣的婦運政策、乃至於性別研究的發展最能夠造成改變的，是當女性主義的理念跟自由主義的理念契合的時候，而契合不見得是實用主義的運用而已，我相信有不少的研究者或運動者是相信自由主義的。

觀察台灣的發展、或者很多國家的發展也是一樣，都如同英國法人類學家緬因(1822-1888)所說，人類社會是從身分到契約的發展：從你在這個社會上的位置決定了你的權利義務關係，到每一個人都是個別的個人，你的權利義務是由人跟人之間所結成的契約關係來決定。緬因認爲人類社會基本上有這樣一個發展的過程，而且這是一個正面的進化發展。但在我來看，這卻是一個以契約、或是以自由意願之名來掩蓋實質身分地位的發展。爲什麼這麼說呢？以我們現在的法律體系來說好了，它有一個非常根本的自由主義的信念是，社會是由個人所組成的，也就是剛剛所講到的個體主義，人跟人之間的關係是透過同意、選擇來形成。所以，你要跟誰在一起，這是你的選擇；你要不要做某件事情，也是你的選擇。在選擇的時候，你可能同意了某些事情。你跟一個人發生性關係，是你同意、或選擇跟他／她發生性，是個人某種權利的行使。這樣的基本預設是我們法律組成的基礎。從女性主義(當然並不是所有的女性主義都同意這點)的觀點來看，基本上會質疑的是，所謂的同意或是選擇，跟被迫之間的差別是什麼？當我們從理想出發，說所有的人都是自由而平等的，我們當然可以假定，這些自由而平等的個人可以進行協商，而因為他們是平等的，我們就要接受這個協商的結果。但是，當社會現實不是如此的時候，同意可以說是真正自主的同意嗎？所有的選擇都是自主的選擇嗎？

我認為女性主義的一個非常重要的基本假設，跟典型的自由主義基本假設是不一樣的。用一個比較粗糙的方式來說，女性主義基本上假設社會是不平等的，而從不平等出發來思考的時候，就很難用剛剛所說的選擇或同意等核心概念來組構我們的制度。但我們現在的制度是如此。我們也看到，這些年來，特別是在制度方面的改革上，如果能夠契合剛剛所說的核心概念自由選擇時，比較容易推動成功。舉例來說，這些年來婦女新知推動的很多法律修正，其實都是自由選擇：小孩子的從姓自由協商、父母的自由協商、夫妻的住所自由協商，包括要推動伴侶關係的自由結成，重點是在減少國家干預，擴大保障個人自主。這不能全然說錯。但是，現在我們也面臨到強調選擇跟同意理念的困境，就是以那樣子的理念所建立出來的法律在實踐上沒有辦法達到一個平等的結果。如果是從一個現實上已經平等的假定出發，那樣的設計是可以達到平等的；但如果是從現實本來是不平等的預設出發，那樣的設計並沒有辦法得到平等。簡單來說，當人跟人之間的協商權力並不對等的時候，協商的結果如何可能是平等的呢？這是我們在制度改革上所面臨到的非常大的困境，而這樣的困境很容易被轉化為法律跟文化的對立，也就是我們經常聽到的說法：我們的法律現在已經很平等了，已經給你相同協商的權利，你還在要求什麼？以小孩子的姓氏為例，我們可以說，所有的父母都可以約定從姓，而如果(很幸運地)一個女人沒有和一個男人有法律上的關係，小孩子就可以跟她同姓，她擁有絕對的權利。但是，在這種可以自由約定的情況下，只有不到2%的父母是約定從母姓。這樣一個對比非常懸殊的事實，迫使我們一定要去面對困境：賦予雙方對等協商的權利，其實是用選擇美化了權力。也就是說，這種自由選擇其實只是讓一個人的同意正當化了另一個人的權力，而這兩個人都不僅是個別的個人，因為他／她們都有社會群體的身分，而他的權力以及她的沒有權力也是來自於社會群體身分。

這是很重要的困境，而這樣的困境往往被轉化為法律跟文化之間的衝突。人們經常會認為，那是因為我們文化沒有改變，制度雖然這樣規定了，人們卻不這樣去行使權利。但是，當然還有其他思考這個問題的方式。常見的說法是認為法律已經平等了，是社會文化的不平等讓平等的法律沒有辦法運作出平等的結果。但是，如果法律本身的出發點是錯的，當它假定平等的前提、可是前提並不存在的時候，我們需要去想的問題是，也許要改變的不只是文化，而且法律本身也需要改變，那個奠基於自由主義基礎的法律需要被改變。從這個例子來看，女性主義的訴求如果能夠跟兩個關鍵的概念「同意」跟「選擇」結合的話，是最容易被接受、也最容易被推動，但是卻存在一個讓自己陷入困境的狀況。如果要對比另一個例子，可以用剛剛提到的投票權為例。我不像長玲有做過各國比較的研究，但是我的猜想是，並沒有很多例子是在普遍投票權產生的同時，就有婦女保障名額或其他保留席次的制度。但有趣的是，在1947年中華民國憲法賦與普遍投票權的同時，就有保障名額制度的設計。如果我們去看當初制憲的狀況，那時主張推動要有婦女保障名額的人，很清楚的是因為在有些賦予女性投票權的省份實踐的過程中，看到投票權的實現並不會達到平等的結果，因爲權利是在一個不平等的社會現實中運作的，所以產生出來的是非常少的女性代表。相同的投票權、相同的被選舉權，結果是如此的不平等，因此在那時她們主張在憲法裡增加婦女保障名額的制度，認爲所謂平等不只是給大家相同權利就好，還需要一些積極的措施來促成。比較遺憾的是，比例、保障名額做爲一種以積極手段去改變不平等的措施，比較被運用在參政的領域。在其他的領域，我們看到的是，這種用積極手段去改變不平等的措施，因爲牽涉到干預，會被強烈質疑爲是一種歧視、或者是給予一些人特權的差別待遇，在其他的領域非常不成功。我舉一個看似在制度上被接受、但實質上沒有被真正被接受的例子，就是我們的原住民優惠入學方案。這種明文要求特定的比例保障，來矯正教育上的不平等，是基於原住民在高等教育的就學率大幅低於非原住民的明顯現實，而它面對的質疑就是：這是給予優惠性的差別待遇。其實性別比例也受到一樣的質疑，認爲這是給予優惠性的差別待遇，因此不適當。因此，當女性主義的理念跟訴求和自由主義的理念相結合的時候，所面臨的挑戰是比較少的；可是當無法結合的時候，就面臨到強烈質疑。性別比例訴求的支持固然有成長，但持續面臨到抨擊。長玲所在的學科是政治科學，情況也許不同；在法學的領域，很多人並不同意性別比例。法學基本上是信仰自由主義的知識領域，就特別不能夠接受這種制度設計，優惠入學辦法也是如此。因此，我們要怎樣去面對這種違反現實地假定個人有選擇跟同意能力而設計出來的制度困境？剛剛也提到性侵害的例子，所謂同意跟被迫之間的界線本來就沒有那麼清楚，很多的時候，我們的同意都有一種被迫的成分在，可是制度的設計上卻以爲我們可以清楚區分，這是你的同意，那是被迫。以爲很容易區分同意與被迫，是因爲對於被迫有一個很狹隘的想像，譬如說在性侵害的例子中，所謂的被迫是訴諸於某些肢體上的暴力，才構成被迫；但是運用關係的不對等，卻不構成被迫。對於權力關係不對等的思考，能不能夠變成是我們思考任何制度設計的前提？還是要先撇開它，先假定現實已經平等，然後再根據制度運作的結果是不平等的，再去說這是現實上權力不對等的結果，並不是制度問題？這是接下來大家可以去思考討論的問題。我就先談到這裡。

錢永祥：

以上幾位的發言，顯然涉及了一些根本的問題，在四位初步發言結束之後，我想說一點自己的想法。幾位都指出個人的權利是自由主義的核心概念，厥安教授並且進一步在道德的個人主義與方法論上的個人主義之間作了區分。另外一方面，正如長玲跟昭如兩位教授所指出的，如何理解「個人」可能正是自由主義跟女性主義的爭執所在。女性主義會強調，每個人都處身在特定的社會類別或者集體身分裡面。如果一種集體身分在整個社會中處於劣勢，這個時候你去抽離地談個人、講個人平等，並無意義；你只是在迴避一些很關鍵的問題。這個說法我完全同意。但是我想換一個角度來看，想想自由主義爲什麼這樣關切個人，即使在很真實的意義之下個人永遠是社會關係的集合？

自由主義談個人，除了強調個人(相對於其他有價值的事物)具有最高的道德意義之外，同時還強調所有個人的平等。自由主義要先設定這種抽象的、被女性主義認爲假裝擺脫了群體身分的個人，是因爲如此方能建立她們的平等。當自由主義最早提出個人的概念的時候，它有一個解放的意圖在那裡。在當時的歐洲世界，個人被嚴密地綁在各種社會關係中，你屬於特定的團體，而團體則決定了你的身分等級與社會位置，整個社會沿著等級身分運作，並不是一個平等的社會，即使在與神的關係上也不是平等的。最早的自由主義者最關切的問題，可能便是宗教身分。宗教身分嚴重地箝制了個人的信仰與良知，造成宗教迫害甚至於種族滅絕(我講的不是舊約時代或者十字軍東征，而是13世紀發生在歐洲基督教內部的事)，演變成了連綿不斷的宗教戰爭。這情況下，自由主義者開始思考，讓我們把宗教身分放鬆一些好不好？不是宗教身分決定個人，而是讓個人(根據他的良知)選擇宗教身分。教派可能是個人擺脫掉的第一種集體身分。這種從宗教社會關係中的「抽離」，乃是「個人」出現的關鍵一步。在這個意義上，「個人」當然是一個具有解放意義的訴求。到了18世紀19世紀，要求廢止奴隸制度，要求女性的公民權利、參與社會權的時候，當時最重要的論證是，不錯，女人作爲群體，黑人作爲群體，具有明確、獨特的差異性，具有一種不同的身分，但是他們同時也是個人，並且這種個人身分具有更高的地位，比他們的女性、黑人群體身分，更有資格決定他們應該受到什麼待遇。你一味強調相對而言並沒有道德意義的群體身分，其實掩沒了他的個人身分，對他造成拘束與壓迫。把人從社會身分裡面解脫出來，把每一個女人，或者把每一個黑人，看成是單純的個人來看的時候，他作爲一個個人，是跟一個男性的個人，跟一個白皮膚的個人一樣是平等的。在這個意義上來說，強調個人是有解放效用、有進步意義的。

但是上面幾位關於集體身分與個人解放之間糾結的觀點，也是有見地的。馬克思在批評自由主義意識型態的時候，正是在批評公民的平等身分如何遮蔽了工人的受剝削身分。昭如剛才也講到，事實上有一個工人的集體身分在這裡，這個集體身分在生產關係中是被壓迫的，所以你可以講人權講個人平等，但你並沒有面對工人在勞動市場上怎麼跟資本家去協商，因爲那個協商的權力並不平等。這時候，需要解放的是工人這個身分本身，是使得工人受到剝削的這套生產關係，而不是設想一個擺脫了工人身分的個人，就解決了他的問題。

長玲與昭如所提出的女性主義批判，在談的正是這個問題。兩者對比，自由主義的思路是擺脫(在道德上不相干的)集體身分以獲得平等，而馬克思主義以及女性主義的思路似乎相反，馬克思主義認爲必須根本消除只具有歷史偶然性的、因此並不相干的集體身分(無產階級)，平等才會成爲現實；女性主義以及其他的身分政治傳統則認爲，由於一些身分對於個人很重要，不能消除遺忘，因此只有積極肯定集體身分本身(女性、黑人、同性戀)的尊嚴與平等，才是個人取得平等地位的正確路徑。當然，自由主義對於集體身分的「色盲(或者性別盲)」，並不是否認這些身分對於個人的重要意義，而是考慮到該一差別在某個特定領域(例如法律或者參政的領域)究竟有多少意義。歷史上，自由主義的抽離取向，有助於婦女走出許多傳統父權體制規定的角色，擺脫了缺乏法律地位、政治地位、經濟地位、甚至於感情地位的「屈從地位」，逐漸取得獨立的公民地位，是這種取向的進步作用所在。

話說回來，因爲各種身分政治的刺激與提醒，晚進自由主義在這個問題上的確已經有了更多的自覺，對於平等與集體身分差異之間的關係，有了較爲完整的說法，在此不贅。其實，既然個人之間的資質差異、環境差異、生理差異、文化差異、性別差異等等在在影響著每個人的生命機會，必須正視，那麼「平等」這個概念也必須有所增補與充實。自由主義的關鍵概念從平等移到正義，從單純的福利平等發展到能力的平等，都是自由主義的學習成果。在這個議題上，女性主義、社會主義、以及多元文化主義，跟自由主義的差異，可能並不像批評者所想像的那麼大。

問題討論

陸品妃(清華大學兼任教授)：

座談會的題目「女權運動跟自由主義思潮的對話」是我很關心的主題。我認爲女性主義與自由主義之間的論辯攻錯，有許多部分起自於彼此的誤解，可以澄清，甚至彼此可以借用對方的東西，發展得比之前更好。剛剛與會者提供一些具啓發性的理論鋪陳，從不同的理論角度去認識這個主題，聽了覺得很有意思。女權運動有進程可言，進程的發展成效也許不盡人意，但它一定會轉移目標。通常把女性主義運動的發展標誌爲三個階段，也就是大約從18世紀開始，第一波的目的是要將女人從不享有權利過渡到擁有權利，第二波是要女人從享有權利過渡到享有與男人一樣的平等權利，第三波則是要求平權事實上不被差異性打了折扣：男女具有不同身體特質，有時需要不同的東西來實現平等，也就是說，女人在不平等的社會脈絡所遭遇的問題很複雜，她們應得的權利雖然跟男人所享有的權利相同，但是形式上的法律規定與保障，事實上還仰賴許多其他加持與特別考量，才能讓女人得到真正平等的地位。那麼第四波運動是什麼呢？我想新的目標應該是出現了，只是尚未形成一個明顯而公認的里程碑。基於當代性別關係有別於舊時的轉變，我推論第四波的運動目標若非是新性別，則是去性別。新性別或去性別兩種選項的共同點是性別身分與關係的轉換與新興。相較於「女性主義運動」這個詞彙，我認爲「女權運動」比較過時偏狹。女權主義屬於發展初期的詞，針對的是權的面向，如權力、權利、權能等，而女性主義發展到晚近如第四波所涵蓋的面向擴大，超過權的面向，尤其超乎由國家或政府與法律所界定的公領域。女性主義以女性爲根本出發點，既考量女性與女人的權屬問題，也研究性與性別關係等非權屬類、非公領域的面向。

自由主義一向自許一項根本要務，即提倡解放。很早以前，很多男人也不算是公民，他們沒有土地財產即無公民資格。後來制度變革，一個人可以因爲身爲男人就被賦予公民身分。至於女人，早先其實算做男人的財產，不具獨立地位，採納自由主義的制度變革後，解放的範圍圈擴大，平等主義的對象圈擴大了，最後把女人也納進來，承認她們是平等的公民。可是，女人不再從屬於男人，絲毫不是從法律界定就可以輕易落實的。在日常生活面，即使在今日仍不難見她從屬於男人。非法律的實質從屬關係在前三波運動的努力下仍安然倖存，也說明爲什麼我說第四波會是主張非法律權利脈絡限縮的去性別，或新性別概念。回到解放，到底自由女性主義企圖解放什麼呢？我想是解放性別身分，性別身分即指當你作爲一個人，一出生就按照你身體的生理特徵，男性被歸類做男人，女性便做女人。後來超越傳統兩性的多種性別身分認同如LGBTQQA（Lesbian, Gay, Bisexual, Transgender, Queer, Questioning, Allied）改造你我出生後就被定格的性別身分，提供多於兩種的不同的宿命發展。回到女性主義發展史，以前常講我們要反父權體制、男性霸權、男性沙文，其實現在更應該講的是去除男性中心主義。也就是不要再把男人的形象放在所有人身上，做爲所有人的行事標準。麥金儂講過，男人界定所有標準，學術界的標準，運動的標準，甚至廚房的標準都是由男人來界定。在我們這個男性中心的社會，男人提供我們做爲人的很重要的身分想像，通常男人什麼表現都好，數學好，又會造車子，又會蓋房子，生活上各種領域表現最好的全部都是男人。這代表什麼意思呢？這代表我們做為人的時候，歸根究底要向男人學習。女性主義處身男性中心的社會很可貴的一點，便在於它要把女性拉出來講，敦促大家要同等承認與尊重女性這個脫離男性中心理解後，所有人本來都與生俱來的特質，一個屬於所有人的社會也該公平體現的特質，不要再把女人從屬於男性，不要再把男性作為所有思想與行動的中心參照點。講到這裡或許岔題一下，就是我常有個感覺，台灣的女權運動發展非常辛苦，由衷感佩前人付出的努力。特別辛苦之原因眾多，可能跟發展進程順序有關嗎？

自由主義與女性主義之間交換的對話議題不止政治跟非政治的區分，什麼是屬公共與什麼是屬私人的劃分，即是很傳統核心的爭議點。前面黃長玲老師對此多有闡述。回應一下剛剛顏厥安老師談到的，女性主義對自由主義感到有很大的緊張，即在於自由主義強調所謂的公私區分。我想這裡的討論需再細緻一點，以求避免誤解。公私概念都已經內建在我們頭腦裡，而且我們也常常使用。思考與溝通等等都需要公私區分，女性主義常強調個人即政治，更是預設了公私區分的概念。女性主義強調所謂非政治的、個人的，其實是政治的，兩者彼此沒有衝突，這樣的想法不是要大家放棄屬於政治的與屬於個人的區分，反倒是要我們重新思考如何應用這個劃分，正確地應用這個概念與區分。公私概念是可以使用的，問題在於應當怎麼使用。舉例來說，以前發生在家庭場域的家暴問題國家法律不介入，有些學者常歸因這是因為傳統自由主義供給思想資源，劃定家庭脈絡屬於非政治領域，是個人問題，所以國家不能介入。但是女性主義提出抗議，指出家庭脈絡儘管是個人的事情，但同時也是政治的問題，政治既然維護、形塑與造就個人，發生在家庭的個人問題便有其政治面向，有待國家處理。另外，當你進去洗手間時，當下那個空間在一個意義下便成為你的私領域，你享有不被窺視的隱私權。然而，營建每個人都得使用的廁所，例如裡面的男女間數比例多少，起草、設計到完成過程裡沒有政治性嗎？當然有，因爲事關眾人日常基本所需與公共衛生。做政治決策蓋幾間廁所的通常是男人，這時候決策思量無女性經驗加持極易偏頗，若加上本位徇私，從公平照顧需求的前提出發，最好的情況也僅只男女各半，男人跟女人各享有同樣數目的廁所間數。但這樣的安排卻沒顧慮一般情況下女人上廁所費時較久，因此真正符合平等需求的安排，反而應該是女廁多於男廁，或者廁所不分性別。

女性主義有時候誤解了自由主義的想法。我想女性主義主要不滿意的地方應該是，亂用公私區分，甚至強詞奪理。自由主義很多時候不管女性主義怎麼想，犯了性別盲以及男性中心的毛病。女性主義可以提供自由主義很多補正，反之亦然，兩邊都有互相學習借鏡之處。最後再強調一下，我不認爲女性主義需要放棄公私概念。在公私區分議題上，理解女性主義反對自由主義的公私二分的主張，需要分清兩點，第一，反對的是那一種自由主義，第二，公私二分的分界線劃在那裡，怎麼應用？

謝　園(建築師)：

殷海光及自由主義都是我們大學時期閱讀的人物或思想，有一次拿男朋友的照片給爸爸看，他翻看背面寫著「自由的思想、獨立的思考」，就說這是共產黨嘛。這就聯想到最近公視播出關於民國人物林徽音跟梁思成的節目裡，提到幾位中央研究院院士來台談自由主義的往事，說自由主義對未來充滿希望等等。

在我的建築生涯裡面，研究過不同族群的建築。最早是研究西非的原住民族，一家之男人主住在一圈圍繞的圓屋的中央，數位妻子及雞鴨狗羊圍繞在四周。後來又看到台灣原住民，父系社會跟母系社會的村部落家屋配置組合也極不一樣，凡是全村配置很集中的或向心的都是父系社會；母系社會就是小家族群聚居，長老在自己家族裡面可以作主張，比較分權。居住方式跟權力很有關係。人類建築史從埃及到希臘、羅馬的建築發展下來，主要都是神權到君權時期的建築，不是民間的建築。研究過程中，我慢慢接觸到社會階級跟住的關係，然後各大城市從法國巴黎到北京，東西方首都的都市建築及道路系統，都是放射狀一圈兩圈到一圍兩圍的概念，以及棋盤式便於集中統治的概念。我個人因爲專業領域，對這些現象很有興趣，卻發現男性通常避免談這些。以前《建築師》雜誌有一期想在婦女節專題討論女性與建築，我是唯一女性的編輯，就承接了策劃的任務。我們舉辦了兩場座談會，包括女性使用者及女建築人，邀請了數位女建築人的文稿及作品，啓動了我對性別與空間的興趣。這也是吳嘉麗邀我加入婦女新知的誘因。我也開始搜集、研究國外民居的發展及女性的作品。所以我對突破禁忌、打破傳統、開發創意的概念就會有興趣了。所以我看到自由主義、看到殷海光就有興趣，這是吸引收我來參加活動的原因。

剛才品妃談到廁所間數的議題，我曾經參與修法。當年在競選台北市長時，陳水扁說當選的話要提高女男廁二比一，馬英九說三比一，我後來講的是五比一，這個關鍵是漏掉了計算男小便斗，所以總的便器只有五比三，也不到二比一，以前只算大便器而不算小便器，如果一天當中大號一次小號六次的話，男女大號是一樣的時間，其他的四跟二才是二比一的時間，我當時就是用這個概念去建議修的，而且也說服了修法的人，在全世界台灣這個作法也算是一個創意。

剛剛講到修法，我自己的經驗是關於空間安全的修法過程。老建築師們都覺得我講的很難實現，有很多建築審查執照的時候只有建築本身，因爲並不能審查戶外，像公園步道、地下道、無障礙路徑或安全空間(預防犯罪)等都無法可管。後來我想到從其他角度去做，只是修法還是不行的，因爲法是針對未來新建的才能用新法，95%以上都是舊建築，還是要靠行政命令來逐年改善。我與同業或同事們甚至於跟先生討論這類議題，盡量不要跟他們辯論，或去勸他們，只會傷感情，去參與推動修法就是了。剛剛講公也好私也好，我想私的部分男人其實要的是私的部分，他要權力去掌控，小孩子要姓他的，家裡的事他要作主，過年要回他家等，都是私領域。公領域我們就盡量追求平等，私領域各自努力，但是要有點藝術。

劉亞蘭(真理大學)：

我簡單回應一下剛剛錢老師講的個人原則，特別是把個人抽離社會群體，強調個人的解放跟進步的意義這個部分。我最近跟同學聊天，還有學校最近上的課也正好呼應，我發現同學對於同志人權的接受度非常的高，不管是她們的同學是同志，或者是同志要來追都沒有問題。可是她們竟然同時也認爲，現代社會以夫爲天的那種父權思想，也有幾番道理，仍然能夠接受。我們現在推動同志人權，訴諸的就是個人化原則。問題是女權這個部分的初衷是不是就有點被忘記了。譬如說我開同志研究的課，同學都很熱衷，可是如果我開女性主義的課，帶起來就很費力。在當前的台灣，一些基本人權，不管是教育，經濟自主獨立等，男女表面上看起來似乎是平等的，可是接下來你要再去講說其實女性還有很多各種情況上的不平等，你就要花很大的力氣，才能夠說服同學。這個部分我想聽與會者的想法。

黃長玲：

我回應一下剛剛亞蘭提到的問題，謝園剛剛提到公領域大家追求平等，私領域各自努力，還有昭如剛才所講到的consent 跟choice的問題。昭如不同意我說女性主義對自由主義是靈活運用，其實我講靈活運用，是講得比較文明客氣一點。女性主義運用自由主義幾乎是到了一個瓶頸。自由主義的某些基本原則，基本上是民主政治的基本原則，這形成了自由主義的優勢，因爲整個民主政治很大的程度上是建立在自由主義的基礎上，我們剛好又活在一個民主政治具有最高正當性的時代氛圍裡頭。你要是上推一百年，會有人告訴你，其實民主體制並不是一個最適合人類生活的體制。可是今天我們所面臨的處境不是。很多不民主的國家，也要強調他是民主的，你就知道這件事情的正當性有多高。我們活在這個正當性裡頭。在這個狀況之下，除了公私領域問題、個人權群體權之外，consent 跟choice的問題是當代女性主義跟自由主義論辯的核心。回到台灣來講，我內心的一個困惑、一個想法就是，我們挪用或者是運用自由主義來達成平權的目標，可以用的自由主義已經被我們用完了。意思就是說，能幫我們達成目標的那些自由主義的原則，已經差不多用完了。在我們面前呈現的問題，就是自由主義的前提假設人是平等的，可是我們作爲女性，生活經驗卻告訴我們人生從來是並不平等，就像我剛才講說所謂人生而平等，可是有些人就比別人生得更平等。這個在女性主義文獻裡討論很多，最早的美國女性主義者Gloria Steinem講到弱勢群體，她的經驗一定包含兩種視野，主流社會告訴她世界是怎麼樣運作的，她個人的經驗卻告訴她另外一種情況。對很多女性或者弱勢群體來講，實情就是這樣。自由主義的很多假設，譬如契約論的基本概念說，每個人是自由平等的訂約，共同結成政治社群。但我們知道人們並沒有自由平等的訂定這個契約，我們其實花了很大的力氣才成爲這個契約的一部分。回到台灣我們眼前的現實，我們看看很具有挑戰性的公共政策。這分兩個部分來講，一個部分是我們過去運用自由主義已經達到某種成果的東西。這類成果，在今天台灣民主政治的發展來講，應該是廣受承認的了，例如傳統的參政、教育、工作上的平權。可是法雖然已經定出來了，但是我們心裡知道，很多實質的東西不是這些法所能克服的。參政、教育、工作的領域有很多的不平等，這些到底要用什麼新的語言來論述它，以至於在新的論述之下，如何產生新的政策或新的法？另外一塊，就是家庭正義跟親密關係。在法律與政策方面，這個部分還沒有像參政、教育、工作等已經產生一套相對平等的法律。昭如剛剛講到了同意，我多補充一個想法。我們在婦女新知內部討論性侵害相關的刑法裡頭的妨礙性自主的觀念時，在座有一些朋友熟悉，有一些朋友可卻能不太熟悉，由此可見，所謂的consent 跟choice對女性來講是多麼困難的一件事情。在實務上我們常講一句話，所謂的同意是同意無限大。意思就是說，在法官的判案或社會觀感中，我作爲一個女人答應跟你去你家喝一杯咖啡，後來不管發生什麼事，都算是我已經同意在先了。換句話講，我可能只答應跟你喝一杯咖啡，我並沒有答應後面的任何一件事，但是我們這個社會習慣擴張女人的同意，你同意了一，就等於同意了一百。那麼我們怎麼去有效的論述出，同意其實有非常多的層次？自由主義過去的基本假設，忽視了同意本身是有不同的層次。就像婚姻關係也是一樣，我同意跟你成爲生活的伴侶，但是我並沒有同意成爲你的家奴，我並沒有同意接受很多後面的東西。可是在我們的主流的論述之下，當初有人逼你跟他結婚嗎？這難道不是你同意的嗎？這是你同意的嘛！這個所謂同意之艱難，我們還有很多要跟自由主義彼此學習的地方，或講得更白一點，我們也有很多必須是持續挑戰自由主義思維的地方。也許自由主義作爲思潮來講，可能也懶得理女性主義，如果你是霸權，你只有被挑戰的時候才要回應，但你也可以選擇不回應。

陳昭如：

我想接著長玲講到同意無限大這個問題，這可以稱爲一種推定同意的狀態，就像性侵害要如何界定，是在沒有說不要的時候，就推定要嗎？這種推定同意的狀態可以適用到很多關係上。我們假定人們同意很多不平等的關係，而當同意不平等表現爲一種選擇的時候，要如何看待它呢？回應錢老師所說的，對於個人的強調是有解放的意涵在，但在今天，解放的意涵是已經被用盡了，還是仍然可以去使用這個語彙跟概念來開展出解放的意涵？我認爲，強調「個人」有某種解放力道的同時，也讓我們陷入另外一個困境。譬如以現在同志權利經常使用的論述來說，會強調這是我的選擇，你不能夠歧視我的選擇。就解放的力道來說，這可以把同志從群體的污名當中解放出來，因爲這是我的選擇，你應該要尊重我的選擇。但是，我認爲這種論述沒有辦法處理的，是當這個社會告訴大家，所有的人都應該要成爲異性戀，那麼我們強調你可以自由選擇成爲同性戀的意義是什麼？也就是說，當我們強調人們都有自由選擇，卻不能真正自由選擇，這個選擇如何可能是自由的？當所有人都被教導成爲異性戀的時候，自由選擇的論述能否用來證成，需要在學校裡面開設同性戀的課程，教導如何成爲同性戀？當所有課程都告訴你應該要成爲異性戀時，這種訴諸個人選擇的語言有其解放性，但是卻無法有力地挑戰已經被架構在那邊的異性戀宰制現實。

顏厥安：

我覺得有幾件事要區分，自由主義的平等預設是道德的，他認爲每一個人該視爲平等的，但是自由主義在歷史上，應該絕少認爲社會事實上已經平等了，有些自由主義立場還認爲社會資源配置應該不平等才好。就這一點而言，我覺得馬克思還是有他厲害的地方，他的論點提到的差不多就是這種觀點。馬克思認爲雖然自由主義主張道德上的平等，可是實際上卻讓社會的力量在自由的空間中不被挑戰的繼續存在，所以會留下最保守的社會力，繼續以自由的名義存在。馬克思認爲這種力量會繼續壓抑我們去認識社會的現實，也就是阻止我們去認識社會不平等與壓迫的現實。就這一點而言，我們可以思考，如果自由主義解放的潛力還沒有被用盡，或者說跟女性主義還可以合作，那會在什麼樣的方法或方向之下合作？尤其在法律制度與政治權力結構問題中，自由主義會問：如果給大家同樣的機會與地位還不夠的話，要怎麼辦才好？也許我們該思考，如何讓解放的潛力在不一樣的時空條件下被釋放出來。比如性交易問題，自由主義的標準想法是一方面主張不要罰，另一方面也主張政府不需要再做更多的事情。性交易專區的政策，嚴格來講不是自由主義的主張。然而我所了解的女性主義會認爲這樣是不夠的，因爲女性主義一般認爲，自願進行性交易之下的某一方，仍然是尚未解放的、受到壓迫的一方。如果能想辦法在自由主義的某一種架構下來談這種壓迫，可能就會找到一個新的制度方案來處理。否則在我看來，有一種風險是，至少在目前台灣，女性主義跟自由主義如果不能合作，政策或社會觀念很容易會跑回保守主義的方向，比如說專區制等，這可能不是我們所樂見到的一種狀態或發展趨勢。

蘇芊玲：

我們現在所面對的狀況很實際，不管從理論或運動的發展這情況都已經很久了。一端是所謂單一的、大寫的自由主義或女性主義，它們界定了最基本、最原初的那些概念，我們對這些概念大概都能形成共識。另一端是複數的、小寫的自由主義或女性主義。這兩者並存，不管是彈性挪用、活用哪些東西，常常得看我們面對思考的現實跟座標是什麼。至於我們思想的啓發或解放，目標可是在於讓啓蒙思考與策略相激盪，而女性主義或婦女運動所談的是比較實際能達成的策略。思考與策略怎麼在同一個情境裡去做改善或改革，而仍然有一個方向，可能正是問題所在。傳統自由主義常被批判，認爲它是從男性出發，以男性爲標準，如果這種男性中心的局面可以被打破或可以對話的話，很可能又呈現一個本質上的差異，一邊比較是務實面的運動策略或目標，另一邊則是另外一種新的思考。

有一次在一個女性主義的、有各種不同世代的場子裡，一位比較資深的女性主義運動者她說，我今天才知道，原來談女性主義運動，也可以用一種這麼輕鬆愉快的方式。她說我們這一代都太辛苦了。這同時也標示出某一代的成長經驗，她所看到的社會結構，所分析的是很結構性的東西。因此我們要很艱苦卓絕，或者是悲憤，如剛剛顏厥安教授所講的那個場景下的產物。新一代的女性主義者，有點像陸品妃所講的，去性別化的愉悅輕鬆或創意，對我來講都是一種不同的座標。在每一個人或團體，這些都是同時存在，這裡頭會有危險或弔詭的是，如亞蘭所說的，今天我們所面對的，是更需要我們去深化的挑戰，不管是論述或運動策略，或者把世代加進來，它其實是更需要細緻去對話去打動。過去我們很容易被打動，因爲我們的成長經驗太缺乏可以理解我們成長經驗的東西，所以女性主義的譬如自我意識覺醒的那些生命經驗很快就能跟我們經驗結合。到了今天，當下一代所經歷的不再是悲情悲憤跟艱苦卓絕的一代所長成的經驗，事實上結構面雖然沒有改變太大，可是她們的理解跟經驗層次不太一樣的時候，我們要怎麼樣去對話，確實是很大的挑戰。當我們又回到你可以「去」什麼、「去」什麼的時候，看到裡頭的吸引之處，這同時很可能也是限制之處。當你去談比較嚴肅深刻的東西的時候，常常輕鬆的一面就會淡化掉它。事實上我們也不希望，每一代的人都這麼悲情悲憤的過日子。這兩者之間到底要怎麼想，我同意像親密關係民主化的主張，還是可以有意義且實質的對話，有些細緻面已經出來了，我樂見接下去我們可以走到這個部分，那個東西其實還是很經驗面的，很多人際關係裡頭的細緻面，去牽引到後面談很抽象的去脈絡的同意或選擇，這算是滿有建設性的下一個目標，眼前比較需要克服的課題大概是在這個部分。

劉亞蘭：

剛才長玲講到政治方面的問題，我想起關於女總統的討論，幾乎都放在政黨的角度去討論，沒有從自由主義或女性主義的角度，去思考裡面可能性的問題，我不曉得我是否有偏差，如果是這樣的話是滿可惜的。

陳昭如：

剛剛提到台灣的女總統，我想在運動上面臨到很大的困境是，要強調她有能力當總統，還是要強調她有能力當總統、而且她是個女人，也就是我們要不要強調差異的問題。回歸到今天的主題：自由主義跟女性主義的關係，其中一個很大的差別在於，從個體出發的思考跟從群體出發的思考是不同的。我也同意某一些社會群體的範疇需要被打破，譬如說奴隸制是需要被打破的，其他的範疇，例如女人這個範疇要不要被打破、同志群體社會範疇要不要被打破，我們是不是因爲要主張平等就要放棄差異，這是差異政治經常在討論的問題。在我們的法學知識當中，差異政治是不太被接受的思考方式，這也是爲什麼性別比例或婦女保障名額在法學領域很難被很多人接受的原因。舉例來說，憲法的第七條規定中華民國人民不分男女種族階級黨派一律平等，這個有關於平等的要求，在實際上最常被運用的是拿來主張不能夠有任何的差別待遇，而不是主張不得有基於這些群體地位的歧視。這種對於平等權的解釋表現出我們的法學把平等理解爲無差異，而不是把平等理解爲跟差異是可以相容的，這是性別比例原則爲什麼在不同的學科領域上得到不同的評價跟待遇的重要原因。

陳歆怡(台灣光華雜誌記者)：

剛剛黃老師跟陳老師提到性別比例原則，我覺得有一點困惑的是，陳老師說，在台灣，性別比例原則是自由主義跟女性主義對話下比較成功的成果，但是陳老師也提到說，在法律學的領域裡，至今持續對於性別比例原則或稱婦女保障名額有所質疑或抨擊，而您認爲是因爲在法律學領域裡，大家對自由主義的信念更爲強烈，我覺得這與女性主義立場可能有衝突。第二想請教：就女性主義的政略來看，當女性在政治領域的涉入這麼大、這麼快的時候，到底是改變了什麼？又如果我們把女性參與公共領域的範圍界定得更寬，舉例來講，婦女常常比男性還積極參與公共生活，譬如說志工組織的領導者或志工，她們很關心社區生活，那麼當我們把公共領域限定在國會殿堂或其它政治領域的時候，數量上的增長到底能改變什麼呢？有可能改變公共政策的設定嗎？又例如，政治領域傳統上就是以男性爲主，因此大眾普遍認爲有權力的人就應該表現出陽剛，那麼更多女性參政有機會顛覆這種遊戲規則？

黃長玲：

我想婦女參政的部分比較好回答，就是說數量的增加是絕對能改變某些東西的，它至少改變兩件事。第一它改變政治文化。改變政治文化是以什麼意義來講？其實國內有學者有作過研究，早年在議會裡頭，不管是中央或地方的議會裡，議會裡頭女性比較少的時候，女性政治人物會有個經驗，等到她們進到議場去，要進行協商的時候，協商都已經做完了，因爲男性的政治人物，可能在前一天晚上一起在酒家、三溫暖或其它地方都已經談好了，就不用再談。所以你是不是在政治過程裡頭，幾乎是沒有用的，因爲你人數太少。可是，如果說當你人數大到一定程度的時候，委員會開會有一定比例的女性，這些女性不太可能跟男性政治局人物去酒家三溫暖先把事情喬好，這個機會比較低。第二，女性政治人物一定的數量，尤其女性政治人物擔任黨裡頭的重要職位，譬如說黨團幹部的時候，很多協商會在比較合理的場合進行，也會改變政治文化。其實，國內有學者作過研究，鄉鎮層級的貪污，非常微妙地會跟喝花酒扯在一起。看那些起訴書判決書，常常就是在那樣的場合談定事情。當然，我不會認爲女人天生比較乾淨，在參政上女性主義者很少會接受本質論的論述。但是正因爲女性在政治場域裡頭數量的增加是非常晚近的現象，在這個場域裡頭終究沒有成爲掌握最多資源跟權力的人，所以相對來講腐化的機率稍微低一點。所以這個說法並沒有建立在本質論，而完全是資源權力分配上的結果。

我覺得最重要的改變是，人們對未來的可能性的想像，就是說你今天如果習慣有女性部長，將來這個國家就會有女性的院長跟總統。可是如果你連這個國家有女的醫生、教授都看不到，你看不到部長的話，就不可能想像有一天會出現女的院長或總統。台灣在政治文化的改變以外，某一程度這個改變也很微妙的改變家庭資源的分配，至少對於台灣從政的家庭來講。譬如說從1998年地方制度法大幅度的提高婦女保障名額之後，台灣女性參政比例快速提升，其中非常關鍵性的變化是發生在地方性的層級。我舉個例子來講，現在全國女性民意代表比例最高的，並不是在國會。國會今年一月選完以後，總算進入國際上認爲較爲合理的起碼數字，那就是超過三分之一。我們目前國會裡頭的女性大概是33.6%，坦白說是傲視亞洲，跟國際來講大概差不多是國際上的共同趨勢，比較接近民主平權兩性共治。但是台灣各級議會裡頭，目前女性比例最高的是台南市。2009年，五都選完以後達到40%。事實上不是只有台南市，你如果去看各地方縣市，國、民兩黨的基層參政很重要的因素是家族，過去沒有這些制度設計的時候，通常家庭的資源分配不會想到女兒，爸爸之後可能是兒子，可能是姪子可能是兄弟。今天因爲有這個體制上的空間，他就會去考慮，不見得一定要兒子不見得要姪子，事實上可能是女兒，也可能是姪女、外孫女、媳婦，這個改變很大。婦女保障名額跟性別比例原則，某一個程度上，剛好也符合陳昭如教授剛剛提出來的那個反省跟批評。當我們用一種比較性別中立的語言推動性別比例原則的時候，接受度比較高，這是一種自由主義的語言。如果我今天跟你說，女性主義是處在結構性的多麼不平等的狀態之下，舉一大堆關於結構性意義的例子，你就要花很大的力氣去講。可是，我們在推動的時候，如果說這不止是保障女人也保障男人，大家聽聽就會說很符合自由平等之原則，兼顧女性主義跟自由主義的基本原則。開始的時候我說到，挪用自由主義語言達到某一種政策目的的效果。我補充一句話，當時我們在作婦女保障名額，我覺得性別比例原則論述的部分應該是比較有前瞻性的。總而言之，女性主義持續所推動的事情中，沒有可能不跟自由主義的原則持續對話，這是爲了政策推動的便利性，但也還是有一種價值上的東西。

蘇芊玲：

我舉一個例子。有一個朋友住在瑞典，很喜歡用臉書，每天幾乎都可以收到一些訊息。她興趣很廣泛，會談很多東西。有一次她跟家人親戚朋友，在談瑞典前幾年改了出生小孩原則從母姓的法律，她們是用法律強制，我們是用協商，台灣法律修正到目前爲止已經五年了，但真正經由協商約定從母姓的只有百分之一點多。如果國家也可以有實驗的性質，如果父權體制也是建構而來的話，那瑞典的作法就是說，爲什麼不可以改成一個母權或母系的社會？所以她們就會訂出出生子女原則從母姓的法律，如果小孩要從父姓就得像我們以前的法律，要經過非常漫長的申請才可以讓你的小孩從父姓。她分享這件事之後，我當然就非常好奇地問一般人民的反應，結果我朋友說一般瑞典人民可以接受，認爲這是好的政策。如果從這一點來講的話，我永遠都在這兩個極端當中擺盪，在悲觀跟樂觀之間我們還是可以想像，其實也不僅是瑞典性別這個部分，像挪威私企業的董事會裡面也要求性別比例。其實我們好像還是可以有比較激進的作法，很多國家不同的作法給我們很多啓發。我好奇的是，她們怎麼從這一步走到那一步的過程。

錢永祥：

長玲認爲，當前我們思考跟評價的大脈絡，其實就是廣義的自由主義的脈絡，其核心簡單來講就是個體的平等。所以長玲會覺得，女性主義或女權運動去挪用或者是靈活運用自由主義的這套論述是有好處的。我有這樣一個觀察，19世紀工人運動展開的時候，強調的是階級平等，那時候繼續用自由主義的論述，工人階級成員的個別待遇會受到很多保障跟提升，最後事實上在這個基礎上建立了福利國家。但是另一邊，也有馬克思主義等激進的工人運動，反對改良，而是主張根本推翻資本主義的階級架構，追求沒有階級的社會。到今天，過去一百年、兩百年了，資本主義並沒有被推翻，工人階級作為階級並沒有消失。當你在自由主義的脈絡下談到女權運動，不管是積極的權利，或者消極權利的保護，都有好的成果，但是父權體制被消滅了多少呢？種族主義有同樣的情況，今天美國有了黑人總統，但是美國黑人被歧視的狀況，那種種族上的廣義的歧視並沒有被消滅。我自己很關心動物的問題，在做動物倫理學的論述的時候，我常用的也是最可以讓一般人接受的，還是用一套效益主義的論述，從個別動物與人類均會感受與在意苦痛這件事開始談，來證明動物與人類應該獲得平等的看待。這個論述很不徹底，但確實會讓很多人開始思考，開始反省對動物的虐待殘殺體制。至於這種吃肉的體制，我不相信在我有生之年會看到改變。換言之，父權體制、種族歧視的體制、資本主義的剝削體制、以及我講的人類對動物的虐待殘殺的體制，各位覺得可能看得到其改變嗎？我的意思倒不是說一切都是徒勞；相反，我深信人類的道德進步，無論在階級、性別、種族、以及人與動物的關係上，幾百年來都有極其緩慢但是實在的進步。我的意思只是說，在估算成果的時候，不要寄望太高。我們可以寄望人類的善意在增加，但我不相信人類對其他人、對其他動物的形形色色的壓迫剝削的體制會很快消失，何況即使最善意的人，就會願意素食、願意接受女性主義的洗禮、就會反對資本主義？事實並不是如此。局部的、累積的改善是可能的，更是必要的。

譬如說，我們吃肉的嗜好很難根除，那麼宰殺的時候採用人道屠宰嘛，做不到100%做到50%也好啊。以前動保人士說，真正關心動物的人必須完全不要吃肉，我覺得這要求太高了，我們一個禮拜吃一天素好不好？很多時候，這類的妥協好像不僅難免，甚至於是能帶來正面的成果的。

中國大陸自由主義者為何不支持女權主義？*

李思磐

2012年11月，針對歐盟司法專員衛維恩・雷丁(Viviane Reding)提案歐洲上市公司保證非執行董事職位的女性比例，上海的一位媒體評論員在《南方都市報》發表了一篇評論[1]。這篇評論四分之三是敘述立法分歧、雙方的觀點與政策的脈絡，而在文章末尾，作者才亮出了他的觀點：「就我個人而言，似乎更傾向於消極的法律觀，在我看來，**個人自由是一切權利中最重要的權利**。新道德和新價值只有在一個社會中被選擇，才是值得追求的，也才是真正有效的。」雖然提案和投票本身就是社會作選擇的過程，但在這裡，作者似乎暗示，性別平權不可能是社會自發選擇的結果。

這篇評論在網路轉載的標題爲「對不起！我們不需要政府指派的女董事」(立法規定被置換成了「政府指派」)；文章甚至提到，「事實上，……針對這個問題(促進性別平等)的立法可以無窮盡地

* 感謝很多師友為我這篇文章提供了寶貴的修改意見，她們是：王政、沈睿、宋少鵬、張念、周保松、董一格、錢永祥和《思想》的編輯李琳。由於時間倉促和知識儲備有限，我並沒有達到她們的期待。但我深深感謝大家的幫助，並聲明為本文的所有錯漏負責。

1 陳季冰，〈歐盟規定公司女性董事比例行得通嗎？〉《南方都市報》，2012年11月10日，AA32版。

細分下去，直到它剝奪人們絕大部分自由。」

引述這個例子來說明中國自由主義與女權主義的關係，是因爲這個「用自由反對平等」評論框架，把平權(利)訴求等同於政府的擴權(力)行爲，並不是個別論者的孤例，1990年代以来，在印刷媒體和網絡平台上參與公共討論，用「自由」來反對平等和反歧視主張，並拒絕增進社會福利的自由主義知識分子屢見不鮮。

平心而論，前文的作者算是面對性別議題尚能保持君子風度的男性媒體寫作者。我看到過更讓人憂心的。一家非常傑出的都市報評論部在2005年開始發展以社科背景寫作者主創的「時評」文體、並成爲最受自由派知識分子青睞的平臺時，它發表了兩篇與性別相關的評論。一篇認爲北大小語種專業提高女生錄取分數線、降低男生錄取分數線並不是性別歧視，中間許多讓一個對平等價值敏感的人驚愕莫名的論斷，例如「只有女人辦外交是代表女兒國還是代表中國」、「女生分數高只是因爲善於死記硬背」。另一篇，則幾乎是用「戲說」的方式，批評中國第一次將反對性騷擾法條寫進婦女權益保護法是「無厘頭」[2]。在去年夏天，《南方都市報》針對「上海地鐵二線事件」[3]發表了秋風的評論〈禮俗優先於權利〉，事實上是支持地鐵公司要求女性「自重」來免於騷擾的觀點；而《南方週末》網站則在評論板塊推薦了這篇文章。

從媒體這種速食文化表現入手來批評當代中國自由主義，可能

2 參見：鄢烈山，〈為北大招生辯護：這不是性別歧視〉，《南方都市報》，2005年9月1日；大詩，〈無厘頭的「性騷擾」立法〉，《南方都市報》，2005年9月3日。

3 上海地鐵二線公司官方微博帳號發布女乘客穿著暴露衣裙的照片，並「規勸」女乘客「自重」以避免被性騷擾，因此激起全國女權團體公憤、並作出行動抗議的網絡事件。

對自由主義學者並不公平。不過，1990年代中國的政治自由主義思想「浮出水面」與中國新聞改革息息相關。1990年代，中國官方的新聞市場化改革給財政無法支撐的媒體「斷奶」，鼓勵它們從市場求生存，一些媒體不得不從「黨的喉舌」轉向服務於受眾，自由主義知識分子既借助於新湧現的市場化媒體如「南方報業」和《財經》、「財新」等尋求「新聞專業主義」角色的媒體平臺進行思想傳播，又伴隨這些媒體的成長，爲其培養了對政治社會問題有著廣闊思考的後備人才，並且成爲支撐「新聞專業主義」成長的意識型態基礎。保衛私權、捍衛個人自由、以法治國以及問責政府或「追問制度」，已經成爲無論是新聞還是評論的主流框架。

在這個意義上，中國傳媒領域新的典範，是以自由主義基本理念爲意識型態的基礎，已經是不爭的事實。因此，由中國大陸的自由主義學者所傳播和闡釋的自由主義理念，其內在的偏差，也必然深刻地影響了傳媒的偏向。

偏向一方面可能是傳播的本質。因爲大眾傳媒的文體特點本身無法容納周密細緻的論述，可能導致一種學術思想被簡單地、甚至標籤式、口號式地傳播；另一方面，對名人和媒體熟臉孔的聚焦，也會導致部分知識分子的觀點被放大。因此，就傳媒表現來指出中國大陸自由主義偏差的任務是艱難、難免有漏洞的；大陸自由主義內部，畢竟並非如大眾傳播所呈現的那樣鐵板一塊。譬如，秦暉始終希望能夠提醒自由主義學者重視社會平等的取向，而張千帆等憲法學者則參與反性別歧視行動，崔衛平則更具有人文視野，她(幾乎是媒體上可見的自由主義學者中唯一的)對中國本土的性別文化與等級制的糾纏有很深的洞見。

但無論如何，中國大陸自由主義確實表現出了他們的傾向性，這種傾向性在大眾傳播中更加明確、影響更加深遠。我常常疑惑：

爲什麼中國大陸的自由主義者，會認爲人權概念應該優先於女權，甚至消解女權的必要性？爲什麼他們都相對鄙薄(經濟與社會層面的)平等的價值、認爲自由和平等相衝突而不能兼顧(慣常說法是平等傷害自由，「走向奴役之路」)？爲什麼中國大陸的自由主義者無法理解性別人權議題，並且時時站在性別平權的反面？

我試圖從以下幾個方面來解答這些問題：西方自由主義理論與女權主義理論之間原本存在的緊張，在自由主義被中國知識分子「拿來」的過程中被照單全收；在中國後社會主義階段的劇烈歷史變遷中，中國男性知識精英成爲受益者，卻缺乏對自身社會位置的敏感和性別特權的自省；與此相關地，中國大陸自由主義者在特殊的政治經濟環境下，固執於特定的階級認同和精英思維，對於社會經濟平等議題有意迴避，甚至將其視爲不成功的社會主義實驗的一部分或與之對立的左派陣營的主張，因此平等議題，尤其是階級與性別議題，受到了自由主義的排斥。但與此同時，中國女權主義發展也存在自身的問題——例如與國家之間的合作大於問責，女權議題和其他社會運動普遍表現出的非政治化傾向，以及缺乏與其他社會思潮的理論對話與批判，在在都造成了自由主義與女權主義的疏離。

「人權」與「女權」

我本人與從事性別研究或是女權運動的朋友們有著高度雷同的經驗，就是不止一次面對自由派友人——多是學者和媒體人的質問：「人權就夠了，爲什麼還要主張女權？」「沒有人權，怎麼會有女權？要爭取女權必須在有了人權以後。」「中國的女權已經走過頭了。」

這些質問隱含了兩個問題。一，中國的自由主義者，對於人權的理解有偏，僅僅將人權視爲一種抽象的、原則性的，通常是指民主政治前提下的「均質的」政治權利；他們並沒有把人權視爲針對個人克服各種社會壓迫與歧視而進行生活各種運作(functionings)的能力(capabilities)[4]所提供的保障，而由於每個人身處的先天條件和社會結構並不一樣，所以人權所提供的保障必須因人、因處境及需要不同而呈現多樣的內容。二，更糟糕的可能是，在很多人的心目中，「人」的想像仍然停留於古典自由主義的有產階級男性假設，女權被視爲不屬於公共領域的私人和「特殊」的議題(正如麥金儂喜歡說的：「女人」尚無法用來稱呼一種作爲人的方式[5])，在現階段缺乏重要性，或至少是在實現了政治民主化之後的「第二階段」的議題。至於女權過頭論，我會在後面詳談。

女權主義與自由主義之間的緊張，並不是中國的獨特現象。爲什麼自由主義的理論概念一方面可以用來爲性別平等辯護，一方面又往往用來反對女權，女性主義政治哲學家從基本理論概念到方法論，已經提出了很多批判。

儘管內部有著複雜的辯論，自由主義的基本原則大致是：理性和自利的個人；自治的個體和個人主義；個人自由和私權的保障；平等與社會正義。女權主義的很多訴求，都和自由主義的兩項基本價值——個人自主與平等——分不開。而自由主義的基本制度設計，在歷史上，也是大大提升了兩性平等(如基本權利、政治參與權、工作機會平等)的。在這個意義上，自由主義和女權主義並不是對立

4 這套觀點稱為「能力取徑」，由森和納斯鮑姆所合作提出和論證，並在國際發展工作和人權行動領域實踐和推行，見Martha C. Nussbaum, “Human Rights and Human Capabilities,” *Harvard Human Rights Journal*, Spring 2007, Vol. 20, p. 21.

5 “a woman” is not yet the name of a way of being human.

的；相反，不少女權主義學者都認爲自由主義的基本價值對於女權主義非常重要，或者說自由主義與女權主義共用某些基本的原則，尤其是個人作爲平等與自由的存在，必須從生而由之的等級束縛中解脫的願景[6]。

不過，女權主義者不約而同地指出自由主義理論尙存的諸多不足之處，並在與自由主義思想家的辯論中，幫助其完善和深化了自由主義的思想體系。

首先是，自由主義將社會生活截然二分爲公、私領域，前者包括政治生活與市場，後者包括私人關係與家庭；前者是男性主導的領域，而後者是個人社會化同時也是性別化的學校、婦女受到父權壓迫的場所，並且家庭領域的性別分工直接影響到婦女投入社會工作的「能力」。這時候，自由主義無意挑戰私領域中的不平等，實際上是它與性別等級制度言和的一種方式；從而婦女所面臨的壓迫和屈從地位，被排除在政治領域的考量之外[7]。這種二元對立導致了的對婦女權利和家庭領域正義的排除，正是女權運動要反對的目標。女權運動第二波「個人的就是政治的」、「性政治」呼求出現，是女權主義對自由主義公／私二分邏輯的集中反思。

再如對古典自由主義理論的理性、自利的人的假設，其實架空了人們的行爲難以脫離的社會結構。如施瓦茲曼認爲，自由主義理論的抽象化，遮蔽了特殊的社會結構所造成的權力、財富的不平等；

6 Carole Pateman, "Feminist critiques of the public/private dichotomy," In Carole Pateman, *The Disorder of Women: Democracy, Feminism and Political Theory* (Cambridge: Polity, 1989), p. 118.

7 見上引 Carole Pateman, "Feminist critiques of the public/private dichotomy"一文。Susan Moller Okin, *Justice, Gender, and The Family* (New York: Basic Books, 1989), p. 111.

自由主義的個人主義，更傾向於將個人視爲獨立的、自主的選擇者，而不是存在著壓迫與被壓迫關係的群體成員[8]。奧金表示，這個抽象的假設對於性別隔離的現實中人們的真實情況沒有說明力；男尊女卑的性別制度的社會化過程和角色期待，通常讓婦女更傾向於不主張自己的公平的份額，更傾向於將其家庭成員的需要列爲考慮的優先選項；甚至爲了家庭承諾而改變自己的整個生命過程[9]。

此外，麥金儂指出，相對於爲被壓迫的弱勢群體贏得平等，權利的效應更多是維護現存的權力結構。「那些對他人擁有權力的人常把他們的權力叫『權利』。」[10]社會變化、政策調整會侵蝕重要的「權利」，往往是既得利益者的典型說辭。

以上儘管是國外學者的討論，但基本上也說明了在中國自由主義與女權主義之間的疏離。公私領域二元論，很好地解釋了爲什麼很多婦女權利相關的議題如家暴與婚內強姦，很少受到自由主義知識分子的關注(最近性別學者方剛召喚微博的男性名人參與推動反家暴立法，卻無一人參與，即是一個例證)；與此相關的，性別不平等被當成一種合理的差異，藉口「差異」與「多元」，爲機會的不平等進行辯護。此外，在網路空間主要由男性學者發起反對計劃生育政策的議題，只強調在捍衛家庭的私權的前提下，反對國家暴力，要求將生育權還給家庭(而非婦女)，卻不討論婦女在父權家庭壓力下被迫多次生產以求男胎的現象，並且還直接從美國引進了反墮胎議題，企圖以胎兒人權的名義，干涉婦女的自由選擇權。自由主義

---

8 Lisa H. Schwartzman, *Challenging Liberalism: Feminism as Political Critique* (University Park, PA.: Pennsylvania State University Press, 2006), p. 15.

9 上引Okin書, p. 32.

10 轉引自上引Schwartzman書, p. 15.

論述對於僅在政治權利上平等的「自由人」之間仍然存在的權力關係習焉不察，於是，職場性騷擾和性侵害議題並沒有被當作一個權利議題來討論，因為以自由主義的眼光來看，在沒有暴力脅迫的前提下，人們是有自由意志的，那些受害的女性是因為「自身的原因」而招致惡果。

男性知識分子：缺乏自省的性別紅利受益者

正義在家庭、工作場所這些不透明的場所止步，以「私領域」和「企業自主管理」為口實壓制婦女人權，也許如納斯鮑姆所言，並非自由主義本身的問題，而是某些自由主義思想家沒有將自由主義理論思考貫徹到底的結果——他們在這些領域事實上不夠「個人主義」，而是將一些集體或者機構的整合與和諧視為高於某些個體的權利，沒有追問其中每一個個體的權利實現狀況如何。譬如，關於家庭，自由主義思想家沒能如此追問，納斯鮑姆的推論是，也許他們關注的是男性的自治與自由，希望在這些領域給男性留出足夠的餘地[11]。

因此，除了學理層面原因，男性知識分子整體缺乏對男性精英性別特權的自我反省，可能是自由主義對女權議題表現疏離和反動的主要原因。不過，必須強調，在中國大陸，**對女權不友善，對中國婦女解放的歷史真相不了解也沒興趣了解，是中國當下新左、自由主義和文化保守主義幾種思潮共同的特色**。

中國的市場化改革，尤其是1990年代以後，如果從所帶來的社

11 Martha C. Nussbaum, *Sex and Social Justice* (New York: Oxford University Press, 1999), p. 65.

會性別影響評估，是一種資本主義父權統治形式的復興。在市場經濟的發展過程中，國家以避免「單位辦社會」的效率理由，大舉撤出社會福利領域(如單位食堂、托兒所、幼稚園紛紛停辦，但主要集中於企業，政府機構仍然保持這些福利)，對婦女的影響極爲不利。一方面是國企改制帶來女工爲主體的失業問題，另一方面是缺乏權益保障的年輕未婚女工占據沿海工業區流水線七成比例。在這個過程中，勞動重新被性別化(已婚留守婦女支撐的農業和農村社區；流水線生產和商業、服務業使大量性別崗位出現)；另一方面，則是市場所需要的消費主義話語興起，成爲對女性傳統家庭角色扮演、身體形象追求上的「女人味兒」性別話語的強大載體，形成強大的規訓力量[12]。

市場確實也使個人權利和私人生活領域重新有了正當性，但另一方面，在國家女權主義框架下婦女問題是有公共性的(雖然被當成階級解放的一部分)，在改革之後則被重新打回私領域。城市女工下崗，農村婦女失地，婦女政治參與不足，職場歧視、勞動權受損和性騷擾越演越烈，熟人性侵害和家暴懲治不力，對於婦女而言，這些問題既是個人困境，也是需要政治解決的結構性問題。

可是，這些政治問題在大多數關心公共議題的男性知識分子那裡是看不見的；他們更傾向於認爲中國女權「過頭」——超前，或者淩駕於男性。中國的知識分子階層，儘管一部分在政治上受到打壓，但進入1990年代，隨著國家進一步將教育、醫療等公共福利體系市場化，1980年代曾經出現的「腦體倒掛」迅速變成了「知識改變命運」的中國夢。比起工農階級，知識分子在經濟改革中受益更多。在一個性別歧視仍然嚴重的社會，當女性相對被剝奪，男性知

12 美國二戰後有類似現象，參見貝蒂・弗里丹，《女性的奧秘》。

識分子就成爲重新性別化的勞動和私人領域的受益者。

當然，勞動和私人領域的重新性別化過程不是自然而然產生的。在對國家舊有體制提出批判的同時，男性知識分子唯一不曾批判的，是自己在其中分享紅利的性別制度；事實上，他們認爲性別紅利還太少，並歸因於社會主義階段的婦女解放，認爲那應該作爲失敗的社會主義實驗的一部分，予以徹底拋棄。1994年，中國社會學界最重要的學術刊物《社會學研究》刊出社會學家鄭也夫的文章〈男女平等的社會學反思〉，認爲中國的婦女解放，是國家以「一種強大的行政力量，通過扶助弱者壓制強者，干擾破壞著家庭中強者和弱者的正常分工。甚至使得弱者誤以爲自己不弱，強者喪失了應有的自信心」。他認爲，男女平等是一種犧牲效率來照顧公平的做法，男女同工同酬「是荒誕的平均主義原則」；「政治推動的中國婦女解放」，「使中國『失去了』男子漢」，「也使中國失去了自己的女性」，並導致中國「混亂無序」[13]。

值得注意的是，彼時鄭也夫提出「平等是權利，而不是結果」，社會在女子的態度應該是「上不封頂，下不保底」，也就是對其成就「不施以人爲的壓制」，「也不施以人爲的扶持」；這不啻是說，不可以通過制度保障實質平等。這其實是中國式自由主義思想的共識——如劉軍寧就說：「自由主義對平等的理想既十分同情，又十分警惕。它信奉的是權利的平等，不是結果的平等。」[14]而在鄭文引起的社會學界大討論中，另一位社會學家孫立平則主張，解決中國當時就業問題代價最小的手段，是讓占據工作崗位的婦女回家。

13 鄭也夫，〈男女平等的社會學思考〉，《社會學研究》，1994年第2期。

14 劉軍寧，〈平等的理想，精英的現實〉，參見http://blog.boxun.com/hero/liujn/51_1.shtml。

當時，「效率與公平」是討論經濟改革的熱門詞彙。犧牲對女性的公平，來成全市場化改革條件下的「社會的效率」，在男性知識分子中很有代表性。

這樣的「自由」論述，是對公有制時期縮小階級和性別等級實踐的反彈和顛覆。原有的制度固然缺乏資本的效率，但是爲了恢復「效率」，卻完全不惜犧牲作爲「她者」的女性已經取得的職業空間和社會地位(這對於女性來說，既是平等，也是自由)——在這兒，自由主義成爲一部分人「增加自己紅利」的輿論武器，被用來擴大市場經濟時期的性別等級。

沒有跡象表明關注制度問題的男性知識分子，在性別等級擴大問題上比1994年有多少進步。如果仔細梳理主要自由主義知識分子的文章，關於女性權益、性別公正的文章幾乎沒有，而對婦女解放、性別人權卻誤解甚多。從一些隻言片語，大致可以了解男性知識分子對性別議題的態度。如，甘陽曾提到性別、種族、同性戀和酷兒理論，都是「雞毛蒜皮」；秋風也曾提到過跨性別議題是西方人設定的議題(儘管中國跨性別群體真實存在，並且相關的民間行動已經成規模)[15]。自由派專欄作家許知遠曾在一篇隨筆裡如此提到中國婦女解放：「在上個世紀的後半葉……生硬的女權主義者拚命擠壓著女人身上的芬芳的汁液，把她們變得勇敢卻乾燥起來，她們錯誤地把男性化的行爲與傾向理解成堅強。」他也在一個青年研習營任導師時，明確表示不喜歡女權主義對男權文化的批判，原因是不欣賞所謂「受害者心態」。這顯然是源自於對中國婦運歷史的反感。這段歷史導致了大批婦女獲得平等就學就業機會，在眾多領域成爲挑

15 宋少鵬，〈文化民族主義的儒學復興對中國女性主義的挑戰〉。作者分享。

戰男性精英壟斷權的社會力量[16]，因此成爲當代男性精英焦慮的源頭之一。

如果說專門著文談性別，我所看到的只有兩位自由主義男性知識分子。一位是最近轉型爲國家—民族主義者的摩羅，2007年曾經在《南方週末》文化版發表長文，批評中國的婦女解放傷害了婦女的「母性」；同樣地，他對婦女運動字裡行間充滿怨氣，認爲「也許近代以來的婦女解放運動是導致這種(母性)倒退的重要原因」。無獨有偶，秋風也在報紙撰文，建言育嬰假，不過他強調：「做到這一點的關鍵是打破現代迷信，女性的第一角色不是勞動力，而是女性、母親。」這些男性知識分子對女性社會角色的理解是本質論的；他們除了「保護母性」之外，對中國女性面對的歧視全然無感，並且對她們應該擁有與男子平等的權利和機會全然漠視。早在一百多年前，小彌爾就曾經斷言，將一切奴役、統治的關係，包括性別不平等，歸咎於「自然」與「人性」，是既得利益者捍衛其利益的通用藉口[17]。但遺憾的是，古典理論家對性別平等的關切並未被中國的自由主義者重視。希望將婦女群體固定到本質化的家庭角色上

16 當美國物理學專業的女大學生比例從1978年的9%上升到1999年的21%的時候，中國大學物理學專業的女性比例卻在下降。中國科學院物理所研究員吳令安教授發現，北京大學物理系1950年代女生的平均比例為12.7%，1960年代為20.2%，1970年代末曾達到39.5%。但是1980年代以後，這個比例開始下滑，從15.9%跌到目前的9%。南京大學物理系女大學生的比例，也已從1970年代末的37%下降到現在的8%。見楊健翔，〈物理學為何不再吸引女性？〉，中國特稿社，人民網網址：http://www.people.com.cn/BIG5/kejiao/42/155/20020204/662079.html。上網時間：2002年2月04日09點57分。

17 沃斯通克拉夫特，穆勒著；王蓁，汪溪譯，《女權辯護；婦女的屈從地位》(台北：臺灣商務印書館，1996)，頁265。

的秋風和摩羅，事實上都告別了自由主義，而更多的大陸自由主義學者，對性別議題不置一詞，或者如小彌爾批判的那樣，將性別差異造成的權利不平等自然化。這似乎確實印證了女權主義圈子的朋友們的老生常談：「對性別議題的態度，能夠檢驗一個人是否是真正的自由主義者。」

「中國特色的自由主義」

前述的自由主義面對差異的短板，中國自由主義照單全收。然而，如前文所述，女權主義與自由主義本身又有親和的一面，自由主義政治實踐在歷史上對女性和其他弱勢群體起到了擴權作用，正如奧金所說，自由主義對等級制的拒絕和強調個體自由與平等，對於女權主義是至關重要的[18]。此外奧金也強調羅爾斯的正義理論為女權主義對自由主義的批評設置了一些概念工具，如「原初狀態(original position)」。總之，自由主義的新發展，有利於接納女權主義的批判，或者嫁接女權主義的價值與方法論，進行更加多元化的修正——羅爾斯《作為公平的正義》即是這種修正的努力。

自由主義理論家中，與女權主義有著較多「重疊共識」或者至少是對話基礎的，首推德沃金和羅爾斯兩位。然而，這兩位因為其對實質平等的強調，卻基本上被排除出(大眾傳播的)中國自由主義主流的視野。雖然中國自由主義內部也存在多元分野，如秦暉就力圖調和左右立場形成共識；但通過新興市場化媒體和網路傳播的自由主義理念，仍然較集中於自由至上主義。

18 Susan Moller Okin, “Justice and Gender: An Unfinished Debate,” *Fordham Law Review*, Vol. 72, Issue 5, 2004.

我認爲秋風[19]所描述的中國政治自由主義與經濟自由主義互爲表裡，至少在1990年代是事實。政治與經濟自由主義都推崇個人自由、自由市場和法治等原則，這也是政治自由主義在1990年代在一定程度上得以自由傳播的原因。「有中國特色的社會主義」強調左和右的風險都在，但主要是反左。因此，當自由主義者在媒體上反思烏托邦、反思文革和法國大革命，仍然能夠有一定言論空間；以反思文革、平均主義、極權主義爲起點的「有中國特色的自由主義」的傳播，在備用西方理論的過程中，重點不免集中在個人自由和警惕利維坦，將平等、社會福利視爲不成功的共產主義實驗的產物，予以迴避。

譬如，任劍濤認爲[20]，不能因爲新自由主義[21]強調社會公正，兼顧自由與平等的價值，更容易回應中國的政治現實，或者更接近知識分子的道德理想，便加以採納。他從西方先自由、後公正的「歷史一邏輯次序」，推斷中國也必須在有了自由權利的基本制度保

19 姚中秋，〈中國自由主義二十年的頹勢〉，《二十一世紀雙月刊》，2011年8月號，總第126期。

20 任劍濤，〈在古典自由主義與新自由主義之間：當代中國自由主義的理論定位問題〉。http://www.aisixiang.com/data/7137.html?page=1。上網時間：2005年6月15日。

21 任劍濤用「新自由主義」一詞，指的是以羅爾斯、德沃金等人為代表的「平等主義的自由主義」(egalitarian liberalism)或稱「左派自由主義」。這一詞很容易跟當前常見的「新自由主義」(neo-liberalism)混淆，請讀者注意分辨。其實，強調平等的「新自由主義」在歷史上早已存在，指的是19世紀後半到20世紀初期由格林(T.H. Green)等人所開啟的政治思潮，著重社會權利與社會議題，抨擊放任資本主義的種種流弊，奠定了20世紀福利國家的理論基礎。今天新左派很喜歡批評neo-liberalism，卻不理會new liberalism，可能也是因為他們忽視了自由主義的歷史發展。

障——自由民主憲政——之後，才能繼續考慮公正的價值。這也能解釋，爲何「有了人權才會有女權」(在這一點上，這些自由主義者同男權共產主義者如出一轍：「先有階級的解放然後才有婦女的解放」是男權共產黨人的經典論點)。而劉軍寧的美國式保守主義立場更是爲人熟知。他最近直言周保松推崇羅爾斯正義理論、批判市場對自由產生妨礙，不是「正宗」的自由主義者，而筆者也曾耳聞一些自由派媒體人認爲羅爾斯「不是自由主義者,而是社會主義者」(在中國一些自由派那裡，社會主義似乎已經成爲一個汙名的標籤，或不假思索一定要從社會政治藍圖中排除的選項)。

1990年代末的自由主義和新「左」派[22]辯論中，自由主義被自己的敵人塑造的特點更加明顯，成爲相對應的「有中國特色的自由主義」。到現在爲止，他們中間的一些人仍然認爲平等和社會福利是「左派」禁臠[23]。他們相信存在著一個純粹的、在資源配置上幾乎無所不能的「自由市場」，對社會公正的訴求充滿警惕與懷疑，唯恐帶來共產主義和極權政治的復辟，卻不能理解，在威權國家一手締造的既缺乏獨立性又缺乏足夠社會規制力量的中國式市場經濟下，社會公正不僅對於每個個體是有意義的，並且是國家順利走向民主化的根基。

此外，中國大陸自由主義的精英色彩十分濃厚，劉軍寧和任劍濤在最近的討論中都再次強調了政治、經濟精英的作用。譬如，劉軍寧認爲，「自由主義的現實可行性，取決於知識精英和商業精英的結合，而且這種結合必須是雙方內在需求的結合，形成了須臾不

22 我同意中國新左派更接近國家主義而非自由左派的看法。

23 但是徐友漁跟朱學勤數次表示，最早提出社會正義問題的乃是自由主義者。參見徐友漁，〈我親歷的「自由主義—新左派」之爭——回顧、感想與心路歷程〉，《天涯》，2012年第5期。

可分離的關係。」讓劉軍寧感到沮喪的是，「這樣的關係在目前的中國還遠遠沒有形成，現在企業家首先考慮的是和政府的關係，其次是財產的安全，再就是如何和政府繼續度蜜月。」[24]

也許是來自1949年以後知識分子被收編和迫害歷史的寒蟬效應，儘管企業家群體熱衷於與權力結合讓他們失望，中國的自由主義者仍然堅持階級認同：他們假設了新興的資產階級必然成爲社會變革的關鍵力量。雖然比較政治研究證實了這並非普世的歷史規律，如Rueschemeyer等人在《資本主義發展與民主》一書提出的，資產階級與地主階級通常支持威權統治者，甚至反對民主化；而被支配階級聯盟的發展和動員促成了民主化。看起來，中國大陸的自由主義者對於政治變革的觀點，似乎是要爲了理論的純粹性和邏輯的統一，必須捨棄現代自由主義對現代社會更爲貼切的論述，而回到民主的老作坊裡，只是爲了建造一個「純正古法工藝」的西方式民主國家。

既然將社會變革的希望寄託於精英之間的合作互動，就可以理解爲什麼自由主義知識分子只刻板地從政治自由角度思考當下問題，而忽略其他非男性精英群體面對的困境的多重原因——階級、性別、種族和文化認同，也忽視解決問題所需要的綜合手段和多元的社會力量。

政治經濟精英主導和統治的社會改革藍圖，不考慮公正的自由民主，迴避福利的有限國家，是否是資產階級之外的中國人的願景？這個藍圖對相對弱勢的群體是有排斥性的；對於堅持女權主義

24 榮劍，「中國自由主義『第三波』——思想聚會之四」。http://www.21ccom.net/articles/sxwh/shsc/article_2012111571062.html。上網時間:2012年11月15日 9點23分。

立場的人，它顯然不是一個理想的答案。女性在性別等級制度中的屈從地位，注定她們與同階級的男性處於不同的競爭起點，無法從「純粹自由市場」中得到平等機會；女性承擔絕大部分勞動力和人的(免費的)再生產工作，必然使她們有更加迫切的社會福利需求。並且，女權主義認爲父權壓迫是通過不同的壓迫力量——如政權、階級、種族和性別壓迫的交疊——而實施並且合理化，對等級制的不再追問和階級利益上的保守，意味著這樣的改革方案並非訴諸於所有人的解放，而仍爲特權留出空間；無論是作爲社會運動還是理論研究，女權主義都強調個體的意識覺悟，強調主體性和賦權，也就是說，強調每一個公民廣義的政治參與。在這個意義上，排他的精英民主本身意味著非民主。

常見的一種說法是，現在公民維權行動領域的行動者，都在踐行自由主義的理念。自由主義學者在大眾傳播上的努力，確實啓蒙了公眾；在公民行動領域的行動者，與自由主義有著重疊共識：希望有一個問責的政府，有著不受國家支配的、社會力發揮作用的公共空間，以及法治體系。然而，這些維權實踐背後的理論脈絡非常多元，工、農和女權主義運動涉及的馬克思主義思想資源，公平貿易、社區合作經濟和環保運動的反資本主義全球化傾向，都超過大陸自由主義知識分子論述的範圍；並且這些運動本身的理念和形式，都強調公民參與而不是精英治理。中國當代自由主義學者也許應該針對公民行動，尋找真實存在的社會變革力量，並從她們的實踐中形成本土政治理論思考。

「中國特色的女權主義」

中國民間女權主義的重新出發，跟1995年世婦會以及非政府組織論壇在北京召開有直接關係。爲了應對非政府組織論壇，官方催生或容忍了一批民間婦女組織，這次會議也帶來中國當代NGO的濫觴。世婦會的檔次以及相關交流機會，促進了跨國女權主義理論在中國的傳播。一方面，以福特基金會爲主的國際基金會資助在中國的高校學科體系中設置性別學程；另一方面，無論是婦聯系統，還是新生的婦女NGO，都受到國際資金和跨國女權主義理論的影響。

中國官方對於國際人權框架和NGO國際參與的態度，第四次世婦會是一個轉折點。中國官方發現，非政府組織論壇最後並未導致國際社會對中國人權問題的責難，反而是反對西方霸權的一個平臺。因此，女權主義和NGO的發展，是國家與國際社會基於策略的講和[25]。從此之後，中國的NGO主要是利用國際法框架，逐漸擴展自己的活動空間。在女權行動領域，主要是利用中國在1980年簽署的《消除對婦女一切歧視公約》的聯合國審查機制，與官方的婦聯系統合作，在不同領域增進婦女的權利。

《消歧公約》訴求實質平等，並要求國家承擔消除歧視的責任。無論是關於國家消歧責任，還是基於平等與人權的行動方案，大多來自國外的當代自由主義和女權主義學者的論述；也就是說，當代女權主義行動的思想資源主要來自於當代自由主義，卻不被中國大陸自由主義者認可和重視，這是值得警覺的弔詭，也暗示了中國自由主義與國外自由主義思潮之間的落差。遺憾的是，即便是《零八憲章》，也並沒有明列國家反歧視責任條款。

另一方面，除了自由主義的主軸，中國的女權主義的行動領域

25 見Wang Zheng, "Historical Turning Point for the Women's Movement in China," *SIGNS*, Autumn 1996.文章描述了世婦會前後中國政府對於NGO的態度搖擺過程，世婦會NGO論壇的反美帝國主義傾向減少了中國政府對「非政府組織」的顧慮。

也呈現了多元態勢——既有政策宣導和立法遊說，也有針對基層婦女的各類經濟賦權和社區參與項目，還有媒體和文化領域的創新改造，以及獨立發展的跨性別運動。這種多元共存的生態，導致了女權主義理論的不同流派——社會主義女權主義、第三世界女權主義和同女女權主義[26]等在中國的共時性——也就是說，在中國大陸以外產生在不同歷史階段和地域範圍的女權主義行動和理念，在中國被同時存在、但側重點不同的女權運動仿效和在地化。對於女權主義希望爭取的這種包括政治、經濟和文化權利在內的「複合的人權」，大陸自由主義的論述與之鮮有交集。

中共是中國歷史上第一個對婦女解放問題發表黨內決議文的黨派，男女平等是中共的政治正當性基礎之一。加上政府對國際社會有著促進人權和消除歧視的承諾(實際效果如何是另一回事)，中國女權主義行動對政府以合作爲主問責爲輔(或者說以合作取代問責；除了去年剛剛興起的「青年女權主義行動者」的一系列問責與針對大眾的倡導行動)。這是目前政治架構下的策略——「在朝」比「在野」的政治力量更有動力維護性別平等。一方面高層次、全國性的政策、立法倡導項目都要嵌入國家的政策和官方意識型態，並主要由婦聯組織出面，在婦聯系統、國家控制的學院體制外的女權

26 社會主義女權主義是泛指19世紀初葉以來，主張婦女解放必須通過社會、政治與經濟結構的全面性社會改造才能實現的女權主義思潮。第三世界女權主義是形成於1970年代的，第三世界的女權主義者批判父權制和第一世界女權主義雙重霸權而產生的女權思潮，其核心理念是認為性別壓迫是與其他壓迫形式如階級、種族、民族和國家間的不平等渾然一體。而同女女權主義則產生於1970年代末和1980年代初，這一女權流派對主流女權主義理論對於異性戀霸權的盲視提出批評，並認為異性戀霸權是父權制的重要支架。同女女權主義對主流女權運動和同性戀運動都有著分離傾向。

主義者非常少；另一方面體制外的女權主義者在目前基層社區受控於政府的情形下，仍然要依賴婦聯的組織體系，去進行各種基層婦女經濟賦權、社區政治參與和法律維權等項目。

因此，中國女權運動儘量避免政治化，女權主義學者在體制內尋求最大限度的改善，在對既往體制資源進行梳理和批判的前提下，尋求與政府之間的安全的合作；體制內主要的追求婦女權利的手段，是「提高領導幹部的意識」。體制內的女權學者無法提出與體制不同調的制度設想，女權運動並沒有系統的理論和制度論述，因此，從政治哲學高度上與其他社會政治思潮對話的非常稀少。當然，這種與政府既有協商、又有緊張的「嵌入式行動主義」，也是當代中國社會運動的共同特點[27]。

女權主義本身及其與國家關係的複雜性，性別平等政策和立法倡導項目運作過於「國家化」，動員群眾不足，是全社會包括自由主義社群對其不了解的原因。

中國女權主義目前面對的兩難，一邊是選擇與國家合作——這意味著國際法架構的保障，但由於缺乏對政府的有效問責途徑，並且不被允許動員草根力量而僅充當國家回應國際社會要求的助手，各種女權行動僅僅停留於「項目」層面，無力促成婦聯和政府系統中的社會性別主流化，工作效率不彰，且缺乏機制保障；另一邊是訴求政治改革，依託政治自由和法治框架提供的機會，來實現女權議程。不過，這並不是目前的中國婦運的選擇：政策法律倡導者希望與政府取得互信；部分持社會主義傾向的女權學者和參與第三世

27 參見Peter Ho and Richards Edmonds, *China's Embedded Activism: Opportunities and Constraints of a Social Movement* (Routledge, 2008).

界國際行動者對西方霸權疑慮重重；草根NGO只希望夾縫求存，中國主流的自由主義話語，對處於階級、性別和民族交叉不利地位的她們遺忘最多。

制度問題是難以迴避的。對社會缺乏回應性的政府和婦聯組織難以被民間女權行動改變，甚至婦聯系統本身仍然缺乏將女性作爲主體而非「幫扶對象」的意識，工作理念和手法反而強化男權觀念；而法治和基本政治自由的缺乏，也讓女權主義備受掣肘。這類事件不勝枚舉。如馬小朵在北京城郊的流動婦女社區服務機構在奧運前後不得不停止工作；又如艾曉明教授出於關注女村民政治參與的初衷進入廣州郊區的太石村，最後卻成爲這一村民自治運動中最後一名被歹徒暴力威脅和驅逐的歷史記錄者；再如女權律師介入上訪者李蕊蕊被非法拘押訪民的黑監獄看守強姦案，卻帶來她們的婦女法律援助機構本身的合法性危機。這些女權行動者的故事表明，一旦跨越「幫忙」而涉嫌「添亂」，進入賣血感染艾滋、計劃生育野蠻執法、基層民主或者訪民等政治敏感的議題，婦女權利訴求在官方就失去了合法性。如果要將性別平權的原則一以貫之，那麼不可能不考慮國家民主化的問題。

一百年前，中國(男)人在一種「亡國奴」的焦慮狀態中，在自卑與自強的交織中以西方爲師，並且強烈批判傳統父權文化，這使得女權可能成爲西方先進性的一部分被接納，成爲中國現代性的一部分。男女平權曾經是大多數辛亥到五四一代政治家和思想家至少在檯面上對於「建國問題」的共識；女權主義者也積極地參與各種國家論述，提出無政府主義、自由主義和社會主義等不同的政治方案。

而在今天，儘管民間女權運動的國際法框架、相關論述以及訴諸於政策法律倡導的行動取向，主要是憑藉自由主義女權主義，但幾乎從未得到國內自由主義者的支持；相反，希望政治進步和改革的自由主義陣營，將性別問題排斥於「建國問題」之外，曖昧地維持現狀，甚至支援傳統父權的復辟。這種狀況的延續，意味著中國自由主義者對一半人口的平等權利主張懸置——這樣的一種自由主義，對於中國到底有什麼意義？反過來，女權主義應該發展出怎樣的一種政治論述，來對「中國特色的自由主義」的不足進行批判？

在中國當下的脈絡中，女權主義和社會運動，以及自由主義之間，需要更多的對話和辯論。權利、平等與自由的理念、民主憲政的願景，並不是自由主義的壟斷。如果中國的自由主義仍然固執他們的父權、異性戀中心和親資本的階級立場，那麼他們可能失去很多有行動能力的同盟者，更重要的是，失去一種對更合理、更多元和豐富的中國社會的想像。

李思磐，本名李軍，澳門大學社會學系博士生，曾任職調查記者多年，同時從事女權主義普及推廣和婦女權益維護工作。

女性主義vs.多元文化論？
——反思兩者間的「緊張關係」

范芯華

如果一個自由社會裡的少數文化族群有嚴重傷害或歧視其女性成員的制度或者行為，當這樣的文化族群主張或要求特殊的族群權利(如文化權、自決權、自治權等)以維持文化族群的生存時，這種族群權利的主張或要求是道德上可以接受的嗎？自由社會理應重視社會成員的個人自由與權利是否得到保障，這包括社會內部的少數文化族群的成員。然而，如果這個少數文化族群的性別歧視行為嚴重侵害族群內部女性成員的自由與權利，這族群能否主張或要求特殊族群權，以維持文化族群的生存？女權與少數文化生存權何者較重要？女性主義與多元文化論之間是否存在緊張關係？

上面敘述的問題，正是某些西方國家曾面臨或正在面臨的問題。例如，在法國境內的阿拉伯、非洲移民實行一夫多妻制，此行為卻與法國主流社會的性別平等標準相衝突。當移民群體主張或要求特殊族群權利以維護自身文化在主流社會中的生存時，主流社會能否以一夫多妻制嚴重歧視女性為理由，而不承認或拒絕給予移民群體少數文化族群權？類似的例子還有英國一些移民社群中的強迫婚姻、童婚、一夫多妻、女性割禮(female circumcision)、以及歧視女性的離婚習俗；美國境內的移民犯罪者，也曾經以文化為理由為自己的罪刑(性侵害、童婚、殺妻等等)做辯護；……。種種以文化爲名的行爲實質地傷害到了女性，如此的文化是否值得保護？

多元文化論者對少數文化族群權的回應基本上是肯定的。加拿大籍的知名政治哲學家、多元文化論者秦立克就認爲，自由社會裡的少數文化族群權應該被保護。秦立克的理由是，少數族群有自己的社會文化，這社會文化提供給其成員有意義的生活方式，這涉及生活的各個面向。這社會文化對成員的生命、生活很重要，因爲它不但提供個體成員有意義的目標選項，而且給個體成員一個脈絡，讓他們在當中發展出進行生活選擇的能力，從而個體成員才能獲得自由與自尊。由於處在主流社會裡的少數文化面對滅絕的危險，例如被主流文化同化、壓制、迫害等等，少數文化成員的自由與自尊也因而會受到傷害，少數文化族群終究應該以特殊權利的形式受到保護[1]。

儘管秦立克認爲少數文化族群權應被保護，但他仍爲此原則設下條件。他認爲只有內部自由的少數文化族群才能擁有特殊族群權利，也就是說，只有當族群內部成員的基本自由不被侵害時(這包括不能因性別而受到歧視、傷害)，特殊族群權才能成立[2]。這個條件或但書的設立看來是必要的，因爲如此才能使秦立克以個人自由爲基礎的多元文化論述始終一致。

對本文開頭提出的問題，秦立克似乎做了不錯的回答。他給了我們很好的理由去接受多元文化論關於少數文化族群權的主張，但同時他也並不忽視文化族群可能對女性的自由與權益有所侵害的狀況，相較於少數文化的特殊族群權，女權在他的理論中似乎被放在

1 Will Kymlicka, *Liberalism, Community, and Culture* (New York: Oxford University Press, 1991), pp.162-181.

2 Ibid., pp. 168-172, 195-198.

較爲優先的位置。儘管如此，自由主義的女性主義者歐肯卻仍然有所質疑。

對歐肯來說，在某些少數文化族群內的女性雖然擁有基本的公民與政治自由，但在私領域卻沒有男性所擁有的自由，如此女性的選擇與福祉依然會受到影響。重點是性別歧視常常不是公然明顯的，因爲性別歧視多存在於個人生活或家庭中，是貼近私領域的[3]。所以，即使面對的是如秦立克的主張，女權與文化族群權之間仍然有緊張關係，或者，女性主義與多元文化論之間的關係仍然緊張。更重要地，歐肯認爲，「大部分的文化是父權的，而許多(雖然不是全部)宣稱或要求擁有族群權利的少數文化比起其周遭的文化是更父權的。」[4]一個文化傾向父權的程度、以及它有沒有意願想變成較不父權的，應該都是判斷族群權利能不能成立的重要因素[5]。

上述歐肯批判多元文化論的觀點乍看之下是有道理的，但筆者認爲歐肯的論述可能不全然正確。歐肯關於性別歧視多存在於私領域的說法是有說服力的，但這點事實上還不足以呈現女權／女性主義與文化族群權／多元文化論之間的緊張關係，因爲如果大部分的文化(包括多數主流文化與少數文化)都是父權的，少數文化族群對女性自由與權利的侵害，並不能說明爲什麼少數文化族群權不能成立。歐肯真正能說明女性主義與多元文化論之間有緊張關係的根據，其實是她的「許多少數文化更父權」之看法。針對這個看法，筆者抱持保留的態度，並認爲如果這個看法有問題，女權／女性主

3 Susan M. Okin, "Is Multiculturalism Bad for Women?" In J. Cohen, M. Howard, and M.C. Nussbaum (eds.), *Is Multiculturalism Bad for Women?* (Princeton, NJ: Princeton University Press, 1999), pp. 21-22.

4 Ibid., p. 17.

5 Ibid., p. 21.

義與文化族群權／多元文化論之間的緊張關係，或許就不該被強調、凸顯。

時常處於自由主義脈絡思考各種議題的台灣社會，許多人也有「某些文化更父權」的想法，特別是在看到中東、非洲、或印度女性的處境時。然而，這樣的想法可能是有問題的。這裡我們可以問一個更普遍的問題：在什麼基礎上我們可以說一個文化比另一個文化更父權？這問題的回答可能不若我們或歐肯所想的那樣明確。「更父權」或「父權的程度」之概念，事實上仍有討論的空間。底下是筆者的一些反思，主要是想藉由幾個問題的提出挑戰歐肯的認知，並釐清女性主義與多元文化論間是否真有緊張關係。

爲什麼人們會覺得少數文化或某些文化是更父權的？一種可能的原因是看見出現在這些文化社群裡的物理性暴力或身體暴力。女性割禮、以文化爲理由的罪刑如性侵害與私刑等，皆是赤裸裸的身體暴力。但這樣的暴力是否是讓這些文化社群更父權的要素，恐怕有問題。首先，大部分的文化或社會都是父權的(包括西方的文化、社會，這事實歐肯也不否認)，每個文化或社會都有不同型態的對女性的暴力，我們似乎難以在當中做比較，並指出那些行割禮或以文化爲名行性侵害、動用私刑的文化社群是更父權的。2011年底美國疾病管制中心(CDC)公布了一份研究報告，顯示有將近五分之一的美國女性曾淪爲強暴或企圖強暴的受害者(逾半數是遭到親密伴侶加害)，將近四分之一的女性遭受來自親密伴侶的嚴重肢體暴力(如被毆打、被推去撞牆)[6]。這份報告呈現出美國女性遭遇暴力攻擊的問題仍然很普遍，如此我們或歐肯能否說，比起那些行割禮或以文

6 張沛元編譯，〈兩成美國女性 曾遭性暴力〉，《自由時報》，2011.12.16。http://www.libertytimes.com.tw/2011/new/dec/16/today-int2.htm。

化爲名行性侵害、動用私刑的文化社群，美國社會或美國文化比較不父權？似乎不能。

有一種暴力的型態也不容忽視。因重男輕女觀念而來的性別篩選墮胎，對墮胎的婦女與女胎而言也都是暴力。台灣電視上就常有墮胎婦女的現身說法，由於夫家公婆給的壓力，有人因此三年內墮胎七次，造成身體長期虛弱、心理抑鬱，有人甚至因爲過大的身心壓力而罹癌。墮胎也造成許多的「失蹤女嬰」，台灣衛生署估計2010年有超過三千個女嬰被墮胎[7]。相較於那些行割禮或以文化爲名行性侵害、動用私刑的文化社群，我們能否說台灣社會或台灣文化因重男輕女觀念而來的性別篩選墮胎就較不父權？似乎也不能。

再者，除了物理性的或身體的暴力，非物理性的「暴力」也往往能給女性帶來極大的創傷與壓力，如語言暴力、精神暴力等等。重男輕女的觀念就常帶來這些非物理性的暴力。在許多社會裡，重男輕女的偏好、觀念讓身爲女兒者得不到資源或得到較少的資源(像是醫療照顧、教育、食物等)、法定權利被侵害(如被迫或自動放棄法律保障的遺產繼承權利)、需對家庭做大量的付出(金錢、照顧等)、或因長期的語言暴力與精神暴力而心理受創難以平復。如果一個社會或文化長期地在各方面皆不平等地對待身爲女兒者，儘管沒有女性割禮或沒有以文化爲名而來的性侵害與私刑，這樣的社會或文化難道就比較不父權？似乎不是如此。

最後，有個更根本的問題很值得我們在暴力這個脈絡裡思考，這是政治學者霍尼格給我們的提示：到底是什麼建構男性的暴力

---

7 〈去年疑墮掉3000女嬰 衛生署：加強稽查性別篩選〉，《今日新聞網》，2011.5.15。http://www.nownews.com/2011/05/15/91-2712641.htm。

呢？事實上文化是比父權結構更複雜的東西，到底是文化或宗教認同讓男性殘暴野蠻，還是男性的(來自文化之外因素的)殘暴性讓他們殘暴？霍尼格認爲，歐肯沒有質問以文化爲藉口是否沒有問題；她直接接受了這樣的主張，並且結論說女性主義會要求我們擺脫文化或者幫文化轉型[8]。霍尼格這裡的提問很有意義，能讓我們反思文化、父權結構、與男性暴力之間的關係。如果我們無法釐清、確定這三者彼此之間有多少關聯，我們又如何去說一個文化比另一個文化更父權？要做這個釐清與確定，現實上肯定是不容易的；這恐怕得回到各個文化或社會的脈絡去做分析。不過，現在我們至少知道文化與男性暴力未必有必然的關聯，文化也不完全等同於父權結構，我們不該太快去對不同文化之間的父權程度做比較與下判斷。

爲什麼人們會覺得少數文化或某些文化是更父權的？另一種可能的原因是人們看見這些文化社群裡有一些西方社會或一般社會少見的不尋常行爲、習慣、或實務，例如：童婚、女性割禮、女孩失學或輟學、一夫多妻制等等。針對此，我們可以有以下兩點反思。

第一，每個文化或社會的性別不平等之現象，通常與那個文化或社會的種種環境條件有關。具體地說，我們知道大部分的文化或社會是父權的，都有重男輕女的偏見，但重男輕女的偏見會因不同的文化環境、政治環境、法律環境、自然環境、經濟條件等因素而有不同的呈現。那些被人們認爲是不尋常的行爲或實踐，有可能是文化之外的種種環境條件所促成，並非單純是文化的問題。因此，如果看見某文化有不尋常的行爲或實踐就因此判斷此文化較父權，

8 Bonnie Honig, “My Culture Made Me Do It.” In J. Cohen, M. Howard, and M.C. Nussbaum (eds.), *Is Multiculturalism Bad for Women?* (Princeton, NJ: Princeton University Press, 1999), p. 36.

這樣的判斷可能過於武斷。

以非洲烏干達女孩失學或輟學之現象做例子來說明。在烏干達，雖然公營學校是免費的，但要上學仍舊得負擔制服、課本等雜費。許多鄉村地區的家長因爲付不出雜費而無法送孩子上學。這些失學、輟學的孩子中女孩的比例比男孩高，主要原因是女孩被當成負債看待，通常只被期待嫁人、照顧家庭，而這樣的角色不需要學業成就。所以，當家庭經濟有困難，女孩理所當然地成爲被犧牲的主要對象。除了貧窮，烏干達女孩輟學的原因還包括：在上學的途中遭男性騷擾、學校缺乏隱密的洗手間、被誘惑或強迫發生性行爲而懷孕早婚等等[9]。烏干達女孩的失學、輟學處境當然有文化裡的重男輕女因素，但貧窮與其他種種環境條件才是真正決定烏干達女孩如何被歧視的因素。類似的狀況也出現在許多國家，特別是貧窮，往往是讓女性的處境看來更不幸或悲慘的主因，貧窮的深度與廣度也會影響不幸或悲慘的程度與範圍。

第二，也由於任何文化、社會對女性的歧視會因不同的文化環境、政治環境、法律環境、自然環境、經濟條件等因素而有不同的呈現，在尚未深刻了解各文化、社會的內涵時，我們似乎應該避免對不熟悉的文化、社會行爲以自己的文化立場預做判斷，進而說某些文化是更父權的[10]。也就是說，不可以自己的概念、信念、背景來理解什麼是可以接受或不可以接受的文化行爲，例如關於女性割禮的判斷，應該留給實行女性割禮的文化自身[11]。

9 〈環境使然 烏干達女性好難畢業〉，《台灣立報》，2012.10.18。http://www.lihpao.com/?action-viewnews-itemid-123017

10 Honig, "My Culture Made Me Do It," pp. 37-39, p. 40.

11 Sander Gilman, "'Barbaric' Rituals?" In J. Cohen, M. Howard, and M. C. Nussbaum (eds.), *Is Multiculturalism Bad for Women?* (Princeton,

不同文化之間的文化差異的確是存在的，也有彼此相互了解的困難。這可從兩方面來看：一是想要相互了解的誠意；二是了解的方法、工具、手段等問題。這兩方面必須都滿足，才有可能讓不同文化之間的了解成爲可能。然而，想要了解少數文化或弱勢文化的誠意，通常在主流文化或所謂的霸權文化身上很難看見。即便想要相互了解的誠意存在，但了解的手段、工具、方法也很可能仍是由主流文化或霸權文化所提供，或者，了解很可能仍是在主流文化或霸權文化所設定的框架裡進行或運作。所以，不同文化之間的相互了解基本上是件困難的事。既然如此，人們其實並沒有基礎去批評他人的文化是更父權的。

綜合以上的反思與討論，我們可以歸結出一個結論：每個文化或社會有各自的父權表現形式，這與每個文化或社會內部的種種環境條件有關，我們似乎很難在不同文化或社會之間去區別父權的程度；父權的狀態基本上是個無法比較的狀態。那麼，歐肯就不該以「大多數的少數文化是更父權的」爲理由質疑或挑戰少數文化族群特殊族群權利。歐肯心目中的女性主義與多元文化論之間的緊張關係，事實上也不若歐肯所想的那樣明確。這緊張關係不該被強調、凸顯。

有人可能會問，民主、法治、與人權保障等等實際上都已被指標化並做跨社會的比較，父權狀態是否也可以被指標化並做跨社會的比較？筆者的回答是，儘管女性地位或性別平等狀況也有一些指標化的衡量[12]，但這與判斷文化或社會的父權程度仍舊是兩回事。

(續)

NJ: Princeton University Press, 1999), p. 54, pp. 57-58.

12 例如，聯合國的性別發展指數(Gender-related Development)與性別權力測度(Gender Empowerment Measure)、世界經濟論壇的性別落差指數(Gender Gap Index)、經濟合作暨發展組織的社會習俗性別各種各樣的性別指標以及統計、計算出來的數值，往往只能呈現出現象，而無法釐清文化或社會中交織一起的種種複雜面向，也因此難以用來辨識文化或社會的父權程度。民主、法治、與人權狀況之衡量有較客觀的制度依據，父權程度涉及的面向則複雜很多，指標或指數能給的訊息很有限。

雖然筆者認爲歐肯不能站在西方主流文化社會的角度，以自由主義女性主義者的姿態批判少數文化族群權，「女權vs.文化族群生存權」的問題仍然是個可以問或可以探討的問題，但這問題只能由少數文化族群內部的女性成員來問以及回答，才具有真正的意義[13]。至於少數文化族群的女性成員要如何來回答這問題，這不是本篇文章要討論的範圍。

范芯華，東吳大學哲學系助理教授，研究政治哲學、倫理學、女性主義哲學。目前研究關注的議題：女性主義與多元文化論的調和；多元文化論與世界主義之論辯。

（續）

指數(Social Institutions and Gender Indicator)。

13 這裡聽起來或許有文化或價值相對論的味道，但實際上沒有。由少數文化內部的女性成員做價值判斷，不代表評價的標準就是相對於每個少數文化的。

基進女性主義的強暴論

陳昭如

一、從誰的觀點出發？

自從2010年女童性侵判決爭議引發了白玫瑰運動以來，法律與司法是否有效防治性侵、保護被害者的討論便未曾停歇，特別是希望重懲性侵犯、保護幼女的聲浪日益壯大。對於這個議題，婦運的看法並不一致。有的婦運觀點認爲問題在於法院未能將性侵害置於性別不平等的社會現實中來理解，僅以嚴刑峻罰與嚴密監控來對待性侵害犯並非問題的解方；也有的婦運觀點主張司法對於性侵害犯的寬容放縱惡化了女性遭受侵害的處境，必須強化對於性侵害犯的監控與治療。婦運的批評者則主張、倡議應該修法強化法律的客觀性、避免法官主觀恣意認斷的風險，並且批評1999年的刑法修正訂定妨害性自主罪章，是婦運的胡亂修法，錯誤地用主觀的「違反意願」要件取代「不能抗拒」的客觀要件。還有一些批評者認爲法官以「抗拒」來認定是否「違反意願」並無問題，婦運的批評不過是以保障性自主之名、行壓抑性自主之實的性道德保守主義論調。

值得深思的是在這些討論與主張背後的性侵害想像：性侵害是生物性的犯罪(因此必須以生物性的治療來處理)，權力／性政治的犯罪(因此是權力不平等關係的產物),或是社會偏差者的犯罪(因此是倒楣被害者遇上偏差行爲人的不幸事件)?如何區分「合法的性」與作爲犯罪的「性侵犯」?這二者之間的區分並不容易,因爲我們對於現實的理解、乃至於法律的制訂與解釋適用,都不能免於「觀點」的影響。換言之,異性戀男性觀點認爲的「合意性交」(女人說不就是要,沒說不當然也是要),對女人而言卻有可能是強暴。問題在於,法律用誰的觀點來看世界、並且使該觀點所認識的現實成爲正確的事實?當異性戀男性觀點被普遍化爲客觀的有權者觀點,而女性對於現實的認識則被特殊化爲主觀的陳述,就形成了基進女性主義法學者凱瑟琳・麥金儂所指出的強暴困境:有女人被強暴了,但卻不是強暴犯做的[1]。麥金儂的意思並不是說:我們「知道」且「認爲」有女人被強暴了,而且確實有個強暴犯,只是警方找不到罪犯的行蹤、或者欠缺充分有力的證據來在司法上證明是他是罪犯。她要說的是:女人被強暴了,但強暴她的人並不認爲這是強暴,法律也傾向於採納他的觀點認爲這並不是強暴。認識論以及認識論和政治的連結,也就是誰的觀點擁有界定現實的權力,才是這個爭議中最根本的問題。以下,我將從基進女性主義(又稱爲宰制論女性主義)觀點來檢視強暴法的基本問題與近來的相關爭議,並且提出改革的幾個基本方向。

二、關於劃界的問題

我們可以用以下的圖示來理解現行法律制度下對於性侵害的管

1 "A woman is raped but not by a rapist," Catharine A. MacKinnon, *Toward A Feminist Theory of the State* 183(1989).

制，以及相關的爭議。在現行法中，法律劃下「合法的性」與「不合法的性」、或者「性」與「暴力」之間的界線。合法的性可能是不好的、不愉快的性(bad sex)，也可能是好的性(good sex)，至於什麼是好的、什麼是不好的性，則由道德——個人對於良善生活的看法與行爲準則——來決定，法律並不加以干涉。性侵害又被區分爲足以激發一般人的性慾、但尚未達到性交程度的猥褻，以及涉及性交的強暴(強制性交)，前者被認爲是較輕的侵害，後者則是較嚴重的侵害。

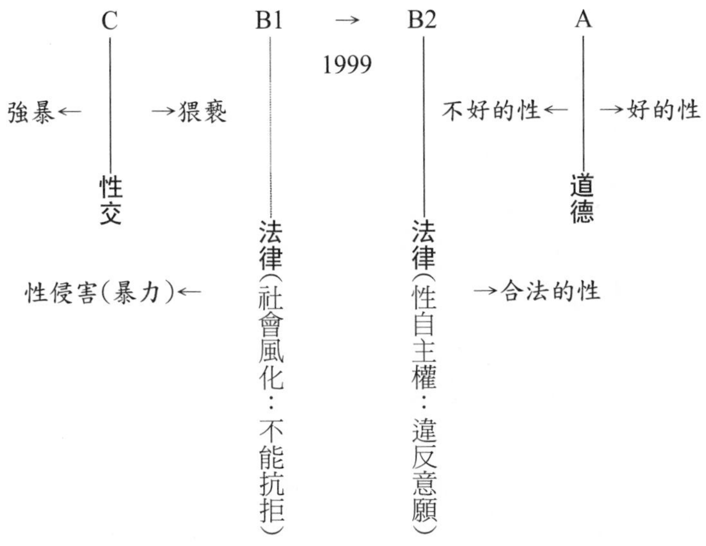

1.從B1到B2的位移：客觀到主觀？

刑法在1999年修正之前並沒有「妨害性自主」罪章，有關強暴與猥褻的犯罪，都被認爲是一種「妨害風化」的犯罪，換言之，是一種侵犯社會性道德秩序的犯罪，而不是侵犯性自主與完整性的犯罪。B1這條法律所劃下的線，依據的區分標準不是權利(性的自主與完整性)，而是社會的道德風化，法律的界線等於群體的道德界線。而問題就在於，從誰的觀點來界定群體的道德風化標準？性侵害之所以成罪，是因爲違逆了社會集體的道德感情、風化秩序，還是因爲侵犯了性的自主與完整性的權利？1999年刑法的修正是婦運長年爲了對抗性暴力推動修法、並性侵害犯罪「正名」的成果。首先，這次修法將強暴與猥褻罪從妨害風化罪章中獨立出來，另成一個獨立的妨害性自主罪章，也就是將性的保障「權利化」。這次的修法還進行了以下的重要改變：用「性交」來取代「姦淫」這個帶有強烈道德意涵的字眼，並且明文規定性交的定義；將被害人從「婦女」擴大爲「男女」；在「強制性交」與「強制猥褻」的規定中刪除「致使不能抗拒」的要件，將強制性交的「強制」界定爲「強暴、脅迫、恐嚇、催眠術或其他違反意願之方法」。

1999年的修法不只是法規範文字的改變，其重要意義在於從自由主義的女性主義的觀點重新界定性侵害。首先，被侵犯的是性，而不是作爲社會風化的性道德感情與秩序：強暴之所以構成傷害，不是因爲玷污了女人的貞操、一個男人妨害了另一個男人的性權利(也就是違反了父權社會中的性道德秩序)，而是侵犯了這個女人的性。其次，對於性自主權的保障，不因男女而有所不同，男人也可能是性侵害的被害者，而女人也可能是性侵害的加害者[2]。最後，強

2 從基進女性主義觀點來看，將性侵害的被害者與加害者中性化的法律發展，是一種在法律上刻意忽視性別化現實(強暴主要是一種男性對女性的侵害)的結果，想要藉由「男人也可能受害」來尋求法律承認女人的受害，也藉由「女人也可能加害」來表達犯罪懲罰上的公平性。

暴的意義被重新界定為「違反意願」的性交，這是一個很關鍵的轉變。修法前的立法將「強姦」定義為「對於婦女以強暴、脅迫、藥劑、催眠術或他法，至使不能抗拒而姦淫之」，這表達了一種強暴的迷思，好像只有陌生人拿刀架在脖子上而被害人抵死不從，這才構成強暴。因此，性侵害的重點是物理性的強制與抗拒，被害人被科以誓死抵抗的義務，其他不符合這種強暴定義下的女性所受到的性侵害，就被當成是你情我願的合意性交。這是一種男性觀點的強暴想像，在這種想下之下，女人被「推定同意性交」：只要沒有被物理力量脅迫並且盡力抵抗，那麼強暴犯與法律都不認為這是強暴。法律將他的觀點變成客觀的觀點。而「不能抗拒」的刪除與「違反意願」的納入是性侵害法的重要轉向：被害者的意願才是關鍵。B1這條線因此向右移動變成B2，擴大了性侵害的範圍，有一些在以往被認為僅是「不好的性」變成了違法的「性侵害」。這跟美國近幾十年來性侵害法的改革很類似，美國全數五十個州都在這樣的改革下刪除了「抗拒」(resistance)這項要件。

曾是強暴受害者的自由女性主義法學家埃斯特麗希對於性侵害法的分析，可以用來說明上述修法擴大強暴範圍的意義[3]。她區分兩種強暴的型態，一種是「暴力或陌生人強暴」(aggravated rape)：行為人使用暴力威脅加諸傷害、或陌生人所為的強暴；另一種是「單純強暴」(simple rape)：行為人經常是與被害者之間具有熟識關係，不使用一般的暴力脅迫，而「和平」地使被害人處於必須服從的狀態下所進行的強暴。然而，在美國傳統的性侵害法下，只有暴力或

3 Susan Estrich, *Real Rape: How the Legal System Victimizes Women Who Say No* (1987). 埃斯特麗希自己所經歷的是典型的陌生人暴力強暴。

陌生人強暴才被法律當成是真實的強暴(real rape)，而單純強暴則不被認爲是強暴，但單純強暴卻是強暴中的多數。埃斯特麗希更指出，因爲法律採取男性觀點而造成強暴認定與定罪的遞減狀態：當事人認爲自己經歷了強迫的性>當事人認爲自己被強暴>當事人提出控訴的強暴>被起訴的強暴>被定罪的強暴[4]。這可稱爲一種漏斗狀或倒三角形的強暴圖像[5]。台灣1999年的修法讓「單純強暴」可以從B1的右方移動到B2的左方，理論上也將有助於改善上述的強暴圖像，讓強迫的性被正名爲強暴，讓當事人所經歷的強暴成爲被法律所認定的強暴。

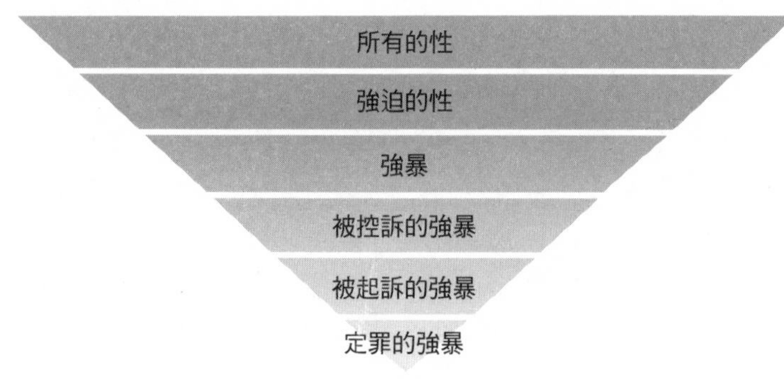

然而，問題在於，當B2這條界線是以「意願」來界定時，要從誰的觀點來認定是否違反了意願呢？當對於現實的理解是性別化的

4 埃斯特麗希認為，當事人認為自己經歷了被強迫的性、但卻不稱之為「強暴」這樣的現象，表示強暴法與司法實踐建構了人們的自我認知，導致當事人無法將違反典型強暴的、被強迫的性理解為強暴。見上引書，pp. 13-15.

5 漏斗型或倒三角形的差異，主要取決於強暴的定罪率：如果定罪率很高就是漏斗型；如果定罪率很低，則是倒三角形。

——她認爲是「不」(違反意願、欠缺合意)，他卻認爲是「要」(欲迎還拒、兩情相悅)——法律該採納誰的觀點？誰對於現實的理解才是正確的？顯然，單僅只將「意願」的要素引入，並不足以解決這些問題。爲了避免探求被害者的意願造成譴責被害者(blaming the victim)的效應、將焦點置於被害人的反應而非行爲人的行爲，埃斯特麗希主張將探求的重點挪移至行爲人的意圖(intent)，同時也爲了避免「認爲女人說不就是要」的男性觀點來理解「意圖」可能造成的缺憾(亦即「不是由強暴犯所爲的強暴」，因爲行爲人並不認爲這是強暴)，她認爲「意圖」應該由合理男性的觀點來加以認識[6]。

埃斯特麗希的解決之道，存在著一個根本的問題：我們應該從「行爲人觀點」(即便是一個「合理」的行爲人)來認識性侵害嗎？基進女性主義並不認爲如此。麥金儂質問一個更根本的問題：性意識或性／欲取向(sexuality)是從誰的觀點來被理解並認識？如果以「男性」與「女性」來指涉社會群體的位置處境[7]，而性／欲取向是

---

6 Estrich, "supra" note 2. 埃斯特麗希也同樣批評，性騷擾法中「不受歡迎」(unwelcomeness)的要件使得焦點被置於被害者身上，而非加害者的行為。見Susan Estrich, "Sex at Work," 43 *Stanford Law Review*, 813(1991). 「不受歡迎」乃是美國為了區分刑法中強暴罪的合意／同意(consent)要件之「自願性」(voluntariness)而發展出來的概念。見Meritor Savings Bank v. Vinson (477 U.S. 57, 1986)(男性上司與女性下屬在刑法上的合意性行為仍可構成不受歡迎的性騷擾)。

7 麥金儂所指的並非生理意義的男人或女人，而是被社會性地界定的男人或女人的處境。「男人」一詞乃是指「以男性的生理為基礎而賦予給男性的陽剛特質地位，這詞彙本身並非生物性的」(the status of masculinity that is accorded to males on the basis of their biology but is not itself biological)。見 Catharine A. MacKinnon, *Feminism Unmodified: Discourse on Life and Law* 170 (1987).

在一個特定社會中能夠激起性慾者的社會建構，那麼性／欲取向是男性觀點被普遍化爲一般觀點的產物：作爲男人的意義是可以在性事上侵犯並擁有女人(有權力)，而作爲女人的意義則是可以爲男人所侵犯並佔有(無權力)。換言之，「可被幹」(rapable)是女人一詞的社會性意義。色情(pornography)[8]在此建構過程中扮演了重要、關鍵的角色。男性宰制界定了性／欲取向的意義，而當男性宰制與女性臣服被界定並且體驗爲性愉悅，侵犯就變成兩情相悅(consensual)；當暴力被認爲能夠激發性慾，暴力與性之間的界線就變得模糊不清，以性來施爲的暴力本身就是性。麥金儂因此認爲，色情讓個人難以區分暴力或強暴、或暴力與性之間的區別。

既然在社會現實中，性與暴力、同意與拒絕的界線如此地模糊不清，法律在合法的性與違法的性侵害之間的劃界也同樣是模糊的，並且更是一種男性宰制的結果，即便引入了意願的要素，也並沒有根本地改變性宰制。自由女性主義認爲「意願」區隔了應被國家處罰的強暴與屬於私領域範疇的自願性交，因此強暴罪的重點應該是意願的違反，而非違反性道德或者善良風俗。基進女性主義則認爲，在性別不平等的社會中，意願是可疑的概念、自願選擇可能是強迫的結果，因爲在男性宰制的條件下，自主的意願雖然不是完全不可能、也至少是困難的，即便成年女性也是如此[9]。而「女人真

8 必須注意的是，麥金儂在使用色情這個概念時，所指的並不是所有的性言論。由於問題不在於色情「表達」了什麼樣的思想或觀點，而是色情「做了什麼」：歧視並傷害女性，因此她(及Andrea Dworkin)將色情定義為：「經由影像或言語，使女人處於從屬地位的性露骨素材」，而且這類性露骨素材還必須具備其他要件，例如將女人非人化、將女人客體化並且在性侵害中感到愉悅等。

9 也因此，基進女性主義對於性騷擾法中的「不受歡迎」要件，也抱持批評的態度。麥金儂便認為「不受歡迎」被以傳統道德主義的方

正想的」、「女人能表達的」與「男人所理解的」之間的差距，正說明了意願經常是在不平等條件下被做成與理解。

從這樣的觀點來看，「小女孩是否有性意願或性自主可言」這個在性侵判決中的核心爭議[10]，以及使用年齡來區分性的保護方式與性自主決定權的立法規範，便是有問題的。以形式年齡來區分性自主保障的要件、或者區分性自主保障與兒少保障，這種立法規範方式的確簡化了立法者與法官的工作。許多國家也都採用特定年齡區分的方式來界定所謂的準強暴罪(statutory rape)，並且在這樣的犯罪中，不以是否具有合意來作爲犯罪的構成要件，有些國家採用如我國的「兩小無猜」條款(在美國法則稱之爲Romeo and Juliet laws)的設計，也有的立法例是明訂雙方一定的年齡差距來予以不同的對待。然而，我們必須留意的是，將特定年齡以下的性交一律當作準強暴並且一律加重刑度，不僅將限縮了量刑的空間，造成涵蓋過廣

(續)

式來解釋，無法解決女人在男性宰制結構下的意願問題。見Catharine A. MacKinnon, "Afterword," in *Directions in Sexual Harassment Law* 672 ,682-683 (Catharine A. MacKinnon & Reva Siegel eds., 2004).

10 也就是刑法第221條(強制性交罪)、222條第2項第2款(對14四歲以下之人犯強制性交之加重強制性交罪)與第227條(與未成年人性交罪)的關係。面對這個爭議，最高法院以法律的技術性切割來解決問題，做成最高法院 99 年度第 7 次刑事庭會議，認為「倘乙係7歲以上未滿14歲者，甲與乙合意而為性交，甲應論以刑法第227條第1項之對於未滿14歲之男女為性交罪。如甲對7歲以上未滿14歲之乙非合意而為性交，或乙係未滿7歲者，甲均應論以刑法第222條第1項第2款之加重違反意願性交罪」。雖然最高法院刻意引用了兒童權利公約來為這樣的法律解釋套上人權的外衣，但這樣的作法是以保護兒少之名、行誤解性侵害之實的便宜作法，甚至有違反罪刑法定主義之嫌。相關討論見李佳玟，違反罪刑法定主義的正義，《臺灣法學雜誌》，160期，頁1-3 (2010)。

與涵蓋過窄的規範缺漏，更可能維繫這樣的迷思：相較於年幼者被認為是無法自主做決定的被保護對象，特定年齡以上的人則被認為在理論上與現實上都具有自主決定的能力與條件，也就是該年齡以上女性的「推定同意」。麥金儂便表示，準強暴的立法造成了「今天她們無法表示同意，明天她們卻被推定同意」的荒謬結果[11]。也就是，在滿法律所規定的性自主決定年齡(我國法為16歲)的前一天，女孩不能說要，因為她是被保護的對象、沒有性自主決定權；但是隔天(也就是符合性自主決定年齡的那一天)，卻變成不能說不，因為女人被推定同意性、說不就是要。這種看似保護未成年女性的作法，實則讓一定年齡以下的女孩成為可欲的性對象，也讓成年女性性自主決定受限的狀態遭到漠視。問題就在於，特定年齡以上的女性，就必然有自主決定的能力與條件嗎？如果女性作為一個群體乃是系統性地處於從屬的位置，那麼年齡的形式區分真正有意義嗎？再者，區分強暴與準強暴，在概念上乃是指前者是真正的強暴(亦即強制性交)、後者是「被當成強暴」來看待(準強暴)，當我們進行這樣的區分時，無異於說對於特定年齡以下孩子的侵害「不是真正的強制性交」，這並非對強暴傷害的正確命名。基進女性主義因此反對以絕對的年齡劃分來界定準強暴的概念與立法，而女性主義法學者如奧森則進一步指出規範準強暴的難題：「所有保障年輕女性對抗個別男人私侵害的努力，都冒著使女性受到國家壓迫的風險，而所有要保障女性免於國家壓迫的努力，卻也都可能減損了她們對抗個別壓迫的力量」[12]。

11 MacKinnon, 註1所引p. 175. MacKinnon, 1989:175.

12 Frances Olsen, "Statutory Rape: A Feminist Critique of Rights Analysis," 63 *Texas Law Review* 387, 412(1984).

再者，基進女性主義觀點對於意願概念的質疑，也與其對「強制」(coercion)的定義有關[13]。強制的型態不僅只是物理力量，「被迫」絕非只是被刀槍拳頭所脅迫，也包括在不平等的關係之下利用男主動女被動的性意識型態來製造性服從，甚至經濟需求也可以是一種強迫：必須在賣性與生存之間擇一的處境就是強迫的結果。女藝人強迫陪睡的現象，很可以用來說明基進女性主義觀點的「強迫」概念。在不平等的關係下用性來交換利益，是典型的交換條件性騷擾(quid pro quo sexual harassment)。經紀公司要求旗下的藝人用性服務來換取工作利益，這是一種將女人視爲性物、使女人處於從屬地位的性別歧視行爲，不會因爲女藝人「選擇」服從或拒絕而有所不同[14]。人們或許會說，女藝人可以拒絕甚或誓死抵抗，爲何要爲了虛榮的星途或混口飯吃而作賤自己呢？更何況，說不定有的女藝人確實就不排除用性來換取利益，既然她們沒說不要，把陪睡當成是一種性工作有什麼不對呢？問題就在於，我們的社會應該容許人們被置於「不陪睡就沒前途」的處境之下嗎？人們爲何必須在陪睡與失去工作之間選擇其一？造就這種處境的人，不該爲此負責嗎？因此，強迫陪睡就是一種性騷擾。然而，強迫陪睡是強暴嗎？人們普遍譴責強迫陪睡的現象，但卻不稱之爲強暴，爲什麼？因爲她雖

13 美國各州刑法都以三個要素來定義強暴：暴力(force)、插入(penetration)與欠缺合意(lack of consent)。而麥金儂的批評就是，當法律將暴力與欠缺合意並列為強暴的要件時，這是一個矛盾的並制：如果有暴力，就應無合意可言；如果合意可以存在，其前提是沒有暴力。見MacKinnon, 註1所引p. 172, 245. 在此也必須說明的是，「暴力」的概念比強制狹隘，因為強制包含了除物理性的暴力之外、其他使自主意志難以形成或表達的權力宰制型態。

14 因此，交換條件性騷擾並不以利益的實際獲得或喪失(例如被升遷或解雇、被當掉或獲得高分)為條件。提出要求本身就構成性騷擾。

然百般不情願還是答應跟他們上床嗎？因爲這些男人不一定有用強暴脅迫威嚇她就範嗎？被迫陪睡的女藝人所面臨的不見得是物理的威嚇，而是經紀公司與陪睡對象共謀的權力關係操作。女藝人和被迫陪睡對象之間所發生的不是魚水之歡，而是強暴。「強迫陪睡」之所以被責難，不正因爲存在有強迫嗎？

因此，「法律上的抽象權利客觀化了男性經驗」這個基進女性主義的命題，在性侵害這個議題上可以表述爲「法律上的性自主權客觀化了男性經驗」。從B1到B2的挪移只是限縮了男人的性權利，但是並沒有取消男人擁有接近使用女人之性的權力(men's access to women's sex)，也就是女人被推定同意性交的情況並沒有被根本地改變。我們可以再由司法實務上「不能抗拒」的陰魂不散來理解女人被推定同意的現象。雖然1999年的刑法修正已經刪除了「不能抗拒」的要件，而最高法院刑事庭也曾經做出決議表示「違反意願的方法」不限於用強暴、脅迫、恐嚇、催眠術等強制的方法，只要足以妨害被害人的意思表示即可[15]，但是法院在解釋適用法律時，仍然繼續悄悄地用抗拒行爲來認定是否存在有意願的違反，著重於當事人是否有機會抵抗而不抵抗、有抵抗爲何不夠盡力，因此使得「不能抗拒」實質上成爲認定是否具有強暴脅迫、或者是否違反意願的

---

15 最高法院97年度第5次刑事庭會議：「……依立法理由說明，係以原條文之「至使不能抗拒」，要件過於嚴格，容易造成受侵害者，因為需要「拼命抵抗」而致生命或身體方面受更大之傷害，故修正為「違反其意願之方法」(即不以「至使不能抗拒」為要件)。則修正後所稱其他「違反其意願之方法」，應係指該條所列舉之強暴、脅迫、恐嚇、催眠術以外，其他一切違反被害人意願之方法，妨害被害人之意思自由者而言，不以類似於所列舉之強暴、脅迫、恐嚇、催眠術等相當之其他強制方法，足以壓抑被害人之性自主決定權為必要，始符立法本旨。」

認定標準。於是，不能抗拒的文字雖然從法條文字中刪除了，卻仍存活在人們乃至於法律人的思維中。這種情況在美國也同樣發生。美國所有州的強暴刑法都刪除了抗拒此一要件，但是研究者也指出，法院在認定強暴時仍然將抗拒當做是一種「幽靈構成要件」[16]。

「不能抗拒」的鬼魅不僅繼續徘徊，甚至可能復活成為公然在白晝行走的父權怪獸。美國的共和黨便曾經在眾議院提案，要在名為「稅金不補助墮胎法」(No Taxpayer Funding for Abortion Act，HR3)的反墮胎法案中將因強暴懷孕而須墮胎的聯邦補助，限制為「暴力性的強暴」(forcible rape)，以排除非暴力性的強暴(coerced rape)與準強暴(statutory rape)，最後在婦運的抗議之下才取消了這個限制。2012年的美國大選中，共和黨眾議員埃金 (Todd Akin)公開表示女性不可能因為「正當強暴」(legitimate rape)受孕，也是一例。而行政院為了回應社會龐大的批評聲浪，在2011年迅速草擬完成送至立法院、標榜保障性自主權的刑法修正案中也刪除刑法第221條中「違反意願」的要件，理由是主觀意願的判斷容易產生爭議，應該以客觀的難以抗拒狀態來判斷[17]。

從基進女性主義的觀點來看，在此的主觀與客觀之爭正是一個認識論的問題：客觀與主觀之間根本無法如此二分。所謂的客觀事實總是從特定主觀的觀點來被認識的，法律的客觀性其實是主觀的

16 "Ghost element of rape," 見 Dana Berliner, "Note: Rethinking the Reasonable Belief Defense to Rape," 100 *Yale Law Journal* 2687, 2691 (1991).

17 法務部的修法理由為：「犯罪構成要件應是客觀描述行為人之犯罪行為或手段，藉以顯示其主觀惡性之所在，現行法規定將『違反意願』列為構成要件，導致法院於適用時，必須以客觀事實探究被害人主觀意願，反生爭議，爰已刪除，苟行為人之強制手段強度，客觀上達到足以使被害人處以難以抗拒之狀態，即成立本罪……」。

男性觀點被客觀化的結果，也就是男性觀點所認識的世界(認識論問題)成爲法律上客觀的世界(政治問題)：由於男人掌有權力，男人認識世界的方式以及他所認識的世界，就成爲真實的世界[18]。換言之，客觀其實是一種特定的主觀：「是否達到足以是被害人處於難以抗拒之狀態」是一種主觀的認定，以「是否達到足以是被害人處於難以抗拒的狀態」作爲判斷是否構成侵害的要件，則是把主觀的男性經驗——把被害人置於難以抗拒的狀態加以侵害，這才叫做強暴——變成客觀的法律要件。是否存在有性合意的意願是一個事實問題，可以被當作是一種「客觀事實」，但卻被認爲是純粹的主觀。因此，主客觀之爭是個假議題，真正的問題在於：從誰的觀點出發的主觀，成爲法律上的客觀？B1的「不能抗拒」標準並不比B2 的「違反意願」更客觀，而B2也並未創造平等的性自主權。

2. 誤把A當成B2、C，或誤以男人的爽來定義女人的痛？

基進女性主義有關強暴的論述所經常面臨的重要批評之一是，過度擴張了強暴的範圍。對於基進女性主義最極端的指控就是：把所有的性都當成是強暴或「所有異性戀的性都是強暴」[19]。然而，必須釐清的是，麥金儂從未如此表示，也從未如此認爲。她認爲在男性宰制的社會下，很難區分強暴與性交，因爲這兩者之間的界線

18 見MacKinnon, 上引註1, pp. 196-197.

19 一般認為這樣的指控乃是始自於1986年10月號的*Playboy*(花花公子)雜誌。也有不少女性主義者這麼認為，而埃斯特麗希就是其中之一。見Susan Estrich, "Teaching Rape Law," 102 *Yale Law Journal* 509, 512(1992). 批判種族女性主義者Dorothy Roberts則為之辯護。見Dorothy Roberts, "Rape, Violence & Autonomy," 69 *Chicago-Kent Law Review* 359, 370 (1993).

取決於宰制者的利益、是由加害者的觀點來認定是強暴還是性交。這並不表示強暴與性交是同一件事：

> 政治上來說，我認為只要一個女人有性關係、而她認為她被侵犯了，這就叫做強暴。你也許會認為這樣的定義太廣了。但我並不是在說，要把所有的男人都當成強暴犯送進監獄。我的意思是，我們必須藉由讓女人自問『我是不是被侵犯了？』，來改變男女間關係本質的定義。對我而言，強暴並不是由「我們認為什麼叫做被侵犯」來加以定義的，而這就構成了女人不去控訴強暴的性別不平等文化的一部分。[20]

我們從晚近對於性侵判決與修法的討論中，也可以看到對於婦運的類似批評。如果A劃下的是個人的道德界線——性互動是否令人愉悅並且合乎良善生活的標準，交由每個個人自己來決定——，而B2劃下的是法律的界線——性行爲是否違法——，那麼婦運是否誤將特定性道德的分野做爲法律的分野，因而壓抑了情慾實踐的空間、也取消了性愉悅(欲迎還拒可以是一種性互動)？婦運抨擊「女人說不就是要」、「有抗拒才構成違反意願」是一種父權觀點，主張積極的同意才是同意、性的合意協商應是一種互動過程，這樣的論點是否誤將「不好的性」當成強暴？這種對婦運的批評輕輕放過了男性異性戀宰制的性道德觀點，更嚴重誤解了女性主義的法律觀點，因爲問題不是誤將女性主義的特定性道德觀點當成法律觀點，而在於男性異性戀霸權的性道德觀點是法律觀點。女性主義並不主張將女人的特定性道德觀點變成法律觀點，而是倡議從女性主義的

20 MacKinnon, 前引註6, p. 82.

立場來改寫法律觀點，理由很簡單：強暴不是道德問題，而是權力問題。

猥褻與性交的區分，可用來充分說明男性性道德觀點成為法律觀點的問題：以男人的爽來定義女人的痛，以異性戀男人認為的激發性慾(勃起、插入或射精)來定義女人所遭受的傷害。C這條線區分了猥褻與性交，而何謂猥褻、何謂性交？在1999年修法之前，法律並未明文定義性交，而在學說上針對強姦既遂與未遂有「(性器)接合說」、「插入說」、「性慾滿足／射精說」三種見解。其中，性慾滿足說赤裸裸地展現了加害者／男性觀點：對於受害者是否遭受侵害、侵害是否完成，以加害者的慾望是否被滿足來判斷。插入說與性器接合說，也都以「男性陰莖插入或接觸女性陰道」的典型異性戀性交來定義性，從而使得男性的異性戀性交想像成為法律上的性交想像。1999年與2005年的刑法修正欲解決舊刑法欠缺性交明確定義的問題，而在刑法第10條中新增性交的定義，將性交界定為一種滿足下列要件之一、非基於正當目的之性侵入行為：(1)以性器進入他人之性器、肛門或口腔，或使之接合之行為；(2)以性器以外之其他身體部位或器物進入他人之性器、肛門，或使之接合之行為。這種對於性交的重新定義，固然相對明確，也擴大了原本學說的定義，將口交、以棍棒插入等非陰莖插入或接觸陰道的行為納入，但仍然描繪了插入或準插入的性交圖像。男性異性戀觀點的性交——陰莖插入陰道或類似的行為，左右了法律上的性交定義。

在以插入或準插入為核心的性交想像下，受害者可能被侵害的不同樣態，例如受害者身上射精、強迫手淫、玩弄乳房等行為，就不能算是法律上的性交，而要被歸類為另一種類型的性侵害，也就是極具性道德意涵的「猥褻」。刑法沒有猥褻的明文定義，在實務上則以「非屬性交」而足以引發性慾的行爲來定義猥褻[21]：「客觀上足以刺激或滿足性慾且與性之意涵有關，而侵害性自主決定權及身體控制權」、[22]「依一般社會通念，咸認足以誘起、滿足、發洩人之性慾，而使被害人感到嫌惡或恐懼之一切行爲」[23]。這種定義看似爲猥褻與性交之間的區分劃下了清楚的標準，其實既不符合性自主的保障、也不明確。首先，性交與猥褻的區分是一種男性異性戀觀點的區分，以異性戀男人的性慾與性道德來界定女人所受到的侵犯。如果猥褻的要件之一是該行爲足以引發或滿足性慾，那麼，是誰的性慾呢？對誰而言，強迫搓揉乳房可以引發或滿足性慾？所謂的「客觀一般人」，顯然指的不是一般女人，而是一般男人，因此男性標準成爲了客觀標準，男人的爽被用以定義女人的痛。而「感到嫌惡」的定義，更是在妨害性自主的犯罪中不當地置入了性道德標準。不符合性交定義的同性性侵害必須適用強制猥褻罪而非強制性交罪，則更說明了性交與猥褻區分的異性戀觀點。

其次，強制性交未遂與強制猥褻二者的區分有其困難之處。強制脫掉內褲內衣並予以撫摸的行爲，究竟是強制性交未遂，還是強制猥褻既遂？理論上，要以行爲人的犯意(猥褻故意或強制性交故意)來區分：行爲人的脫衣撫摸如果是想要進一步插入或做類似插入

21 必須注意的是，司法院釋字第407號解釋與司法院釋字第617號解釋固然都提出了猥褻的定義(客觀上，足以刺激或滿足性慾，並引起普通一般人羞恥或厭惡感而侵害性的道德感情，有礙於社會風化)，但這兩號解釋的對象是屬於妨害風化罪章的刑法第235條散佈猥褻物罪，該罪所保障的法益是社會風化，與妨害性自主罪章所要保障的性自主有所不同，因此二者的猥褻概念並不當然等同，但實務上卻經常混淆二者。

22 最高法院99年台上字第 3850 號判決。

23 最高法院100年台上字第 4745 號判決。

的行爲，就構成強制性交未遂(猥褻只是強制性交的前置行爲)；如果只想要脫衣撫摸，就構成強制猥褻罪。然而，犯意不僅難以認定區分，猥褻與性交的行爲分類更強化了性＝插入的男性異性戀中心定義。而備受爭議、爲補強刑法強制猥褻罪保護不足而制訂的性騷擾防治法強制觸摸罪，以「乘人不備」爲要件，更是不當地在性騷擾法中複製了「推定同意」的思維——女人隨時都同意性、除非特別表示拒絕——，因此才需特別規範「來不及表示拒絕」的狀況。而強制觸摸罪禁止對特定部位爲特定行爲(親吻、擁抱或觸摸其臀部、胸部或其他身體隱私處之行爲)，表面上看似達到了法律明確性的目的、避免爭議，但卻犧牲了法律保障性自主與平等的意旨，如同刑法對於性交給予機械性的定義一般，是將男性異性戀中心的性想像轉化爲法律上的性定義，更是違反女性主義性騷擾理論的錯誤立法。因此，性騷擾防治法的強制觸摸罪立法，不只沒有解決刑法強制猥褻罪的問題，還進一步複製了男性異性戀觀點的性[24]。

三、重新定義強暴：觀點問題就是權力問題

性侵修法不是狹義的刑法法釋義學問題，而是女性的平等公民身分問題：女人所受的性侵害，是不是被國家法律所保障的公民所遭受的侵害？因爲1999年的修法，我們的刑法朝向性別平等的保障邁進了一步：從「說不就是要」，邁向「說不就是不」。懸而未決的問題是，當沒說不時，究竟是要還是不？當有說要時，真的是要

24 性騷擾防治法強制觸摸罪與刑法強制猥褻罪之間是否構成法條競合的關係，是一般討論爭議的焦點所在。不過，相較於強制觸摸罪與強制猥褻罪的立法是否正確地表達何謂侵害性自主與平等，法條競合顯然是次要問題。

嗎？如何看待在不自由的情境下所爲的性？

1. 強制、乘機、利用權勢之三分架構的缺失

現行刑法性自主章最大的問題，不是因爲錯誤地使用了主觀性的構成要件，而是因爲沒有根本地釐清強暴的本質並加以規範。現行法使用三分的架構：強制性交及加重強制性交罪(刑法第221、222條)、利用特定狀態(對於男女利用其精神、身體障礙、心智缺陷或其他相類之情形，不能或不知抗拒而爲性交)的乘機性交罪(刑法第225條)、當事人之間具有特定條件而利用該條件(對於因親屬、監護、教養、教育、訓練、救濟、醫療、公務、業務或其他相類關係受自己監督、扶助、照護之人，利用權勢或機會爲性交)的利用權勢性交罪(刑法第228條)。這種區分其實是沿用1999年修法前的規範架構，舊刑法將強暴分爲「對於婦女以強暴、脅迫、藥劑、催眠術或他法，至使不能抗拒而姦淫之」的強姦罪、「對於婦女乘其心神喪失或其他相類之情形，不能抗拒而姦淫之」、「對於因親屬、監護、教養、救濟、公務或業務關係服從自已監督之人，利用權勢而姦淫」三種。1999年的修法，雖然以違反意願來取代強制性交罪中不能抗拒的要件，卻沒有打破此三分架構，並且在乘機性交罪中仍然保留了「不能抗拒」的要件。因此現行法中乘機性交與利用權勢性交的要件，與修法前並無不同，只是做了不涉及規範架構的改變：將具有負面性道德意涵的「姦淫」改爲中性的「性交」、將「婦女」改爲「男女」、將「心神喪失或其他相類之情形」予以擴大並明確化[25]、

25 1999年的修法改為「對於男女利用其心神喪失、精神耗弱、身心障礙或其他相類之情形，不能或不知抗拒而為性交」，而2005年則配合刑法總則的修訂，再改為「對於男女利用其精神、身體障礙、心智缺陷或其他相類之情形，不能或不知抗拒而為性交者」。

增加「教育」、「訓練」、「醫療」的權勢關係種類。

這樣的三分架構有何問題呢？問題在於，如果強制意味著被迫、性自主的違反，那麼利用無法爲性之自主同意的狀態所爲的性交，當然也是一種強制的性；利用雙方之間的不對等權力關係而取得同意的性，也是一種強制的性。換言之，強暴脅迫是最赤裸的強制，但強制卻也可以(並且經常)以其他更幽微的型態出現：造成或利用一種無法自主決定的狀態，而這並不限於刑法第225條所定的乘機性交、或刑法第227條利用權勢性交的情況。三分架構的區分，反而混淆了強暴的強制意涵，造成法律解釋與法條適用上的紛擾，導致強制要件解釋的狹隘化，使得法官傾向於將刑法第221條的違反意願之要件解釋爲積極表達的拒絕行爲(有說不、有抗拒、有逃走才是不)，而「單純強暴」即有可能因爲不符合傳統的強暴脅迫模式(沒人拿刀槍或拳頭威脅、當事人沒有抵死不從)、不屬於「乘機」(沒被迷昏也不是心智障礙)、也不屬於法定的權勢關係，而落於法律的保護範圍之外，同時當然也影響了強暴被害人的自我認知框架(我真的被強暴了嗎？)。而乘機性交罪仍然保留「不知或不能抗拒」的要件，看似是考量意識不清、心智或身體障礙的人們不知道該抵抗、或者無法進行抵抗而做的特別保護規定，但這保護規定的前提仍舊是「推定同意」：一旦有性發生，除非有積極的拒絕，或者被害人無法、不知道可以採取抗拒的行爲，這才構成強暴，否則就是你情我願的性。如果再考量刑法第222條加重強制性交罪的規定，對於精神、身體障礙或其他心智缺陷之人強制性交者要被加重處罰，但是如果強制性交罪的重點在於意願的違反，我們要如何區分「對精神、身體障礙或其他心智缺陷之人強制性交」與「利用精神、身體障礙、心智缺陷或其他相類之情形，不能或不知抗拒而爲性交」呢？「違反意願」與「利用不知或不能抗拒的狀態」不都是一種強制嗎？

「利用權勢性交罪」的法定刑(六個月以上五年以下)遠低於強制與乘機性交罪(三年以上十年以下)，則意味著赤裸的強制受到較高的非難評價、而運用幽微的權力關係所進行的侵害受到較低的非難評價。然而，就行爲的惡性與被害者所受到的侵害而言，前者真的遠高於後者嗎？運用信任與親密關係而爲的強暴不會比陌生人使用武力的強暴更不可惡，而在權勢關係下的被害者，所遭受的不只是性的侵害，還可能包括關係的背叛、信任的毀棄……等等的傷害，這些不也都應該被納入法律的評價中嗎？法官固然可以透過量刑來衡量這些傷害，但是立法者在訂定法定刑時，不也應該將此納入考量嗎？

因此，法律未能適當地認定性侵害，不只是法官適用法律、認定事實時欠缺性別意識的結果，也跟法規範的缺失有關。如果再更進一步觀察妨害性自主的加重結果犯(刑法第226條、226-1條)規定，更可以發現，如果強暴導致被害人重傷或死亡、羞憤自殺或意圖自殺而受重傷要被加重處罰，但是導致被害人懷孕卻不是法定的加重要件。這種加重結果的規定繼續複製了強暴是「侵犯貞操」(因此有羞憤自殺的問題)的道德想像，而女人的性與生育自主可能同時遭受侵害的處境，卻被置諸不問。因強暴而懷孕固然是優生保健法規定的合法終止懷孕事由，但這只是使得終止懷孕成爲一個合法的選擇，而不是處罰強迫懷孕的行爲。如果強暴造成身體的傷害甚至生命的喪失應該被加重處罰，那麼透過強暴而爲的強迫懷孕進一步侵害了女人的生育自主權，爲何不是法定的加重事由呢？更不用說，現行刑法中也沒有強迫懷孕的獨立犯罪[26]。因此，立法上忽略

26 國際刑事法院羅馬規約(Rome Statute of the International Criminal Court)的補充性原則已將系統性的強迫懷孕認定為戰爭犯罪中的違

強暴可能同時構成強迫懷孕，又再一次證明了刑法如何繼續從性道德的觀點、而不是由被害者的觀點來理解強暴。不過，在此必須澄清的是，雖然前述有關刑度的討論指出了法定刑的不合理性，但並非要由此導出加重刑罰的主張，因爲基進女性主義強暴論的重點是批判男性觀點的強暴定義與評價，而非要求嚴刑峻法的重刑化。

2.以「意願」或「強制」為中心：重新界定性侵害的兩種取徑

既然現行的妨害性自主立法與司法實踐都不足以保障性的自由與平等，那麼下一個問題是，如何重新在法律上界定強暴？強暴是被迫的性。何謂被迫，各國有不同的規範方式，著重物理性強迫的法國(以暴力、強迫、脅迫、襲擊的方式所爲的性侵入)、強調欠缺同意的英國(未經同意、且行爲人並未合理相信被害人同意的性侵入)，以及多數國家規範必須兼具強迫行爲與欠缺同意兩種要件。這三種模式都有缺失。法國模式對於強迫的定義太過狹隘，正是將強暴等同於陌生人強暴的結果。英國模式雖然以欠缺同意爲要件而擺脫了物理性強制的狹隘界定，但是所謂「合理相信」究竟要從那個群體的觀點來認定呢？當男人「合理相信」一般女人都是半推半就欲迎還拒？而被迫的同意、沉默算是欠缺同意嗎？至於同時要求強迫與欠缺意願的模式，則混淆了強制的意義：有強制，就無自主的

(續)

反人道罪(crime against humanity)。將強迫懷孕界定為一種犯罪可能引發的爭議包括(1) 強迫懷孕的法益侵害是否已為強暴罪所涵蓋？強暴侵害性自主法益的評價，是否已將生育自主法益的侵害包含在內？生育自主是應被獨立保障的法益嗎？(2)一個女人有無可能同意發生性、但不同意懷孕？如果一個男性透過合意的性來強迫一個女人懷孕，是否應被處罰？(3) 如果在刑法上認定強迫懷孕構成一種犯罪，是否等同於承認女人不應被迫處於強迫懷孕的狀態，因此必須將終止懷孕(墮胎)除罪化？

合意可言；有自主的合意，就不存在有強制。要求兩者兼具等同於要求女人必須在強迫的情境下表達拒絕，也等同於認爲沒表達拒絕就是同意(推定同意)。

值得注意的是，國際上已經有一些例子拒絕只用狹義的物理性強暴脅迫來定義強暴，認爲欠缺積極合意(affirmative consent)的性、或者是在強制情境下的性侵犯就構成強暴。這些例子的共同特色是拒絕承認「推定同意」的女人性從屬狀態，並且拒絕將性視爲個別的插入或準插入行爲。在這樣的前提下，有兩種在法律上重新界定性侵害的改革取徑：以意願／合意(consent)或強制(coercion)爲核心[27]。

以意願爲核心的強暴法改革，認爲是否構成強暴的核心是意願的違反，而將改革的重點置於意願的要件：如何在考量性別不平等的條件下，認定當事人是否有爲性的自主意願？如果單只規定違反意願會忽略了各種壓抑自主意願的因素，那麼要如何重新定義意願？這種改革取徑，也被稱爲「意願及其附隨要件」(consent-plus)模式，也就是藉由強調意願的脈絡性、積極性，來避免傳統強暴法的缺失[28]。在此稱爲「修正的意願模式」。前南斯拉夫國際刑事法庭曾經表示，強暴是欠缺同意的性，但何謂同意，則必須在特定情

27 Vanessa E. Munro即將強暴法的改革模式分類為「以意願為基礎」(consent based)和「以強制為基礎」(coercion based)，並且將傳統強暴法的模式稱為「以暴力為基礎」(force based)。見Vanessa E. Munro, "From Consent to Coercion: Evaluating International and Domestic Frameworks for the Criminalization of Rape," in *Rethinking Rape Law: International and Comparative Perspectives* 17(Clare McGlynn & Vanessa E. Munro eds., 2010).

28 這是Vanessa E. Munro在前註26文所提出的主張，她認為這個模式結合了尊重女人主體性與性別不平等現實的雙重考量。

境中判定，不必然要有武力或暴力威脅存在[29]。美國的例子則是紐澤西州最高法院曾有判決表示，性的合意必須是積極(affirmative)且自主的(freely given)，這不一定要以明白的言行來表達，而是由情境來進行合理的判定[30]。相較於美國，加拿大更是透過一系列的法律改革與訴訟來建立採納「積極同意」的強暴法。現行加拿大刑法明文規定，性的同意不能由其他人代為表達、也不能是利用權勢地位的結果，而且在同意開始性行為之後，還是可以在過程中拒絕繼續進行。加拿大最高法院不僅曾經表示強暴乃是基於性別的犯罪、否定了女人的平等[31]，更認為，主觀的同意是在現實的氛圍(air of reality)下依據證據來認定，既沒有「默示的同意」這回事，出於恐懼的同意也不算是同意[32]。2011年，加拿大最高法院更進一步表示，同意必須是意識清醒的人在性過程的每個階段中所為的積極同意，沒有「預先同意」這回事，處於無意識狀態中的人無法同意性行為。[33]換言之，意識不清的女人並不是可隨意使用的性物。因此，無庸另行規範「乘機性交罪」，對無法為同意的人為性行為，就是做了違反意願的性行為。

以強制為中心的強暴法改革，則認為強暴的核心要素是強制，主張摒棄意願的要件，而以是否存在有強制的情境來判斷。但必須注意的是，這種強暴法改革的主張與傳統強暴法是不同的，傳統的

---

29 "Prosecutor v. Kunarac, Kovac and Vukovic" (case no. IT-96-23-T & IT-96-23/a-T, Judgment 22 February 2001).

30 "State in the Interest of M.T.S."(129 N.J. 422, 609 A. 2d 1266, 1992 N.J. 420)

31 "R.v. Osolin"([1993], 4 S.C.R. 595, Can.)

32 "R.v. Ewanchuk"([1999] 1 S.C.R. 330, Can.)

33 "R.v. J.A."([2011] 2 S.C.R. 440, Can.)

強暴法用物理性的強暴脅迫、或者是否有抵抗來認定強制，而以強制爲中心的強暴法改革，則是將強制視爲一種權力不平等關係的操弄。在此將此種模式稱爲「修正的強制模式」。典型例子是盧安達國際刑事法庭(ICTR)的見解[34]。在該判決中，法院認爲強暴是在強制情境下對人所爲的、具有性本質的生理侵害。法院認爲強制是一種特定的情境，不需要用物理性的暴力作爲證據才能證明有強制的存在，而強暴的要件包括生理性的侵犯，但是這個要件不能用對於物體或身體部位、或者特定的行爲(例如插入)來做機械性的定義[35]。美國的少數州法(例如加州與伊利諾州)則在性侵害的侵權法(也就是性侵害的民事求償)採用了類似的定義，將可構成民事求償訴因的性別暴力定義爲「在強制的情境下具有性本質的肢體命令或侵犯」。

基進女性主義觀點所倡議的是以強制爲中心的改革。麥金儂主張揚棄同意的概念、捨棄對於特定身體部位的執著，認爲前述盧安達國際刑事法庭的取徑不只適用於國際人權法，也可用於個別國家的立法[36]。她提議在刑法上將強暴定義爲：在強制條件下具有性本質的生理攻擊，並且，不平等也構成強制。在這樣的立法模式下，「受歡迎」(welcomeness)的標準被用來取代意願標準，暴力則包含了各種權力上的不平等，包括年齡、家庭、種族、權威(醫療、教育、

34 “Prosecutor v. Akayesu”(case no. ICTR-94-4-T, Judgment 2 September 1998)

35 在該判決中，法院認為廣義的性暴力也不一定有身體的生理性侵入或接觸，因此在強制的情境下命令一個學生把衣服脫光、並在公眾之下裸體做體操也構成一種性暴力。

36 Catharine A. MacKinnon, “Defining Rape Internationally: A Comment on Akayesu,” in *Are Women Human?: And Other International Dialogues* 237 (2006).

宗教等等)、法律(警察、監獄官等等)、法律所創造的非法地位(如「非法」移民)、同性性(homosexuality)與經濟(貧困、雇用關係)[37]。

究竟是採取修正的意願模式較爲適當，還是以修正的強制模式爲佳？我認爲這必須放在各國不同的制度脈絡之下來衡量，因爲二者各有其優缺點。前者著重自主的向度，強調女性的主體能動性，但可能過度個人化、去脈絡化，變成對被害人與加害人的不對稱檢驗(被害人究竟有無同意？)，造成譴責被害人的反挫、或者對被害人的二度傷害。後者著重平等的向度，強調強制情境的不對等權力關係，但冒著個人主體能動性的風險，也可能在法院的實務操作之下被狹隘化、讓傳統的強制模式借屍還魂。在我國，1999年刑法修正開始採取「意願模式」，而強吻襲胸案、女童性侵案等一系列的案件引發的爭議則顯示，傳統狹隘的強制概念與男性異性戀中心觀點的性定義，只是被輕微修正而已。我們究竟應該依循原已採取的意願中心改革路徑，進一步採取修正的意願模式、強調真正自主意願的積極與脈絡性，以避免傳統強制模式的不能抗拒鬼魅借屍還魂，或者應該改採修正的強制模式、將強制的概念理解爲不平等權力關係的運作，以避免意願模式的個人化缺點？是否應該取消絕對的年齡區分、改採性自主決定能力的實質判斷標準；或者爲了避免法官的恣意認定，而選擇繼續維持絕對的年齡區分？這是不容易回答的問題，我也尚無定見。無論採取何種取徑，可以確定該做的是：強迫懷孕應該被納爲強暴罪的加重結果犯；應該重新劃定B(合法與不合法)與C(強制與猥褻)的區隔線，取消「強制性交」、「乘機性交」、「利用權勢性交」的三分架構以避免強制概念的混淆，廢棄

37 Catharine A. MacKinnon,“ Unequal Sex: A Sex Equality Approach to Sexual Assault,” in *Women's Lives, Men's Laws* 240, 247-248 (2005).

充滿性道德意涵的猥褻概念、捨棄性交的男性異性戀中心定義，從被害者觀點重新劃定性侵害的內涵與程度分類。

四、邁向眞正的性自主與平等

爲何「有女人被強暴了，但強暴她的人卻不是強暴犯」？那是因爲對女人而言的強暴，不被法律承認爲強暴；法律所承認的侵犯，並非從絕大多數性侵害被害者的角度出發來界定的。從女性主義觀點而言，這是一個根本的認識論問題、政治問題，同時也是法律體系長久以來輕忽而必須重新正視的問題。對抗性侵害的法律，必須要對抗法律上的知識權力關係：讓女人能夠對於「何謂性」這個問題發聲，並且使其對於性的定義在法律上具有意義。因此，性侵害不應是由「對一般男人而言怎樣算是享用了女人」、或是「對一般男人而言怎樣算是激發了淫慾」來界定，而應該由「對女人而言怎樣是在性上被侵害了」來重新認識並評價。我們必須打破環繞插入的性交想像、性交／猥褻的二分，也必須重新界定合法的性與不法的性之間的區分；應該以實質的性決定能力與條件來界定強暴，不再將「沒說不」等同於要，也不能將所有的「要」都當成是自主同意的結果，因爲「要」也可能是被迫的結果。合法的性是在自主且平等的條件下積極合意的性，而非一方的強制與她方的臣服。

陳昭如，台灣大學法律學系副教授。

認識女性主義*

陸品妃

同許多人一樣，我認爲忽視與誤解女性主義是人類和諧生存與文明發展的一大損失。女性主義是從18世紀末英法美等國開始逐漸傳播，20世紀中後期才於各學術領域逐漸發達起來的觀念與思想體系。然而時空進入21世紀，亞洲大多數國家致力於追求經濟與科技類物質文明，改善一般人民生活時，掌握各類知識、志在真善美各方向提升的學術界，卻對女性主義持有頗多忽視、誤解、排斥、甚至抵拒。在我們的大學課程安排與教學實務中，避免忽視與誤解女性主義，是有其必要的。

一般說來，忽視與誤解某事，不一定是出自有意，更可能起源於缺乏在先的評價概念與動機，結果我們無從去注視、關心或反省這件事。排斥與抵拒，亦不一定出自惡意，更可能源起於想像力的先天限制與後天失調、缺乏安全感與自信心、膠著於日常視爲理所當然的慣習而少了改進的動能、以及誤判真正利益的所在與價值應該如何排序。因此，在開始介紹與論說如何理解女性主義之前，需

* 本文最初是作者於2012年6月15日在臺北醫學大學舉辦的教育部卓越教學計畫「基礎倫理學工作坊」上所做的報告，再於10月21日在國立臺灣大學舉行的臺灣哲學學會2012年會報告後修改而成。

要先指出，在上述這些反應的影響之下，若是我們根本不願意理解女性主義，或者說以有失公平客觀的標準來衡量女性主義，本文所做的解說，便無法達成它所圖的效果，亦即緩解對於女性主義的誤解。這個情況不僅適用於女性主義，對太多我們習於忽視、誤解的事物也都成立的。

本文所提出的想法，許多為前人產出的結晶，並非我的創見。其間若有稱作新穎之處，應是我從美國求學九年(1997-2006)到返臺從事研究與教學工作六年來的感想。基於這些基礎與視野，我整理一些要點或許可以讓使用中文的知識分子理性化解對女性主義的誤會，同時提出我之所以要堅持的女性主義主張。

什麼是女性主義？

根據牛津英文字典，「女性主義」這一詞最早於1895年使用，意指「鼓吹女人的要求與權利」[1]。英國沃爾斯通克拉夫特於1792年出版《為女人權利申辯》一書，是女性主義的奠基著作，一般講述女性主義經典，大致就從它開始講。當然，歷史上不乏更早的思想家[2]，對女性主義有過不同程度的闡釋，不過沃爾斯通克拉夫特的確具有劃時代的意義。

開始理解女性主義可以從很簡單的知識層面出發，如字典條目或者教科書的解說；從各個不同學科出發的闡釋與視野，也會很有幫助。在現實層面，各地不同的女人生活經驗，以及世界歷史的發

1 原文為“the advocacy of the claims and rights of women.”引自Susan Okin編，〈前言〉，John Stuart Mill, *The Subjection of Women* (Indianapolis, IN: Hackett Publishing Company, 1988)。

2 例如Sappho, Hypatia, Christine de Pisan等人。

展過程，也都能提供真實的認識。在這裡我準備從英美政治哲學以及女性主義哲學的專業背景，提出一種我心目中的女性主義理解。透過如此理解的女性主義，我希望有助於在人類的理想觀念與現實社會生活之間形成連結。這樣的途徑也試圖達成一項起碼的目標：就算讀者不同意這些我心目中的女性主義立場與特定內容，但仍然可以認識到女性主義觀念的重要性，將女性主義觀念與自由民主制度下的日常生活互不衝突地連接起來，從而讓女性主義發揮它本來應該產生的適當影響。

下文提出整理的解說，首先是供有意願去認識女性主義者的取徑，其次則說明什麼是我所認爲的女性主義主張。爲了避免旁生混淆與錯置，我在此先區辨幾個常常伴隨女性主義一起談論的概念歸屬與措詞。第一項澄清是，儘管我非常盼望傑出婦女(傑出女性、傑出女人、女強人)是女性主義者，但是事實上她們並不一定是。臺灣與中國歷史上的偉大婦女如女媧、嫦娥是傳說神話人物，王昭君、班昭、武則天與媽祖固然功績高，但其人其事若產生了類似女性主義的效應，亦非她們之直接所圖。合乎常理的推想，女性主義的概念與行動，特別是主張女人應與男人平等的訴求，大抵出乎她們的想像與意料之外。她們之所以被後世稱爲傑出，是按照男性眼光所界定的男性與女性各自的「有爲者亦若是」標準，以女兒身適用女人標準，而被表彰爲傑出婦女。

第二、傑出婦女只能是女人，女性主義者卻可以是男人[3]。現在很多傑出女性同時也是女性主義者，但也有傑出女性選擇不贊同女

3 亞洲女性主義者又是哪些人呢？接受外國現代思潮的秋瑾寫了相關爭取女性權利的宣言，因此就像沃爾斯通克拉夫一樣，當代相對容易以她為始地談論中國女性主義，那麼之前呢？中國歷史中女性作為女性主義先聲又是誰呢？

性主義，正如同許多男人選擇不贊同女性主義。雖然男人可以贊同女性主義主張，但是願意自稱是女性主義者的男人卻少。男人可以是女性主義者嗎？請記得，早在19世紀英國開明男性約漢彌爾(嚴復譯筆下之穆勒)，這位當今人稱哲學家、自由主義者、社會主義色彩的效益主義者的古代男人，爲女人發聲爭取自由以及呼籲男人放棄特權的表現，遠勝於21世紀的許多開明男人[4]。什麼人可以成爲女性主義者？——任何人，女人與男人與其他均可。事實上，生活於當代民主社會的所有守法公民，不論身分證上被劃分爲男人或女人，不論自己是否意識到，只因享有民主體制賦予之平等的權利與義務，只因支持民主憲政保障所有社會成員享有平等關係，即已經與某種基本意義下的女性主義看法相同，成爲準女性主義者。之所以有人未察覺這一事實，原因之一是他沒有理解民主的含意。

第三、在男性中心主義(androcentrism)社會傳統中教化長大的女人與男人，不僅共享男性標準，日常生活接觸之萬事萬物，也以男性標準出發來界定與設計。在充斥著家父長男性強權思想流俗的社會背景下成長與生活的人，不管是男或女，若不能保持女性主義反省的知識建構，很容易是一個不自覺的男性中心主義者、無意識地貶低女人、踐行當道的性別意識型態、習慣性地服從家父母長輩相對於晚生後輩的天生威權、並抱持異性戀機制主宰愛戀性欲的知識建構。在當今生活中依舊司空見慣的是，女性只有在男性評價標準下傑出才有價值、性別刻板印象躍身爲潛規則不斷地被深化與正常化，因而不同性別特質與取向者享有的是假象的平等，女性主義者一詞仍指涉那些被不同時代污名歸類的女巫、女強人、男人婆、

4 另外相關這方面的討論，見Sandra Harding,〈男人是否可以成為女性主義思維的主體〉，《當代》，142(1999): 76-80。

妖精、女女戀、壞女人。

總之，傑出婦女並不一定是女性主義者，雖然我們期待她們同時也是女性主義者。傑出婦女只能是女人，女性主義者卻可能是男人。如果對於女性主義沒有清楚的認識，性別盲目者、對於性別有意識者、甚至於性別研究者都非常有可能在複製過去傳統不當以及不具女性主義概念的性別運作。依此，我想更進一步，明白梗概性地條列女性主義者的三項形式條件：第一、女性主義者支持女人不應該因爲性與性別而從屬於男人(男女平等)；第二、女性主義者重新認識、肯定與實踐女性價值(獨立於依據男性中心標準所下的判斷)；第三、女性主義者致力於提昇全體女性應享的福祉(克服階級、族群、性取向、年齡、能力與外觀等差異)[5]。我認爲三者兼備，才構成女性主義者。許多名義上的女性主義者，其實僅符合某項上述形式條件，因而並非女性主義者。有人說只要三者中之某項條件符合便是女性主義，我認爲這樣的女性主義的發展，若非停滯於泥沼，方向也不會正確。

談到了女性主義的形式條件之後，也許可以先綜述下文將闡述的女性主義實質內容。簡言之，社會由男性與女性各半組成，女性主義者希望人類知識與社會生活不應該偏頗任何一方，讓任何一方遭受不公平的社會生活，失去成爲真正自我的機會，而在現今社會難脫男性標籤與標準之階段，女性主義者希望女性主義的觀念爲男性社會裡的男人與女人接納與學習，甚至成爲主流，協助大家掙脫性別身分與機制的不當限制；遠景則爲一個社會，真正屬於所有社

5 請細察，女性主義提昇女性全體福祉的作為並不企圖降低男性的全體福祉。女性主義所圖之類為反對壓迫、扶持弱勢、去除惡習、福德一致、把餅做大、雙贏。

會成員，並且讓每個人自由地做自己[6]。

遠大前景

其實在20世紀結束前的美國，以女性主義爲方法論在各個學科中的研究累積，不僅爲許多傳統領域提供了糾正積非、推陳出新的研究成果，亦自行開創了新的研究領域，例如：女性主義經濟學、性別相關醫學、女性主義哲學等。於1972年創刊的學術研究期刊*Feminist Studies*《女性主義研究》的宗旨與宣言即爲：

> 女性主義運動已經證明，針對女人所進行的研究，不再是補足研究缺漏性質之類的計畫。女性主義其實反倒還具有根本重塑我們看待世界的潛能。我們希望不只解釋女人的經驗，還要改變女人的處境與情況。對於我們而言，女性主義思想所代表的，正是一種意識、社會形式以及行動模式的轉變[7]。

想到「女性主義具有根本重塑我們看待世界的潛能」，我每每陷於全面性、以及自我顛覆性的思索，……想見達成此遠大前景，所需付出的計畫推動等工作量乃是無以計數的。

---

6 此說明同時也交代了女性主義如何促成其目標。

7 原文為 “The feminist movement has demonstrated that the study of women is more than a compensatory project. Instead, feminist has the potential to reshape fundamentally the way we view the world. We wish not just to interpret women’s experiences but to change women’s condition. For us, feminist thought represents a transformation of consciousness, social forms, and modes of action.”

女性主義是一種自由平等主義

遠大的前景如何可能？一項根據前人的思想成果，限於可操作範圍內的小型界定是這樣：女性主義首要是針對身屬某個性別身分者提供一種**自由主義**——解放、獨立、自主，以及**平等主義**——反階層、反雙重標準、反不公平——的思想資源。

儘管我提出的這項界說並不新穎，但我們反省女性主義運動的發展史，這項遠景正好反映了**以權利說明自由的內容、以平等劃分自由的限度**這兩大原則。以18世紀末沃爾斯通克拉夫特的《爲女人權利申辯》爲標識里程碑，女性主義運動第一波訴求女人應從不具公民權利到具有權利；第二波運動以20世紀中西蒙波娃的《第二性》爲里程碑，爭取的是女人從享有權利到享有與男人同樣的權利；第三波運動起於20世紀末覺醒到了女人身具不同族群與階級的特質，女人從享有平權保障到真正落實平權。第四波運動呢？從經驗觀察歸納與邏輯推論，此階段訴求主題會沿著新性別(或去性別)的改造發展，重整傳統兩性社會性別運作機制、權力架構與角色氣質待遇的歸屬。

如上表明的女性主義，具有其他學門早已深入耕耘探究的自由平等主義核心元素。但需要強調，女性主義也關懷其他學門常忽視的主題，注意到了直接圍繞不同性與性別的知識、價值、權力與關係等相干學術脈絡。不難想像，女性主義此新興領域與其他自古即爲主流學科的探究相比，尚值得開發探索之處勢必良多，涉及了如何接納與使用女性主義，這篇短文無法探討。下文將介紹一些基礎的概念，或可作爲讀者進一步思考與工作的資源。

女性主義運用的幾項基本分析概念

女性主義用來展開分析與批判的基本概念，通常有幾項：

第一、**生物的性與社會文化的性別之區分**。簡單說，性別即是性的社會與文化意義，並且男性女性的身體意義，對於男人女人的身分與社會地位，常有不容當事人自己以及他人來做安排與詮釋之處。試想，人類社會不論地區，自古至今即存有女性與男性，但是13世紀中國女人與21世紀的臺灣女人的生活、發展、意義與社會地位，當然截然不同。

第二、**性與性別差異跟個體差異之區分**。其實不難發覺，常見的造句與判斷：「你們女人……」，描述準確度常常不如「你這個人……」。有人可能想爲女人找到適才適性的安排，但我們稍作些客觀反省，就會發現眾人認定的女人特性，經常被某一或某些女人身屬或屬意培養的實際特性推翻。

第三、**描述性與規範性的適用落差**。在敘事與評論脈絡中，天生自然描述事實與後天規範應然的差別，若隱沒不見，批判的著力點極易落失。畢竟，屬於描述性的自然標準與屬於規範性的社會標準並不總是相互符應。然而當我們將規範面納入描述事實的脈絡，批判著力點出現之後，尙需注意批判標準本身是不是壞的或者不適當的。通常，批判標準失誤來自不自覺的惡意、刻板印象、偏見、不當利益或循私等。

第四、**性別與種族族群問題之間的平行與類同**。性主義(或可稱性別歧視)與種族主義(種族歧視)，兩者都內存於人類社會，也都是文明社會必須消除的錯誤。它們除了各自關懷的主題(性與種族)有別，劃分歧視對象的方式卻有許多雷同，例如起因、機制發揮方式、以及造成心靈傷害等。

第五、**兩性與性別用詞的擇取**。性別研究早已發現，兩性概念的涵蓋度與適用度遠遠不及性別概念。當兩性指男性女性、男人與女人，以及男人與女人的兩性認同與異性戀相處之道時，性別指涉卻遠超過主流的兩性之分與異性戀。例如，狹隘的兩性想法由LGBTQQA[8]多種性別身分認同取代，日常生活、語言、知識、價值、自然人文社會科學等各個面向加入一貫以來被漠視的性別面向反省，都適切地符合了論述時之概念需要。

第六、**性別盲、性別意識、以及性別平等觀念**。人類的進步除了需要跳脫文盲之外，也早該跳脫性別盲，看得見性別的作用。真正的客觀與中立需要先看得見性別差異，具有性別意識。有了性別意識，還必須知道如何解釋性別差異，即具備性別平等觀念，讓性別適得其所。另外，女性主義批判的主要觀念之一爲性主義與性歧視，即男尊女卑的階層權力架構與差別待遇；其二爲男性中心主義，即將男性特質或男子氣概視同人之特質或人性；以及其三男性權威主義，即崇尚男性意見與領導[9]。這三者之間，性主義與性歧視已常爲人詬病，但是男性權威主義與男性中心主義的作用仍然太廣強，使眾人不察並身陷不拔，而圍繞在男性中心主義想法之併發症則有：男性社會、大男人主義、男性沙文霸權、暴君、父權。男性中

---

8 女同性戀者、男同性戀者、雙性戀者、跨性別者、性別疑惑者、酷兒、與盟友的英文縮寫。

9 請見 “Introduction,” in *Feminist Theory: A Philosophical Anthology*, edited by Ann E. Cudd and Robin O. Andreasen (Oxford: Blackwell Publishing, 2005), 1-4. 男性中心主義的另一表述為，「如果說知識實踐反映出明確或典型的男性利益或男性生活，它就是男性中心」，見Elizabeth Anderson, “Feminist Epistemology: An Interpretation and A Defense,” *Hypatia* 10, 3(1995): 50-84, p. 70.

心主義不對嗎？它的不對，完全可類比於一些人自私或自我中心主義掛帥的不對、不公平待人甚至不顧他人應得待遇的不對、以人類中心主義迫害環境與他種動物的不對。進一步言，它的不對在於它對於其他類的存在空間與發展造成了壓迫與縮減。人類社會標準在制定或者演化成形的時候，儘管是用來適用到所有人，但所有人當中的半數人即女人的特性、價值與傾向，卻從來都沒有平等地發揮過應該有的影響力，更不用說獲得適當的認可。在傳統社會裡大家一出生便都「天經地義」、「理所當然」地接受或被籠罩於男性中心了。經過現代民主的啓蒙，我們確實應該明瞭，標準要能適當地源遠流長，必須對全體適用，同時也要顧及個體差異的重要性。

自由主義與女性主義

除了性別，女人的處境無疑是女性主義重要而且直接的關懷點，接下來我想藉用自由主義的解放觀點分析女人處境。從自由主義的解放觀點想，女性主義企圖將人從男性中心主義解放。但是人類發展在三百年前的世界還處於性別盲時期，那時社會由男性宰制，缺乏明確的女性主義觀念，因而傳統自由主義直接針對與談論的解放對象是男人。儘管有些脈絡雖然明文說是「人」，事實卻只指男人，女人被概括在男人統屬群體之下。這是因爲當時女人不具公民身分，不論在公或私領域都不享有與男人平等之地位，她們附屬於男人，甚至是男人的財產，此時解放對於女人而言僅是間接的。

在這一階段發生的男人對男人的解放類別則有：國體制度由封建到民主的轉換、知識由矇蔽到客觀的轉換、權力從非人到人的轉換。我們可以舉幾個具體的例子：1789年法國大革命之後新興的民主共和，把人民從封建階層的位置解放出來，貴族階級不再壟斷統治地位，所有的人享有同等地位；科學進展與達爾文1859年問世的《物種起源》，從中世紀士林神學哲學主流，把人的知識從上帝手中解放出來，與神的知識區分開來；美國南北戰爭與林肯1862年提出的《解放黑奴宣言》：把黑人從白人手中解放出來，奴隸階級不再，不同種族的人享有同等地位。

有鑑於上述運動與思想資源所解放的直接對象事實上是男人，我們可說18世紀末新興的女性主義解放的直接對象是女人。女性主義的第一波運動，目的是把女人從附屬於男人的位置解放出來。隨著女性主義者的努力，性別盲的社會不再，女性主義者作為後進，卻比先行者傳統自由主義走得更進一步，試圖解放所有的人，實際上包含了非男人。運動發展至今證明，此時的女性主義解放的對象是所有的人，即將所有人從男性中心主義解放，所有的人不分性與性別差異，享有相同地位。

把女人從男人手中解放出來，把女人與男人從男性思想與社會解放出來，這類說法與改革企圖，不可避免地招來身處不同性別位置者之間的對立，因此萌生誤解、排斥、污名、啓蒙、重新定義、去除定義⋯⋯。所有這些都源自於這項人人共享、根深蒂固的經驗事實——每個人一出生下來，即被按照身體特質，特別是基於性特徵，被賦予性別身分的教養、對待、角色學習⋯⋯。不消多說，男性中心主義的思想不是專屬於男人——女人與男人一樣，既可能是性歧視者，也會是受害者。此時所需要的便是每個人極大的理性自控能力，避免對號入座之餘，亦思考改善的可能。經過兩三百年來的努力，女性主義者已然付出許多貢獻，也歷經無數如上述有心的不當利益既得者反動的打擊，善良百姓無心的挑戰與折磨，至今這些對於女性主義的種種偏見與反彈，生意盎然之餘，更以不同形式樣貌包裝遂行，解放運動尚未完全成功。或許我們可以這麼說，女性主義面對的解放難題一天不消除，自由主義便仍舊可望提供女性主義它過去本該提供給女性主義的東西——真正的解放，脫離男性中心主義的解放。

正視女性——兼論澄清「女性主義」之命名

正確觀念的傳達首重正身與去污名。女性主義的「主義」可以類比於理性主義的主義、經驗主義的主義，它是一套思想系統，無意流於意識型態之爭，不教條、八股與標籤化。女性主義的「女性」則是用來：第一、說明、解釋與承認女性經驗及其作爲主體的價值；第二、反對女性與性別相關之類持續地被男性社會壓迫；以及第三、找尋不被壓迫的性與性別。

男性中心兩性社會所界定與期待的男人與女人，並非女性主義所認爲適當的性與性別意義、性別關係。女性主義重新找尋界定性與性別意義與性別關係的同時，也肯定與認可女性，拒斥男性與女性的沉淪。除了爲女性爭取平等空間、培養發展自我的能力、讓自己爲女性特質與經驗發聲，女性主義想要界定女性經驗，卻也面對另一層次的問題，也就是在社會廣泛接受女性主義之前，我們並不知道究竟什麼是男性以及什麼是女性，即脫離男性中心主義的人性。如上所述，這是難免的。每個人生下來的身體性構成，爲我們認識的最起始的差異便是性差異，性別差異是人對於性差異的解釋，也是角色發展歸屬與期待的依據。但是性特質對於每一位男人與女人而言究竟是怎麼一回事，在我們目前所知的社會中，其實仍然完全受制於男性中心主義的兩性觀念，大家在一出生時便被灌輸、養成、現行男女角色作爲範本學習、成長過程隨時隨地練習與實踐，性別規訓與獎罰幾近鋪天蓋地，最後使得對於每個個別的身體而言，真正的「女性」、「男性」特性與意義不明。

女性主義逐漸讓我們明瞭，一般對於「人性」的想法習於偏向「男性」忽視「女性」。其實，人類係由男女組成與再製，「人性」或「一個人」均可能也應該都包含著「男性」與「女性」所描述的特性，但是對於什麼是男性什麼是女性，我們往往仍舊緊抱著許多未經性別反省的意識型態與習慣。女性主義兩三百年來的啓蒙與研究亦曾指出，並沒有絕對性對應的「女性」與「男性」屬性，所謂性別屬性只是人的詮釋、構成與分工所需，而現代人大可不需要沿襲這種歸類，進而養成與其對應之「女人」與「男人」身分。無論如何，適切正當的性別作用應該爲何，都有待檢討。性別應當是什麼？回答這個問題，方法一，我們需要正視女性，偏離既成，以女性及其經驗爲中心重新出發；方法二，我們需要正視女性，偏離既成，以社會正義爲中心重新出發。方法三，……。方法有待識者心存善意地開發，而實踐與實效，在尊重個體自由與自主的前提下，則有待個別的人自行決定。不論如何，各國傳統的兩性教化，對於「女性」、「男性」抱持簡單的分別對應式的教條本質主義想法，已屬不太站得住腳的理論假說。

具有不同性與性別身分特質的人怎樣面對女性主義

如何在女性主義遭誤解與排斥的社會裡，開始面對女性主義？前文提過，願意開始好好認識女性主義，是許多好事的前提，不過，就算有意願認識女性主義，實際上亦會遭受阻礙，在這裡試解兩個常見問題。

第一，女性主義是可怕的嗎？男人柔性化，女人剛硬化看來似乎可怕。但是，不論怕或不怕，怕是存在於產生怕的人心中，而不是存在於被怕的對象身上。何況被怕的對象身上，不一定具有產生怕的人判斷為可怕的特質，產生怕的人據以判斷可怕特質的標準，更不一定恰當可取。

第二，男人可以贊同女性主義嗎？畢恆達整理R.W. Connell列出的男人可以放棄防衛父權的五項理由：「第一、作為壓迫系統的受益者，男人還是可以看見壓迫的存在。第二、異性戀男人和女人(包括妻子、情人、母親、姊妹、同事等)有特定的關係，也希望她們有好的生活，尤其是為了子女。第三、男人之間也存在異質，會因現有系統而受害。第四、性別關係無論如何總是不斷改變，男人不可能守著舊價值永遠不作改變。第五、異性戀男人也還是有良知、感情、希望、分享的能力，就等著被喚醒。」[10]身為存有公平心的人，在接受「作對事情」的召喚之餘，亦可享受符合良心道德感之舒暢。

我們再三強調，男性公民本來就不須繼續受限於男性社會固化性別的灌輸，因女性主義標籤裡的女性，與自己傳統男人身分的理解不容女性化描述，而產生陰陽怪氣的錯置感。男人當然可以基於贊同女性主義的想法而是女性主義者。接下來我想扼要提點一些女性主義從過去到現在的用處與成果，希望能使人清楚它實在並非毒蛇猛獸，而是良藥苦口。

什麼時候需要女性主義？

什麼時候需要女性主義，或可藉由女性主義之目的來具體條

10 畢恆達，〈從白絲帶運動、男男自語到男人性別意識的形成〉，性別研究之理論與實踐研習營第二場次(2006/2/10-12)圓桌會議大綱。R.W. Connell, *Gender and Power: Society, the Person and Sexual Politics* (Oxford, UK: Polity Press, 1987). 作者稍作文字修整。

列。我認為女性主義之目的是每個人真正不受性別管制的自主。具體而言，什麼時候需要女性主義呢？比較早期開始流傳女性主義時，我們常聽到它針對處理的問題是女人的社會位置從屬於男人、女人意志不由己，是男女政治、法律、教育不平等，是職場排擠女性，是男人肢體暴力、女人口語霸凌、色情氾濫、女性身體被物化商品化、性騷擾、性侵犯屢見不鮮，是女嬰被剝奪生存權……。再有則是，當男人握有權力，決定安排國家社會應該如何生養的公共政策，卻把日常生活生養小孩之事留給女人，當我是個男人，而我的上司卻說我行為舉止要男人一點……。性別意識的覺醒有所進展後，女性主義在這些脈絡逐漸被發覺派得上用場。例如，當我六歲的外甥女說她太胖的時候，當不同種族者、同性戀者爭取享有與異性戀者同樣的結婚權時，當跨性別者爭取性別自決權時，當社會上許多人不敢生、不敢養、不願意組成家庭時……。晚近以來，眾人逐漸意識到女性主義應該在其他更隱晦、深層的後設脈絡出現，例如當在生活、行動、知識科學、研究、或一般討論當中，明明有性別機制的運作，可是多數人似乎都看不到它的時候，當衡量一個人的表現好壞，取決於他的性別身分，而且這項性別身分的標準設定是符合男性價值的時候，或者當我們習於男性中心的思考，誤以為我們現在所認識的男性與女性即是所謂的男性與女性的時候。

女性主義專門處理相關女性、女人與性別問題。所有女性主義處理的事情，日常生活裡的男性與女性都會碰到，性別認知、性別身分與關係在我們的日常生活中發揮著作用。跟其他的觀念系統一樣，女性主義並不是獨立無依，並且思想整體若缺了這項觀念，便流於偏頗、有失整全；跟其他人一樣，女性主義者若想發揮正面作用，便需要正確認識與善用女性主義，和他者一起努力與開明進步地合作。女人與男人或者性別之間的特別合作關係，不同於經濟階級關係：不同經濟階級的人，通常不需住在同一個屋簷下，共享經驗一起行動；它也不同於族群或種族關係，因為不同種族的人不需要對方來延續下一代維繫社會之永續。無論如何，隨著時代與社會的發展，許多原有劃定界線的理由早已由新的理由、新的思維取代，人類社會以及世界都走向多元關係，當發生利益衝突時，不論採取的是合作抑或競爭，若是符合女性主義的啓發，則較有可能由盡量平等分配的雙贏，取代零和的輸贏。

男性如女性一樣，都需要脫離男性中心主義。女性主義發展至今，鼓勵所有人跳脫男性中心主義各方面的束縛，成為自由又平等的個人。自由又平等的人才能重新認識與擺置所謂的男性、女性以及人性。女性主義適當地發揮作用，辯證性地克服了改變所帶來的陣痛之後，不只是每一個個別的人是自由的，性別關係公平合諧，還將是人類知識思想本身真正地取得了全面的觀點。女性主義帶來的願景可以是，人類的學術做得更真善美，生活其內的所有人享有美滿家庭、和樂組織團體、友善工作環境、公平的社會福利、世界和平、以及物種與環境持續健康運轉。或許有人會說，當那一天來臨時，階段性任務已一一完成，世人便不再需要女性主義。

那麼在那一天來臨之前，接受女性主義是怎麼一回事？簡言之，我認為正是因為女性主義重視自由與平等，一個人接受女性主義，即是進入這樣的旅程：正視女性的意義，將自己從男性中心思想建構下的身體性構成之中解放出來，不受制於性別框架，人生的發展乃是一個從自己成為自己，自己成為自由又平等的人之歷程。

陸品妃，清華大學人文社會學系兼任助理教授。研究興趣及於平等、女性主義理論、與法律政治經濟社會哲學。

思想評論

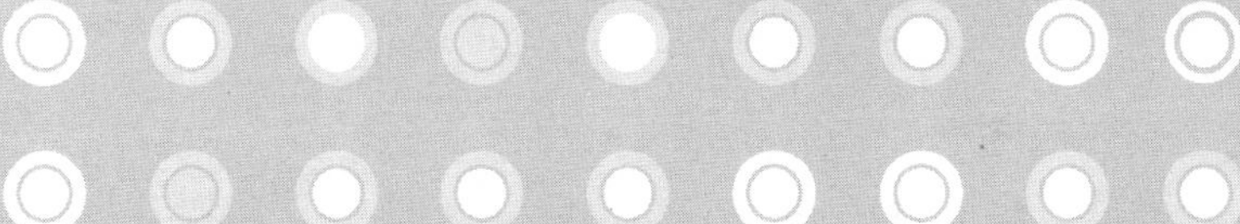

日本右翼思想源流：

尊王攘夷、天皇主權、排西蔑中、愛鄉主義

邵軒磊

2012年對日本社會而言，極不平靜。從釣魚台島嶼主權之紛爭開始，到冬天日本眾議院解散，進入大選。大選的結果是：民主黨下台，自民黨大勝，新政黨「日本維新會」成爲第三大黨。可以說，2012年的釣魚台事件，強化了日本政治「向右轉」的趨勢。正因如此，晚近我們經常聽到「日本右翼是否會重新興起？」這類提問。2012年釣魚台事件的要角之一東京都知事石原慎太郎，也是日本維新會本次參選的重要領袖，長久以來便深具右翼色彩；現任總理大臣安倍晉三，也多有偏右言行，如聲稱「要重新檢討村山談話」[1]。近來，關於日本「國家定位」的議論又不斷被提出，諸如：日本是否爲正常國家？是否應該修憲？是否可以擁有軍隊甚至核武？日本對美國、對中國應採取何種立場？等等。値此日本國家路線選擇之際，也正是我們對日本右翼建立更深理解的機會。

本文所稱「右翼」一詞，在中文裡有時稱爲右派，指的是較爲

1　「村山談話」(戰後50周年の終戰記念日にあたって)為時任內閣總理大臣，黨籍為日本社會黨的村山富市在1995年關於日本戰爭責任之談話。「村山談話」向周邊國家承認日本發動侵略戰爭之錯誤，並為之道歉。全文請參看：http://www.cn.emb-japan.go.jp/bilateral/bunken_1995danwa.htm

保守、傳統的立場；在日本，則常指軍國主義、國家主義、法西斯主義。本文討論的對象，專指政治上和對外關係上的日本右翼思想，而盡量避免涉及經濟意識型態上的左右分別，亦不擬深究日本右翼內部的細緻差異。

不少中文著作把右翼視爲日本社會的極端思想之一，稱其主要重心爲「日本國粹主義」[2]，在昭和時期與軍國主義結合，成爲日本侵略行動的思想根源。按這套說法，日本右翼思想的三個基礎要素爲：崇拜天皇與天皇制、美化侵略戰爭、蔑視仇視中國。依此脈絡，若是把2012年的釣魚台事件定調爲「類似昭和時期右翼的軍國主義侵略舉動」，就很容易激發出中華民族主義的「針鋒相對」情緒，於是就有「維護二戰成果」等相關論述。這也是2012年夏天以來的發展走向，其中夾雜美日安保爭議、兩岸是否聯手、甚至中華民國的定位問題，更使諸方勢力難以妥協。在日本右翼的思想問題上，多數中文文獻鎖定在歷史認識層面，特別是針對1996年以降的「自由主義史觀」[3]，及關於南京大屠殺、天皇戰爭責任的激烈論辯。

上述這些研究，爲我們提供了認識日本右翼的基礎。在這些研究之上，吾人能否更進一步理解何爲日本右翼，從而開啓在文明層次上雙方真正對話的可能性？在日本戰敗後，日本社會開始對右翼

2 國粹主義，可以視為對明治時期全面歐化主義的一種反彈，強調「日本傳統價值、平民價值」。其以政教社與民友社為團體代表，三宅雪嶺、志賀重昂、德富蘇峰等人是此一思潮的貢獻者。國粹主義與昭和前期的日本法西斯主義有些不同，但在社會實踐上多有重合。

3 此為藤岡信勝、西尾幹二等人所組成之「新歷史教科書會」（新しい歷史教科書をつくる会）的說法，對他們而言，戰後日本的歷史觀受到「東京裁判史觀」與「社會主義史觀」所束縛，要真正解放，走向「自由」，因此得名。批評者多認為這是右翼史觀，稱其為「歷史修正主義」。

進行檢討：爲什麼日本文明自明治以降，自期文明開化，但最後卻捲入總體戰爭，造就千萬生靈塗炭？1954年，井上清教授寫作《日本的軍國主義》，深刻反省了日本法西斯主義。1957年，丸山真男教授之《現代政治的思想與行動》一書，則從思想面揭櫫日本法西斯主義的由來，並設法理清其滲透過程。通過這些研究成果，吾人在追問「何爲日本右翼」之外，也當能對「日本學界如何理解日本右翼」有所認識。

以丸山氏研究「日本政治思想古層論」爲代表，此一概念意指每一種日本思想，其後面都有某種核心存在；此一核心能夠支撐日本文明接納各種其他的先進文明，並改造爲適合日本的形式。以此邏輯，日本文明看似學習近世近代的某種文明形式，但其實都是以日本文化自身之特殊形式加以吸納。丸山氏發現德川時代接納從中國大陸而來的儒學如是。爾後，明治時期接納西方式主權國家國際秩序，脫亞入歐；或者大正時期建立英式民主，議會選舉；昭和時期接受德式軍國主義，對外擴張，也都是類似的吸納過程。丸山氏稱日本文化始終不變的部分爲「執拗低音(根音)」。在其每一次吸納的過程中，都將外來思想轉化爲日本文化的一部分。由此出發，丸山氏把日本的近代化稱爲「日本國家理性」的誕生過程。此種國家理性從「攘夷」開始逐漸建立，在「成爲國族的日本人」(Japanese as a Nation)的構建過程中逐漸吸收各股思潮，最後在太平洋戰爭時達到最極端的狀態。

從丸山氏的知識論來看，日本右翼的「國家理性」吸納了日本國族構建過程中，種種看似異質的觀念要素。準此，吾人在分析日本右翼時，應有必要將討論範圍拓展到明治、大正、昭和以來的種種政治論述與思潮，包括：尊王攘夷、天皇主權、排西蔑中、愛鄉主義。以下，本文擬探討對外國關係、對中國關係，以及國內層次上天皇論、國權民權論的論辯。下文所引用的思想家與論述，並非全都是右翼思想，而主要是爲日本右翼所擷取、吸收，並引爲其動員與行爲原則的思想資源。

右翼思想源流之一：尊王攘夷

關於日本民族的起源有諸多說法，但日本社群開始感受到自己是一個整體，出現「日本民族」的認同，乃是在與外國人或「他者」的接觸經驗中逐漸形成的。長期以來，包括7世紀與漢文明(唐朝)，16世紀起與基督教文明(葡萄牙人等)的接觸，都若干程度形塑了日本民族。然而，彼時主要的思維還是封建統治；原生的民族觀念在政治思想與統治實踐上，所占意義並不高。現代民族觀念之成形和發展，主要發生在日本的幕府末期，簡稱「幕末時期」。

幕末時期以1853年7月美國培理黑船從久里濱(現橫須賀)登陸，要求日本開國爲起點。當時培理所要求的「開國」，是要求當地政府給予美國船隻以補給、難民救助、居留權、乃至最惠國待遇等等。此前，也有荷蘭與清朝的外國人前來貿易，日本人並非沒有看過外國人。那麼，黑船事件的主要衝擊是什麼呢？是「被侵略的恐懼」！以當時之時代背景，西方強權已轉變對東亞的政策模式，已開始以「砲艦外交」爲基礎，強制後進國與之貿易，進而打壓當地「民族資本」，使之逐漸殖民地化。以中國爲例，在1840年鴉片戰爭之後，1842年8月中英雙方簽訂《南京條約》。此後還有1844年7月《中美望廈條約》，1844年10月《中法黃埔條約》，1843年10月《中英虎門條約》等。幕府見此結果，隨即在1842年提出「薪水給與令」，對歐美船舶提供必要燃料及補給。在恐懼之下，1853年培理黑船一來，日本幕府也就同意開國。上述「開國」二字，乍聽之下平淡，但對後進國政府與民族之經濟影響甚鉅。

隨後更深的影響，來自1858年的《安政五國條約》[4]，此一條約常與同年清政府所簽訂之《天津條約》做對照，同樣都有協定關稅、領事裁判權等外國特權。東亞開始與列強大規模貿易時，這種貿易的背後，是經濟先進國以強大生產力量，介入後進國的商品市場，而以「砲艦外交」作爲限制後進國政府自主性的手段。因此，中日兩國在現代化的起點上，皆受制於對本國不利的對外條約，這也是「廢除不平等條約」成爲兩國初期的外交要務之因。

在與外國簽約的過程中，也牽扯到日本國內政爭，爆發了「天皇與幕府，誰才是日本最高主權者？」的爭議。天皇派主張此條約並無天皇敕許，應當無效，因而與已經簽約的幕府產生衝突。當時天皇派訴諸水戶學思想(日本武士儒學的支流之一)所強調之「尊王攘夷」，使之成爲當時反幕府的主要訴求，簡稱「尊攘論」[5]。在此，吾人可以發現日本右翼思想的第一個源頭組成：「強調天皇神聖，同時排斥異民族。」其以尊皇爲主要訴求，常用「菊」作爲圖騰。以右翼團體玄洋社的憲則爲例：「一，敬戴皇室；二，愛重本國；三，固守民權。」

當時的「攘夷」觀念有兩個特色：第一，「從上到下的政治動員」。日本當時與西方諸國的貿易，加上對金銀外幣兌換率的不熟

---

4 1858年(安政五年)日本分別與美國、荷蘭、俄國、英國、法國簽訂條約的總稱。

5 水戶學，起源自1657年第二代水戶藩主德川光圀在彰考館開始編修《大日本史》，強調日本因為天皇統治，貫徹著大義名分論的尊皇思想。日本儒學流派眾多，詳細論證請參考：張崑將，《德川日本「忠」「孝」概念的形成與發展：以兵學與陽明學為中心》(台北：台大出版中心，2004)。

悉，對日本政府的金融管理與貨幣造成很大的傷害：物價不穩，政府財政困難，一般民生也受衝擊。對民眾而言，「心生不滿」成爲一股心理上的原動力。當「不熟悉的異族人來到我的地盤」的自然排斥感不斷強化以後，遂與自上而下的「攘夷」的政治動員論述相結合。通過「攘夷」，現代「日本民族」觀念也逐漸成形。第二，當時的「攘夷」並非是現代平等民族國家的觀念，而是以華夷秩序爲核心的傳統儒教觀念。無論是哪種攘夷論(從極端暴力到和平，或是從鎖國到開國)，都將西洋諸國視爲「夷」。

當時日本是在「不得已」的情況下，設法與西方秩序調和，但最初仍試圖以儒學方式註解西方理念。這反映出：日本知識分子在接受西方(夷)文化的同時，仍盡可能保留日本國粹；即使短期間內無力真正攘夷，但仍堅守華夷之辨。所謂「和魂洋才」只是一種權宜。日本右翼之所以常主張對外強硬，乃因其心理上有著根深蒂固的華夷之防。要言之，攘夷論可解釋何以當日本民族受到外壓時，一方面會對外國表現出屈服，但另一方面又同時表現出更多的排外。這種排斥感從三國干涉還遼事件(1895)、解決山東懸案條約(1922)、華盛頓海軍公約(1922)到日本退出國聯(1932)等事件中，始終揮之不去。日本社會每每在對西方外交挫折後的孤立感中，喚起「攘夷」的記憶。無論是從尊攘論所延伸出的「鎖國政策」，或是對外強硬論，都是出於前述之心理基礎。其以水戶學思想爲核心，強調日本獨一無二，並以守護日本「國粹」爲其志向。此乃日本右翼的第一個思想源頭：尊王攘夷。

右翼思想源流之二：天皇主權

1867年大政奉還，1868年1月王政復古，政權由幕府轉移至明治新政府。此時也正是日本建立現代國家機器的起點，故不斷探索應如何重建國際國內的種種關係。進入明治時期後，右翼思想就從尊皇攘夷轉爲「尊皇開國」，暴力攘夷的色彩減弱。但爲了強調日本國粹的獨特性，也就特別加強了「尊皇」，並援用吉田松陰的一君萬民論爲其理論基礎。「一君萬民論」主張徹底取消所有原來江戶時期的階層(尤其針對身分制度規範十分繁瑣的武士與貴族)，直接讓天皇的權威滲透到每一個日本國民。明治政府之廢藩置縣、廢刀令、秩祿處分等等，皆與此有關。在這樣的思想藍圖中，將社會原有的身分制度和中間階層打破，天皇遂成爲新政府的核心。1889年《大日本帝國憲法》，更將天皇的權威與主權以法律明訂之。

與天皇相對的觀念即爲「臣民」(或所謂「皇民」)，這從現代西方憲政思想是很難解釋的。不同於契約論的「人民」，「臣民」是具有血緣連帶的共同體。血緣連帶在生物學上不可能，或相當牽強。但日本右翼通過「一君萬民論」，把某種精神形式藉由神話、古籍等等，想像成爲血緣連帶。其最現代的版本就是《大日本帝國憲法》第二章的「臣民之權利義務」。與人民要求權力制衡不同，臣民視主權者(天皇)爲君爲父。好比明治天皇病危時的記載：

> 在二重橋前聚集的男女老幼，或有仰天向神明祈禱的，或有匍匐在地痛哭失聲的樣子，但是放眼望去，從上到下，全國都是為了大君(天皇)而思念謹慎，每個人不知不覺就端正起來了。幼童噤聲細語，一心一意雙手合十的祭拜；不惜作賤自己的身體，跪在地上，努力叩首。……各種各樣祈禱的姿態，沒有不是想讓大君早一刻痊癒，希望其命祚能到幾千年之久的。(東京《朝日新聞》1912年，7月28日)

這也是天皇制矛盾的地方：當天皇過世，「有限肉體」消失，天皇形象應當如何延續？從明治天皇到大正天皇，可說是天皇制國家的一次重大政治考驗。爲了討論天皇之意義，觸發了憲法層次的論爭。主張天皇機關說的美濃部達吉，與主張天皇主權論的上杉慎吉(1878-1929)展開辯論。天皇主權論者強調：以憲法第一條「萬世一系」爲核心，天皇主權係由祖宗繼受而來的，從而保證其統治正當性；因此日本是美麗之國，有獨特的「國體與國粹」。天皇權威是以神話(古事紀、日本書記)的正確性來保證，並以神道教等祭祀行爲來實踐，也就是「國家神道」[6]。試圖挑戰這種規範之意識型態，如社會主義、無政府主義甚至自由主義，都是必須矯正拔除的對象。天皇主權論從水戶學向上追溯，以本居宣長的「古道論」到平田篤胤的「復古神道」爲經典，將古事記等日本古籍當作日本國粹的根源，最終上升到日本神國論。因此，在右翼團體的思想與作爲中，經常見其使用日本古籍術語與觀念。

從這個源流，吾人不難看出日本右翼的第二個思想源頭：天皇主權。其相關論述的要點在於：天皇之神聖性，日本之獨特國體，強調日本古籍神話。

右翼思想源流之三：排西蔑中

前已論及，日本右翼的對外思維核心是「攘夷」，因此在對外關係上，常常表現出排外形式。但其所排之「外」卻是仿造原有中華秩序的範圍而定。日本右翼主張之「以亞洲之真正解放爲目的」

6 子安宣邦著，董炳月譯，《國家與祭祀：國家神道的現在》(北京：三聯書店，2007)。

的大東亞戰爭，就是使用「白人爲外，黃人爲內」的觀念。這當然與周邊國家的史觀不同，也造成諸多觀念衝突。但下文試圖以攘夷觀爲核心，來詮釋日本右翼思想之對外關係論述，特別是對中國文明的看法。

關於攘夷，在福澤諭吉(1835-1901)的諸多著作中，吾人可以發現他討論「獨立」問題時的轉變。其一，在其早期代表作《文明論之概略》(1875)中，是以西洋文明求日本民族之獨立。彼時，福澤氏斷定「暗殺攘夷不足道，進一步說武裝兵備也不合現實，國體論、耶穌論、漢儒論也不足安慰人心……要我說唯有文明而已。」其二，然1881年的《時事小言》一書，出現了下列段落：「東洋諸國(波斯、暹羅、支那、朝鮮、日本)雖互相風俗不同，但相對於西洋諸國，東西之間更有巨大差異。」因此，日本應當爲東洋諸國之文明中心，成爲西洋列強之一員後再回來保護亞洲。其三，在甲申事變(1885)之後，福澤氏寫就《脫亞論》，提及「不可期待鄰國之開明，不如脫離此群而與西洋文明國共進退。」此後，就強調日中之間的殊性。

綜上，雖常有論者關注脫亞論及其國權立場，欲藉此追究福澤氏的右翼性格。但說到底，福澤氏並非徹底主張右翼思想，而是在向西方文明的學習過程中，欲取得個人獨立與國家獨立。但在右翼思想的轉化過程中，「獨立自尊」若與「攘夷」相結合，即可能成爲日本民族生存線、利益線等言說的思想基礎。日本以「自存自衛」爲名，最終走向了對英美的戰爭，與此是有關係的。

日本右翼對「獨立自尊」的解釋方式，有點類似於國際關係理論中的「安全困境」或「攻勢現實主義」(offensive realism)。追求「絕對安全」往往必須削弱周邊國家，在周邊國家看來，就是侵略[7]。特別是在日俄戰爭之後，日本對於英國、俄羅斯、美國、法國等列強，都已經是以現實主義的方式去對待。對中國則務求削弱瓜分，不需要追求虛僞的日中友好[8]。

其次，日本對中國的蔑視，也與「脫亞論」有關。通常論者將「脫亞論」解釋爲徹底向西方文明學習，也就是西化的理論基礎。然而，在以攘夷論爲核心的右翼思想脈絡下，脫亞論也提供了「中國蔑視論」的思想源頭。既然日本在建立自身與西洋關係的過程中，採取了華夷之辨的思想路徑，也就不得不回應日本與中國的關係到底是哪一種？中國民族(漢文化)在華夷秩序中，無疑比日本民族更接近「華」的位置。毋寧說，這樣的內在緊張關係是日本右翼思想在邏輯上無法妥善回答的，也因此順理成章地必須表現出蔑視中國的各種論述，從而能夠順利以華夷觀念理解日本民族。另一種思想處理方式，就是將「華」的所有權，上升到對天道的詮釋權，也就是直接使天道人格化，化身爲「天皇」。從而，日本民族在繼受了

7 攻勢派不相信強國間的「能力」競爭是可以管理的，他們相信「衝突不可避免」。攻勢派不相信權力平衡是好事，而鼓勵國家追求霸權。參見：John Mearsheimer, *The Tragedy of Great Power Politics* (New York: W.W. Norton, 2003).

8 1908年「對外政策方針閣議決定」：清國將來的命運，現在應該完全無法預測……帝國應該考慮到，在任何的場合中，都必須對清國處於優勢地位。加上帝國在滿洲之地位，亦非容易捨棄之物。所以為了持續現在的狀態到將來，今日應該談談相關對策……。今後，一方面帝國應採取努力對清國感情融合，並取得對方信賴的方針；但是另一方面，也必須準備好，若是萬一有事變發生，不得不施加壓力的預備。平時應盡量避免挑撥清國官民，採取捨棄虛名，專得實際利益的方法。依此，在其國內扶植我國勢力，萬一該國有不測事變時，能常保我國優勢地位。另外，也達到能將來永遠保持滿洲現狀的持續目的。

天皇神性血統的同時，也取代中國成爲了華夷秩序的中心。但這也等於是自絕了與諸國平等相處的可能。這是日本右翼對外關係思想的最核心矛盾：一方面亟欲融入列強平等的國際體系，另一方面又以華夷秩序爲核心思維。

內田良平(1874-1937)是中國蔑視論的理論代表之一[9]。對內田氏而言，漢民族自古以來分爲三種社會：士人社會、農工商社會、遊民社會。士人社會代表統治階層，農工商社會代表被統治階層，遊民社會則介於士人社會與農工商社會之間。當遊民與士人結合，統治穩定；遊民與農工商社會結合，統治就混亂。在提倡「一君萬民論」的內田看來，此即中國治亂循環之因。

表現在現今的右翼思想中，其典型的議論，就是以石原慎太郎、黃文雄、小林善紀等爲代表的親台厭華的中國威脅論。在這些右翼思想中，最好日本社會在精神上遠離中國，最好切斷日本文化中的「中國性」。甚至，他們對於「中國製商品、食品」也有高度焦慮。再者，就是希望日本政府與中國政府「對立」，製造紛爭以顯示日中的差異性，即使雙方的民間接觸既頻繁又深刻。因此，「中日衝突」之事件本身，常常是爲了滿足右翼的心理需求，而非現實需要。在此類右翼言論中，「台灣」尤其常被用來當作日本文明優於中國文明的證據，不管是表現在對日本文明的喜愛，或對中國文明的厭惡。

日本右翼思想多主張排拒外國。乍看之下，排西與排中相同，但其內涵卻大異其趣。在對西洋列強的關係上，日本多以「獨立自尊」爲名，努力以平等國際體系的方式對話；但當外交遭受挫折時，

9 內田氏是黑龍會、天佑俠幹部，在亞洲各地從事各種活動，擴張日本國家利益，一般定位其為國權主義者。

又經常出現種族主義式的孤立感。相對於此，對中國的心情則多表現為「蔑視」。當日本衰弱無自信時，會試圖遠離、排斥中國；當日本強盛時，又想「幫助、介入」中國。此間對西與對中的態度反差，應與日中關係的某種特殊性有關：中華文明對日本文明而言既是半個他者，但又是共享華夷秩序的半個自己人。

無論如何，當日本受到外壓時，右翼思想中的攘夷觀念就很容易興起，助長排外式的對外政策。但排西與排中的內涵，仍有顯著差異。「排西蔑中」即為日本右翼的第三個思想源頭，亦與攘夷論的具體實踐密切有關。

右翼思想源流之四：愛鄉主義

明治時期以降日本國家理性的發展過程，就是將政治權力以某種特殊政治制度重新呈現的過程。如前所述，日本現代的施政形式，就是以一君萬民論為基礎，打破中間階層勢力；一方面消滅原有的大名階層，另一方面將新統治機器滲透至偏遠農村。簡言之，這就是建立一元化天皇制國家的過程。而在經濟上，它是以貨幣商品經濟為媒介，把控制力傳遞至基層，把農村從「封閉共同體」轉化為國家成員的過程。本節即討論這種經濟狀態，如何成為右翼思想滲透至底層民眾的根基。

在此過程中，政府剝削農業的原始資本積累，成為某種必經之途，農民窮困成為常態。如最早1876年的伊勢暴動，即是因為地租剝削問題。關於物價問題的1918年米騷動，也可說是農民在現代化過程中累積不滿的爆發。對農民而言，在廢刀令頒布後，武力不再由武士階級獨占；加入日本帝國軍隊，遂成為農民最快脫離原有階級屬性的方式。日本是工業後進國，擴大生產規模並非一蹴可及。

因此「拓殖滿蒙」，直接從中國本土掠奪資源，也就成了一種選擇，即把內部過剩的勞動力投射到外地。爲達此一目的，日本帝國也需要武裝力量以「確保國益」。兩者互相結合，農民遂成爲支撐日本帝國擴張政策的最大支柱。可以看出，戰前越是窮困的地方，二戰時加入軍隊者的比例越高，也越多支持右翼思想。

最大的轉捩點，是1932-36年所謂的高橋財政。昭和初年，在世界經濟大蕭條的恐慌下，財相高橋以擴大財政支出爲主要政策。此政策雖取得相當成效，但反而成爲日本法西斯主義的土壤。此間日本與世界之關係，有兩個不得不注意的重要背景。其一，1931年滿洲事變後，日本密集對中國採取軍事行動，使財政負擔加劇。其二，日本軍方試圖以暴力方式奪取內政控制權，如1932年爆發五一五事件。事件後，農本主義者與農民協議會立刻召開了「農村請願運動」。五一五事件的首謀之一橘孝三郎(1893-1974)無疑是右翼思想者，他也是農本主義要員。在1932年的農村經濟更生運動中，除了緩債、肥料等補助之外，農本主義者也希望政府編列「滿蒙移住費、開墾費」等預算。這意味農民對於日本軍方的中國大陸政策，大體是支持的，甚至有所鼓勵。當時日本農民因爲欠債欠收等狀況，賣女或自殺的慘狀在所多有。

但是高橋考慮到國防赤字的嚴重性，對農民採取的是「自力更生」政策，反把資源挹注至以軍需工業爲主的重化產業。政府在讓農民失望的同時，也給了軍方資源。軍方於是利用農民與青年將校(特別是農家出身者)的不滿，塑造政府無能的形象，從政變行動開始，逐漸把右翼法西斯思想散播到農村基層。特別是青年校尉階層，受到北一輝(1883-1937)的影響甚深。北一輝常被認爲是右翼思想的指導者，他的《日本改造法案大綱》主張節制資本、保障農業工業、保護婦女兒童等等，這對當時的貧困階層有莫大的號召力。北一輝的理論基礎也是「一君萬民論」，他主張消滅所有中間的社會階層，打破當時無能的政府與議會，以實現真正的「國民自由」。北一輝把這種國家主義革命視爲「普世價值」，以建設有機的統一國家爲其目標，轉而認爲日本應當自我革命。他最主要的思想著作包括《國體論以及純正社會主義》，如果依照日本學者坂野潤治的說法：「北一輝應是民粹主義者。」

另一方面，「自立更生」政策也意味給地方團體以更大的自主權限。這些團體在太平洋戰爭開啓之後，馬上成爲農村軍事化的執行工具。好比說1940年12月大政翼贊房總青年協議會所做之決議：「期待高度國防國家體制。」其要點如下：一，打破舊有政黨政治與特權政治，期待萬民翼贊之新政治體制。二，革新自由主義經濟機構，以增強經濟國力與統合國民經濟活動。期待依照公益與計畫、責任與自主的原則來確認經濟機構。三，克服自由主義的階級式勞動觀，確立新勤勞精神與新產業勞動體制，凡有能國民，都應該以精神或肉體方式向國家勞動。四，爲完成國家最高目的實現，全國民必須忍耐刻苦，保有希望期待新生活體制。五，期待創造統一思想與新文化，用以發揚日本精神，日本應做指導大東亞之民族。

在1930年代的政治論述當中，農村右翼思想十分簡樸，表現爲對當時民生凋敝之不滿，也就是反資本主義的「愛鄉主義」。但在有心人士綜合尊王論、國粹主義的引導下，愛鄉的需要(如保護弱勢、增加福利、公平分配等)衍生出一種「有能政府」主義，即以大政府爲核心的思考。這種思考取向，是日本右翼思想的最後一塊拼圖。它與前述之攘夷論、天皇論、外國論結合後，日本右翼的思想圖像遂告完整。

在日本現代國家的發展過程中，農村破敗實乃右翼思想成長壯大的重要背景和土壤。此類右翼思想具有相當顯著的保守性格：一方面體現爲向天皇、皇國效忠，把皇國命運與自身愛國結合在一起；另一方面也呈現出前現代「農村共同體」的性質，如長老制、敬老倫理、自給自足、儉樸反奢侈、農本主義等。

此爲日本右翼思想的第四個論述群：愛鄉主義。

結論：日本右翼與「正常國家」

晚近日本右翼常引用「正常國家」概念，主張重建「軍隊」甚至修改憲法，因而引發周邊國家的戒心。「正常國家」(日文中原爲「普通國家」)的概念在日本政治界，原出自小澤一郎1993年的《日本改造計畫》一書。小澤氏暗示，如果日本僅有經濟力量，而沒有國際責任與政治地位，最終必會腐敗沈淪。根據小澤氏的「正常國家」方案，日本必須做到如下兩點：第一，心甘情願地擔負起國際社會所認定的正常責任；第二，要積極與其他國家合作。簡言之，日本應該積極參與國際安全體制，並在和平憲法的架構下增加自衛隊的實力，但與聯合國一起行動以避免「軍國主義復辟」。小澤氏是否爲右翼思想家，尚有討論空間。實際上，增加「國際參與」本屬日本國民都能接受之舉。因此，日本自1990年代以來持續制定各種國內法以達此目的，如《PKO協力法》、《周邊事態法》、《反恐特別措施法》、《有時法制關連三法》等。但與此同時，「正常國家」的觀念也被右翼思想所吸納。

前文提及，1996年以降日本右翼的所謂「自由主義史觀」，意指日本應擺脫原來的二戰史觀。這群右翼論者認爲，日本因爲東京審判、美國駐軍、和平憲法等，早已失去了「日本國粹之心」。他們高度讚賞日本傳統的武士精神和愛國主義，並對日本戰後的西化以及日本主權受制於外國不滿。再者，進入後冷戰時期，國際左派勢力不斷弱化，加上中國崛起、北韓動盪、美國重心轉至中東，日本經濟停滯不前，這些因素都使日本底層群眾更希望政府照顧，更期待強而有力的國家。結果，「正常國家論」成為右翼國家主義思想的核心政策概念。日本庶民對自身處境的不滿，也很容易被有心人士投射到「因為日本還沒有成為正常國家」。在「正常國家論」這個層次上，右翼國家主義思想取得了越來越大的發揮空間。正常國家論結合了上述「國權、日本傳統、排西蔑中、愛鄉主義」等底色，型塑出後冷戰時期日本右翼的基本輪廓。

以東京都知事石原慎太郎的言論為代表，他也常以「獨立自尊的日本」為號召，表示厭惡日本現在不正常的政治地位。他說：「要效法薩長土肥，當時為了打倒幕府創造新國家而建立同盟。」可以看出，石原氏所設想的「新日本」，很可能就是以明治日本為形象。而現今自民黨總裁、日本首相安倍晉三在2012年12月《文藝春秋》所發表的〈邁向新國家〉一文中，更明言要從「戰後歷史中取回日本」。安倍的「國防軍、改憲」等構想，都坐落在日本右翼思想的延長線上。

本文分析了日本右翼的四個思想源流：尊王攘夷、天皇主權、排西蔑中、愛鄉主義。這四個要素互相嵌合而生，因此在概念上能分殊，但在分論時卻必須互相佐證。在起源上，日本的「國家理性」在幕末的政治轉換期間形成，尤以「尊王攘夷」思想為其內核；在實踐上，則有內政上的天皇主權憲法，外交上的排西蔑中；最後結合後發資本主義下農村衰敗所激發出的「愛鄉主義」，形成日本右翼的四個論述主軸。這個架構，當能較為全面地解釋現今所見日本右翼之種種(看似不一貫的)特色，如倡導忠貞、敬愛天皇、注重傳統、長老倫理、美麗國家、獨立自尊、蔑視中國、自存自衛、國權至上；希望自給自足、倡儉樸反奢侈、注重農本農村、對美國既愛又怕、熱愛日本純潔國粹、對亞洲的連帶感、聲稱二戰爲日本解放東亞的義舉，等等。

本文解析日本右翼思想，設法理解其形成脈絡與論述邏輯。讀者心清自明，不管立場爲何，先致力了解對方在想什麼，才能與其對話，邁向和解。筆者嘗試正面面對日本右翼的各種思想源流，從而尋找東亞和平的真正契機。

邵軒磊，台灣師大東亞系助理教授，著有《戰後日本的中國研究系譜》等。主要研究日本知識史、近現代東亞外交、中國研究方法論、東亞思想系譜。

查維茲的激進民主傳奇

廖美

「投給馬杜洛就是投給查維茲。」

委內瑞拉因總統查維茲於3月5日去世，依法在月內舉行改選。前述競選口號，讓直到年前，對大多數委內瑞拉人來說還相當陌生的馬杜洛，在4月14日大選中，以27萬多票贏取勝利，差距只有1.83%[1]。在選舉策略上，馬杜洛凸顯自己是查維茲的繼承者，誓言延續查維茲的治國擘畫。

值得玩味的是，這次選舉結果在民意調查預測之外。甚至選前幾天，許多調查顯示兩方差距在7% 到10% 間；可能因六個月前的大選，查維茲贏了對手12%，預測模型不敢大膽針對新情勢進行調整？

回顧查維茲主政期間，每逢選舉，西方媒體總是特別放大委國的亂象，讓人以爲多數委內瑞拉人無法接受查維茲的治國風格，希望換人治理。這類對委內瑞拉政情的「誤判」，自1999年查維茲當政後從未間斷，很像大聯盟死忠球迷對支持球隊的態度，總在球場

1 馬杜洛原為巴士司機，也是工會聯盟積極分子。2006年以來，一直擔任委內瑞拉的外交部長，直到2012年10月總統大選結果揭曉，三天後，被查維茲任命為副總統，進而在2012年12月8日，查維茲首次對外宣稱，一旦委內瑞拉面臨改選，希望支持者把票投給馬杜洛，以延續他的社會主義運動。

高舉「我們相信！」事實是，查維茲在14年任內面臨17次全民投票，包括公投和各類選舉，他領導的政黨總計贏了16次；說他深得人心，並不爲過[2]。

一直以來，西方主流媒體習以「獨裁」、「專橫」來描述查維茲，然而，仔細觀看委內瑞拉社會，我們卻看到活躍的反對黨，競爭喧嚷的選舉，爭辯不休的媒體和生氣蓬勃而且相當有組織的市民社會。顯然，獨裁的強人或專橫的政權，不可能提供社會這麼多元的環境。這次透過查維茲加持的馬杜洛僅以些微差距贏得選舉，顯示對查維茲的支持與信賴，無法單純轉移，畢竟，個人領導能力是選民考量的因素，而不是查維茲倡導的信念和意識型態。查維茲的性格魅力，如面對群眾親和，雄辯滔滔，能不費力在演說中談論馬克思、引述聖經、吟詠聶魯達的詩句，馬杜洛相形遜色。

＊＊＊

在拉丁美洲國家中，委內瑞拉在1950年代就實施民主選舉，至少長達四十年，兩個主要政黨在固定選舉週期競爭，國家局勢穩定，和其他拉美國家動輒經歷激烈更迭相較，委內瑞拉的民主相對沉悶，一直到查維茲出現，委國的政治氣溫才出現規模的起伏。

查維茲任職總統後，在很多場合一再提起，所以幾乎每個委內

---

2 每次選舉，反對查維茲勢力都會質疑選舉過程的公正性。不過，前美國總統卡特成立的卡特中心基金會，直到2012年9月為止，在全球各地總計觀察92次選舉，卡特公開表明「委內瑞拉的選舉過程是世界上最好的。」這次總統改選，馬杜洛的得票50.78%，對手卡普里萊斯對選舉結果有所質疑，希望全數重新驗票。馬杜洛於19日宣誓就任，選委會也裁定可以全面重新驗票。

瑞拉人都知道，1970年代擔任軍官的查維茲在山區追逐游擊隊，曾發現遺落現場一本普列漢諾夫的著作——《論個人在歷史中的作用》，正是一個繁星滿佈的美麗夜晚，查維茲在帳篷內，用手電筒充滿興味地閱讀那本小冊。這本俄國革命家的作品從此伴隨他，冥冥中預示他尋找個人歷史定位的雄心。其實，直到就職總統前，他都還不是一個社會主義者。身爲年輕軍官的他，當時喜好的是藝文與思辯，閱讀主要集中在馬奎斯和尼采等文學和哲學著作。

1999年上任總統以前，查維茲到古巴拜訪卡斯楚。受託於哥倫比亞一家雜誌社專訪查維茲的任務，加上跟卡斯楚友好，馬奎斯適時成爲座上賓。對馬奎斯作品不陌生的查維茲，熱誠邀請馬奎斯搭乘專機，一起從哈瓦那飛回卡拉卡斯，就在飛機上接受這位諾貝爾獎文學家的訪問。馬奎斯寫成的專訪報導，後來刊登在二月份出刊的雜誌，題爲〈兩個查維茲之謎〉[3]。透過文學家的敏銳觀察，這個標題，適切地爲查維茲在歷史中的作用，定下合宜的主調。

查維茲因癌症術後併發症過世，眾多媒體和拉美專家，對查維茲的評價南轅北轍，主要是這些評論多半看到「一個」查維茲，可以這麼說，切中的查維茲分析，需要觀察到「兩個」查維茲，著重放大某個查維茲，必定有所偏頗。

＊ ＊ ＊

兩個查維茲因此互動出兩個委內瑞拉。

如果步行在委內瑞拉的大城市，尤其是首都卡拉卡斯的街巷，

3 Gabriel García Márquez, “El enigma de los dos Chávez,” *Revista Cambio*, February 1999.

各式查維茲圖像、塗鴉和政治口號是城市中不可忽視的一景。仔細在斑駁的色彩裡，尋索曾經繪下的遺跡，會洩漏查維茲政府在不同階段所動員的政治議題。如果讀到「投票說『不』」，指的是2004年公投是否讓查維茲提前結束任期；如果看到「這次說『是』」，意謂2007年公投應否大幅翻修憲法，讓委內瑞拉走向社會主義國家。

上述兩次公投，委內瑞拉社會無可避免捲進喧騰翻攪的氛圍。

2004年，有59% 投票反對提早撤銷查維茲的總統職位，讓持續兩年高度動員的反對勢力，在發動連串抗議、全國總罷工和聯署公投等行動之後，因過度疲乏，反彈力道消耗殆盡，從而穩固查維茲的治理權威，這次公投標誌查維茲在委內瑞拉鞏固執政的轉捩點。

反之，2007年的公投，51 % 的人反對大幅修憲把委內瑞拉轉型爲社會主義國家。這次，選民對查維茲急切發動的「玻利瓦社會主義運動」，踩了緊急剎車。

2007年公投的失敗，查維茲主義者在Aporrea.org網站發起尖銳辯論[4]。西班牙政治學者莫內德羅(Juan Carlos Monedero)把查維茲的領導風格定義爲「高度領導」(hyper-leadership)，呼應許多草根運動者不滿查維茲越來越固執的由上而下的決策，以及在查維茲領導圈內缺乏批判空間，無法對無效率和腐敗的情況進行揭發。

莫內德羅認爲，在社會凝聚不足、政黨系統薄弱和多數人被社會排除，這樣的環境最容易出現「高度領導」的現象；在葛蘭西的語彙裡，近似「進步的專制主義」，通常在權力真空或意識型態混亂時，最易出現。這類領導風格問題不少，將造成大眾參與的萎縮

4 西班牙文的「Aporrea」意謂「敲擊」。Aporrea.org 網站主要在委內瑞拉 2002年政變後不久，由托洛茨基主義者建立，論壇歡迎來自各方的言論。那時，不管收音機、手機或網路，對防衛查維茲政權的大眾動員，扮演極其重要的角色。

和倚賴領袖的英明能力。

兩次公投，兩個委內瑞拉主客異位，互換攻防，對社會造成極大的耗損。

＊ ＊ ＊

石油，這個黑色的金礦，是了解委內瑞拉國家本質和政治現實的關鍵。它也有兩個面貌：其一，作爲「黑金」的龐大經濟利益；其二，啓動分配的政治潛力。

委內瑞拉自然資源藏量豐富。其中，超重油藏量占全球第一，傳統原油在西半球的藏量也排第一；鋁礦儲藏居世界首位，煉鋁是委國僅次於石油之外的重要工業；還有，鐵礦的藏量則在世界排名第三。

1970年代，全球籠罩在石油危機中，許多國家面臨發展遲滯，財富萎縮；當時，委內瑞拉則走著全然不同的道路：反而因油價高漲，享受有史以來最富裕的時刻。這景況，可謂應和了「最壞的時代也是最好的時代」的文藝腔修辭。

油價的變動主宰委國經濟，影響民眾存活，也決定階級結構的演變和社會發展的走向。再者，巨大石油利潤，讓查維茲可幫助窮人改善生活，進一步憑藉石油的配銷權力，影響鄰近拉美國家。委內瑞拉是美國第四大石油供應國。當2008年經濟衰退，石油供量縮減，爲不影響社會福利計劃的推動，還向中國借貸，再以石油輸出償債，委國因此成爲中國燃料的重要來源。

歷來的執政者，深諳如何運用石油收益在民眾身上，進而轉爲選票支持。在查維茲把外國石油公司歸爲國有以前，多數的石油公司在委國舉足輕重，不但管控使用空間、決定國家政策、改造員工生活型態，也影響一代又一代委內瑞拉人觀看世界的方式；而影響強度又和石油公司在委內瑞拉的歷史有關，越是悠久越是根深柢固，擴展而出的衝擊也越龐雜。

外來公司如何在本地生根？有其特殊歷史政治背景。

20世紀初期，委內瑞拉在地方和區域，都有在殖民時期養成的政治和地主菁英，代代相傳，實力足以主控地方政治。他們雖然局限一方、各行其是，卻自成體系，反讓國家機器的運作相對薄弱。當1910年代石油工業建立初期，軍事強人戈麥斯(Juan Vicente Gómez, 1908-1935)意欲鞏固國家權力，便鼓勵外資投入石油開發，由發達經濟爲起點，逐步達成對政治權力的掌握。

傳統上，政治經濟分析和文化研究屬不同面向，然而觀察委內瑞拉的石油工業，必須在文化面和政治面一起檢視，才能了解其操作本質。外國石油公司在委內瑞拉創造出複雜的權力關係網，可以影響委國的政治過程，無論開採、提煉或出口都占有特殊地位，對石油員工、知識分子和多數中產階級成員，具有型塑和培育社會和政治價值的作用。石油公司的綜合住宅區，儼然是個大型社會實驗室：自行推動勞工操作慣習、提倡公民觀念和利於石油公司在委國長期運作的世界觀。雖然外國利益對委國的控制，可以激發民族主義者的情感，但因國家對石油的依賴和被其所促生的利益與生活風格所吸引，長期以來，領導菁英總是噤聲不語。

在石油價格騰升的時代，從委內瑞拉的上層有錢階級，到一般石油工會司機，絡繹於途從邁阿密、阿根廷、到巴黎的購物中心大肆消費，售貨員最常從這類購物者聽到的話是：「好便宜啊！買兩份。」一旦石油跌價，首先受到衝擊的卻是低階民眾，通常都因通膨嚴重，造成個人財富嚴重縮水，國家預算嚴重削減，國內消費停滯，進而貧窮的人數也急劇攀升。

石油工業起伏的烙印，鑿刻在委國各個層面：從歷史、政治、社會到文化，無一不受影響。同時，因為石油的生產和輸出掐著委國的經濟命脈，造成在農林漁牧、一般工業和製造業不均衡的投資，長久以往自是萎靡不振；相反的，與石油相關的產業，如天然氣和石化工業，都大幅擴編。

因為石油的龐大利益，當石油產業遭受挑戰，為維護既得利益，很容易導致反彈或抵抗。委內瑞拉的經驗，最是能夠提供活生生的觀察事例。

晚近，在2002年4月，由委國國營石油公司(PDVSA)發動的大規模抗議，就為當年4月11日的政變埋下伏筆，導致查維茲離職。短短47小時內，委內瑞拉更換國家領導人，廢除憲法，解散國民議會；但支持查維茲的群眾湧上街頭，要求查維茲復位，政變因民眾挺身而失敗。同年12月，石油公司和反對勢力聯手，閉廠罷工，整個行動持續到隔年2月，對經濟產生災難性的後果(見表一)。另外，在2004年此起彼落的零星暴力，加上要求總統去職的公投(公投後來沒有成功)，也讓委國社會暴露在更深的分裂中。

＊　＊　＊

委內瑞拉大規模的市民抗議，並非查維茲執政後才有的現象。回溯歷史，可看到其中的轉折。除了石油以外，「政黨」也是定性委國政治現實的關鍵。

政治學者薩托利用兩個指標來進行政黨分析：黨員數和政黨意識型態的差異；即政黨黨員人數越少，競爭政黨彼此的意識型態差異越小，有較大的政治穩定性和較高的民主品質；有的學者還加上制度化水準，作為判斷依據[5]。而政黨制度化程度則由穩定性、正當性、對社會的滲透和組織化強度來決定。不過委國政黨的「制度化」，從而塑造的政治系統，卻成了日後動亂的根源。

獨立戰爭後的19世紀，委內瑞拉和拉美其他國家一樣，主要由保守和自由兩股勢力主導政治，在軍事強人戈麥斯之後，委國進入政治自由化，開啓由政黨主控政治達半世紀以上的局面。

21世紀起始，多數拉丁美洲國家，漸漸從代議民主，轉為大眾介入決策過程的參與民主，尤其針對國家結構(如憲法)和重要政策議定，交付全民公投的頻率越來越高。相對君權和王權的歷史，拉美民主代議政治的發展不算久，然而多數拉美國家在20世紀下半葉實施代議政治的過程，發現代議民主缺陷重重。代理形式產生的民主弊端，尤以委內瑞拉的協定民主(Pacted Democracy)最是荒腔走板。自1958年以來，為了把左派邊緣化，同時讓小黨沒有生存空間，委內瑞拉兩個到後來分不出意識型態差異的政黨，即民主行動黨和基督教社會主義黨簽署協議，約定不管結盟或競爭，執政人選僅在兩黨內擇取。這兩個政黨從1958年到1998年，一直占據委內瑞拉的政治舞台，主導政治發展。

委內瑞拉不但在拉美地區最早結束軍事獨裁，也立即施行定期的民主選舉。由於總統任期五年，而且只能一任，每五年就行禮如儀進行大選。選舉結果不會造成國家執政方向的改變，因為兩黨結構穩固，不需為選民調整。政治菁英和其同夥在「約定」傳統裡，

---

5 見Giovanni Sartori, *Parties and Party Systems: A Framework for Analysis* (Cambridge: Cambridge University Press, 1976) 和 Scott Mainwaring *Rethinking Party Systems in the Third Wave of Democratization: The Case of Brazil* (Stanford, California: Stanford University Press, 1999).

前後持續四十年。既有的分贓體系穩固，誰還在意競選承諾？

多年浮濫運用國家財富及不當治理，反映委內瑞拉基本生活狀態的經濟指標不斷惡化。縱以「徹底改變」現狀爲訴求當選總統，裴瑞茲(任期 1989-1993)一上任，當接到國際貨幣基金會的經改通牒，竟然無視競選諾言，徑自執行撙節計劃，造成汽油和大眾運輸票價高漲，連帶促成高通膨。不滿的民眾走上街頭，接連幾天的抗議，最後演變成暴亂騷動。裴瑞茲於1989年2月27日調派軍隊，對群眾鎮壓和槍殺，估計死亡人數在三千人左右，稱爲「卡拉卡斯大殘殺」(El Caracazo)，這個事件使委內瑞拉社會在精神上極度受創，也讓年輕查維茲更堅信，需要透過激烈變革，才能讓委內瑞拉走上公平道路[6]。

查維茲出生於一般家庭，父母雖是小學教員，但因家中共有六個男孩(查維茲排行第二)，收入不足養活全家。從小查維茲和大哥就與祖母住一起，減少在父母家吃食的壓力。小查維茲喜歡學習和閱讀，在音樂、歌唱和繪畫方面表現傑出，除此之外，更喜歡打棒球。高中畢業後，查維茲沒有去一般大學就讀，而進入委內瑞拉軍事學院，就是盤算軍事學院的棒球隊，在委內瑞拉排名數一數二，比較有機會從那裡進入美國大聯盟。不過，一旦去軍中就讀，查維茲很快發現，比起打棒球，政治科學更吸引他；也是在學習中，讓查維茲越來越篤定，要追隨拉美獨立運動解放者玻利瓦的信念。

當查維茲19歲，在收音機聽到卡斯楚宣布智利總統阿葉德在1973年9月11日由美國中情局策動、皮諾契特將軍領導的流血政變中

6 無法估算精確的死亡數字，因為當時的受害者不是失蹤，就是被集體掩埋。見BBC. 2011. “Victims of Venezuela’s Caracazo clashes reburied.” Feb. 27. (http://www.bbc.co.uk/news/world-latin-america-12593085)

身亡，內心非常激動，據說，當時他就把抵禦西方國家(特別是美國)的帝國主義入侵，作爲努力目標[7]。查維茲在軍中糾結具有左派想法的同志，組織討論，後來在1982年玻利瓦200歲生日那年，與同志成立「玻利瓦革命運動200」的組織，查維茲在1992年發動的政變，主要成員都來自這個組織。

查維茲曾跟馬奎斯提及，他錯過在1989年殘殺事件後進行政變，因爲那是最適合推動政變的時機。當1992年在首都領導政變失敗，查維茲被要求勸說在其他據點的同志撤退。由於當時通訊不方便，最後決定讓他在電視上傳達訊息：

> 首先，我想對所有委內瑞拉人說早安！這個玻利瓦訊息是給在阿拉瓜州的傘兵團和在瓦倫西亞州的坦克兵團的勇敢士兵們，同志，不幸地，現在，我們設定的目標無法在首都達成。也就是說，在卡拉卡斯的我們沒有奪權成功。不管你們在哪裡，你們表現很好，但現在是該好好想想的時刻。新機會未來會出現，而且我們的國家必定需要走向一個更好的未來。
>
> 所以，聽我說，聽你們的指揮官查維茲，他正在對你們傳達訊息：請好好想想、放下武器，因為事實上，我們設定的目標在全國層面不是我們此刻的能力可以掌握。同志，請聽這個團結的訊息：我感謝你們的忠誠、你們的勇氣、你們的無私慷慨。在國家和你們面前，我接受這個玻利瓦軍事行動的責任。非常感謝你們。

7 查維茲在2006年出席聯合國大會，向各國領袖和美國人推薦瓊姆斯基所著的《稱霸或生存：美國支配全球的圖謀》(*Hegemony or Survival: America's Quest for Global Dominance*)，雖然調侃的味道濃厚，還是藉演講時機表達他的反帝信念。

許多委內瑞拉人在1992年2月4日早晨，看到電視出現一位年輕軍人(那時的查維茲不滿38歲)，承認領導軍事政變失敗，願意負起責任。從未看過任何政治人物在發生嚴重事件後，負起責任的委內瑞拉人，第一次看到有人承認錯誤，願意負責。就算他是「叛國」的軍人，馬上成了敢做敢當的英雄。當時沒人能夠預想，這個總計62秒的演說，挑動聽者心弦餘音的強度，竟在六年後匯集成巨大共鳴，把查維茲送上總統的寶座。查維茲藉由改變權力結構，也改變一代又一代委內瑞拉人的命運。

＊ ＊ ＊

也許很少人注意到，查維茲是自有歷史以來，唯一在連續的民主選舉中被多數選民一再肯定的激進左派。他當政的14年間，無論在降低貧窮、提高識字率、住房、醫療和食物消費，都有顯著的提升，一方面歸功連續幾年以來的高油價收益，另外，古巴也提供不少專業人力到委內瑞拉進行協助。

不過，行走在14年的路途上，並不平坦。

表一呈現委內瑞拉幾項重要的經濟指標，在資料許可的情況下，除列出查維茲14年執政時期(1999-2012)主要的指標，也列出他就任前一年(即1998年)作比較基準。我們可以看到，查維茲如何從破敗的情境中站起來。

石油藏量驚人的委內瑞拉，多年來，竟有四成以上人口生活在貧窮環境下，尤其接近兩成人口是極度貧窮，是執政者無能的體現。經過查維茲14年經營改善，前述兩項指標，不斷降低，到2012年，有21% 屬於貧窮，至於極度貧窮則降至6%。

不過，我們在表一也看到，2002年和2003年這兩年間，各項指標都比先前更惡化，主因當時政治鬥爭激烈，政變加上總罷工，國事和生產，可說完全停擺。「沒有傷痛就沒有真的改變」，或許受夠了傷痛，自2004年起，整體趨勢走向更好的境地。

表一　委內瑞拉重要經濟指標

	貧窮率*	極度貧窮率*	失業率	經濟成長率	通貨膨脹率	營養不良率**	社區醫療挽救生命累積總數***	國民平均所得(美元)
1998	43.9	17.1	11.3	0.3	30.0	5.3		6,863
1999	42.0	16.9	15.3	-6.0	20.0	4.7		8,000
2000	40.4	14.9	14.6	3.7	13.0	4.4		6,200
2001	39.0	14.0	13.7	3.4	12.3	4.5		6,100
2002	48.6	21.0	15.5	-8.9	31.2	4.8		5,500
2003	55.1	25.0	19.2	-7.8	31.1	5.3	8,733	4,800
2004	47.0	18.6	16.6	18.3	22.4	5.2	21,682	5,800
2005	37.9	15.3	13.1	10.3	16.0	4.6	32,162	6,400
2006	30.1	9.1	10.6	9.9	15.8	4.5	73,332	7,200
2007	28.5	7.9	9.2	8.4	18.7	4.2	286,612	12,800
2008	27.5	7.6	7.8	5.6	30.4	3.6	756,414	13,500
2009	26.7	7.5	10.9	-3.2	27.1	3.3	1,518,104	13,000
2010	26.9	6.9	8.7	1.5	29.8	2.9	1,693,046	12,700
2011	26.5	7.0	8.3	4.2	26.1	2.9	1,722,321	12,700
2012	21.2	6.0	8.7	5.6	18.6			13,200

* 以下半年統計為主。
** 觀察五歲以下孩童。
*** 累積統計期間自2003年到2011 年 11月。
資料來源：(1) Instituto Nacional de Estadística (INE), http://www.ine.gov.ve/ ; (2) Banco Central de Venezuela (BCV), http://www.bcv.org.ve/ ; 網上資料查詢 2013年4月14日。

雖然，2008年全球經濟衰退，直接影響委國的失業率和成長率，通貨膨脹率不算低，但並沒有回到1990年代末期的窘境。

另外，社區療治(Barrio Adentro)組織提供委內瑞拉有史以來，在窮人社區最棒的免費醫療。表一也顯示，在社區醫療中挽救的生命累積總數的增加和五歲以下孩童的營養不良率的逐年下降，這些數字足以輔助說明，查維茲為什麼一選再選，總是能夠當選，主要是整體經濟情勢和國民健康狀況，的確往漸次改善的方向前進。

平實而言，查維茲堅實的民意支持，來自他戮力達成窮人和工人階級在經濟條件方面的具體增進。不過，在閱讀西方主流媒體報導，我們常看到一個說法：「支持查維茲的都是窮人！」這樣的結論明顯不正確，因為以總統選舉得票率來看，查維茲的得票率至少都在半數以上(有時甚至在六成以上)，這些數字，不是委內瑞拉窮人的總數。魯普的研究發現，除了1998年的總統大選，窮人支持查維茲比較顯著之外，後來的選舉，都沒有這類選民特質[8]。事實是，查維茲的支持者相當多元。

* * *

8 Noam Lupu, "Who Votes for Chavismo? Class Voting in Hugo Chavez's Venezuela," *Latin America Research Review*, 45 (1): 7-32 (2010).

評估查維茲的功過，當然也應從非經濟面檢視。

拉美國家的左派光譜：從溫和左派執政的巴西、智利、烏拉圭，到稍左的阿根廷、厄瓜多爾、巴拉圭，到更左的玻利維亞，及最左的委內瑞拉。這些年，委內瑞拉可說是拉美地區，把過去新自由主義經濟翻轉得最徹底的國家，幾乎所有重點工業都收歸國有，也引進許多社會計劃，同時藉集體化和資本管制來建立社會所有權。查維茲也進一步鼓吹拉美地區進行整合，形成所謂「美洲玻利瓦聯盟」。其中。查維茲與巴西總統魯拉的友好關係成就他在國際縱橫的高峰。看看西方國家的政治修辭，會把魯拉的執政說成與查維茲截然不同。如魯拉是溫和的、務實的；而查維茲則魯莽、愛好對抗。不過，魯拉始終如一爲查維茲辯護，也給其選舉背書。維基解密曾揭露布希政府如何給魯拉施壓，希望巴西孤立查維茲，但都遭到魯拉很有技巧、溫和而堅定地拒絕。

在政治運作層面，委內瑞拉仍然沒有超脫過往政權習於採取的恩蔭庇護關係、沒能避免貪污和以查維茲爲主的個人至上論。不過，查維茲的確以其領導魅力，將原先各自爲政的草根組織連結在一起，而且提供一個「玻利瓦革命」的願景和架構，儘管查維茲執政後產生諸多缺點，社運組織工作者相信，展望美好社會，查維茲塑造的政體跟過往的執政相較，提供了更有希望的未來。了解查維茲現象背後的運動，以及在運動中人的情感，與了解查維茲政府本身一樣重要。另外，查維茲執政期間，不只推展參與式民主，也推動所謂「全民的戰爭」(Guerra de todo el pueblo)[9]。可以這麼說，查維茲養大了委內瑞拉人對民主參與的胃口，這樣的胃口，如果暴食不

9 這個口號最早出現在委內瑞拉的主要報紙 *El Universal*，2005年4月8日。

加節制，可能造成過度肥胖而行動艱難。

如何給查維茲的激進民主傳奇定位？

讓我們去到委內瑞拉進行這個沉思：很多委內瑞拉城市的廣場，都命名爲玻利瓦廣場，廣場上也有騎在馬背上的玻利瓦雕像。雕像中的玻利瓦總在腮幫上留兩撮鬍鬚，身形清瘦，精神矍鑠，而且總是那麼一式地——穿著拿破崙式的軍裝。玻利瓦曾說：「了解革命和革命參與者，我們必須在近距離觀察，但在遠距離給予評斷。」或許對查維茲的評價，要再等久一點，讓時間遙遠一點，但是，絕對不要給他穿上同一式衣裳。

廖美，目前於紐約市立大學布魯克學院商業與政府研究中心工作，專事勞動經濟分析。

倖存者的批判與重構：

讀錢理群《毛澤東時代和後毛澤東時代》*

杜應國

在漫長的等待、沉澱、焦慮、困惑，乃至糾結與掙扎之後，向以魯迅研究著稱的錢理群先生，終於在古稀之年，完成了這部皇皇七十餘萬言的巨著《毛澤東時代和後毛澤東時代》（聯經，2012）。

這是作者多年前就立下的毛澤東研究志向的遲來的迴響和最終落實，也是一個毛時代的親歷者、倖存者和背叛者，在歷經迷信的狂熱與盲從以及理性的清醒和反思之後，對自我、以及對毛時代的一次總的清算和批判。這是一次歷史的結帳，也是「另一種歷史書寫」(即歷史重構)的自覺努力與嘗試。或許，還可以看作是一代知識分子在走出了毛澤東巨大陰影的籠罩、又經歷了幾十年的紛紛擾擾和人世滄桑之後，對毛時代的最後告白。這在國內外有關毛及其時代與後時代的研究中，都自有其不可忽視亦不能低估的意義與價值。

---

* 本文為筆者同名文章的簡縮本。因原文過長，應編者要求作了大幅度的壓縮精簡，原文注釋也概予刪除；此外，文中「關於文革」一節，亦係應編者所請新增補的文字。特此一併說明。——筆者2012年12月11日補記。

一、全書框架

百年中國的現代化追求與共產極權主義運動的興起，是本書歷史敘事的一個隱結構；二者的交匯與碰撞，實質上構成了本書歷史闡述的整體框架。

在作者自覺建構的「視角座標」即「三維講述空間」之外，還有一個隱性的「觀念座標」，即作者是依據什麼樣的思想資源和價值觀念去觀察事件，臧否人物的？前者——「視角座標」，屬於方法論；後者——「觀念座標」，屬於價值觀。

貫穿於現代中國的兩大歷史線索，即百年中國的現代化追求和共產極權主義運動的興起，是作者共和國歷史敘事的一個隱結構。這是歷史的兩條縱貫線。二者之間的交匯、衝突和碰撞，不僅演繹出了中共奪權建政的歷史，而且構成了中共六十年執政歷史的變奏基調。

中國的現代化，是伴隨著日益嚴重的民族危機，在一連串的戰爭失利和外交失敗的痛苦中緩慢開啓的。這就決定了，中國的現代化選擇是被迫的、強制性的，而不是主動的和自願的，是一個充滿了危機和焦慮的過程。另一方面，中國被迫採取「向西方學習」的現代化路徑，又注定了這是一條一邊挨打、一邊向對手學習的充滿了困惑與屈辱的路。一部近代史就是一部危機史，一部恥辱史。「落後挨打」因此而成爲幾代中國人共有的心理陰影和民族性的創傷記憶、集體記憶。

同時，在巨大的危機背後，也隱藏著一個古老帝國蛻變與新生的歷史性契機，這就是從傳統的農業文明轉向新興工業文明的歷史嬗變。這是一場千年未有的社會大轉型，文化大裂變的序幕。它意味著，古老的中國——儘管是在西方列強的裹挾之下，卻從此開始匯入到自18世紀以來以工業革命爲發端的世界現代化、一體化過程。中國歷史成了世界歷史的一部分。

換言之，現代化選擇已經成了近代中國的歷史宿命。這就是隱藏在中共「富國強兵」治國路線背後的**歷史邏輯**。

歷史邏輯之外，也還有個**理論邏輯**，即按照馬克思共產主義革命的目標和列寧開創的暴力革命之路，以及斯大林所建構的一黨專政的極權主義體制，去實現中國的現代化，並建立其共產大同的理想社會。這就是毛澤東與中共所不能擺脫的理論邏輯。

這就意味著，毛領導的中國革命具有雙重目的：既要現代化，又要共產主義。對於一個落後的、處於前資本主義型態的東方大國來說，這樣的雙重目的，無異於直接面對馬克思生前也很困惑的一個理論難題，即能否「跨越資本主義卡夫丁峽谷」問題，也即能否繞開資本主義的發展模式而直接進入社會主義(列寧的「共產主義第一階段」)。毛時代的諸多問題即由此而生。

二、關於毛氏評價

1. 道德評價

鑑於有關毛氏個人的資料披露已經越來越多，更鑑於毛理論的種種欺騙性，在今天的背景下評毛，如果不聯繫其個性、人格，僅僅只從思想理論著眼是不夠的，因爲它無助於戳穿毛那些美麗言辭的虛假性、欺騙性。因此，有關毛的道德評價及其個人責任問題，是一個必須正視的、不容迴避的問題。在歷史的審判台上，毛應該接受的是雙重審判——思想審判與道德審判並重。

至於體制方面的問題，這也是毛批判必然要涉及的問題。因爲，正是這套體制，爲毛的種種胡思亂想和倒行逆施提供了可能。毛不僅是體制的建構者，而且還是其老練的操控者和利用者。在毛眼裡，體制幾乎成爲他隨心所欲的工具。沒有監督，沒有制約與制衡，這是極權體制的痼疾。而對於毛時代來說，毛與體制的糾結本身就是一個需要清算和批判的問題。

2. 性格機制

毛個人性格之所以值得重視，是因爲正如白魯恂所說：「有一個人的性格特徵完全地主導、控制與統制著中華人民共和國的政治發展。」

作爲一個典型的奇理斯瑪型領袖，毛的個性、人格，均有其超凡之處；但從人格心理學的角度看，也自有其缺陷或曰人格障礙。

毛屬多重人格，心理、氣質既複雜又矛盾。譬如他所自謂的「虎氣」與「猴氣」，就是典型的自我矛盾。而毛執政後的某些失誤、錯誤都與其性格有關。尤其在晚年，毛之所以會墜入不斷以左反右，不斷用一個錯誤來掩蓋另一個錯誤的怪圈，部分地就與其所謂「喜歡挑戰」實則是任性、固執，從不服輸、從不認錯的執拗性格有關。

3. 思想理論

對於從青年時代就渴望掌握「大本大源」，進而實現其「聖人」之夢的毛來說，宣稱發現了人類社會歷史發展規律並找到通往天國之路的馬列主義，正是其苦苦追尋的「宇宙真理」。自此而後，自以爲真理在握的毛，就有了某種天降大任，舍我其誰的「天命」觀。所以，在縱橫捭合的黨內鬥爭中，毛總是以手握真理的正確路線自居，並且總是喜歡給所有的政治對手都安上一個反馬列的罪名。馬列主義，不僅是毛的禁臠，而且是他搶佔的思想與道德的制高點。

所以，毛常以黨的代表、真理的代表、乃至人民的代表自居。毛的民粹主義色彩，一定程度上也與此相關。正如漢娜・阿倫特所說：「極權主義絕不滿足於用外部手段來統治，即通過國家和一種暴力機器；由於它那奇特的意識型態和它在這種高壓政策中被賦予的角色，極權主義發現了一種從內部控制人和威嚇人的方法。在此意義上，它消除了統治者和被統治者之間的距離。」這種「從內部控制人」的方法，就是通過人為製造的個人神話與個人迷信，造成毛代表人民，而人民也需要毛並離不開毛的假像，以達到控制群眾、挾群眾以自重的目的。

此外，毛的另一大理論法寶就是階級鬥爭。毛的階級鬥爭理論話語有兩個作用：一是誇大敵情，有意在全黨、全國造成一種緊張、恐怖的氣氛；二是為他進行殘酷無情的黨內鬥爭提供掩護（黨內政敵是黨外敵人的代表，對之也必須實行無產階級專政）。而階級鬥爭理論的最大危害，則是以人為製造的社會對立和社會仇恨，取代和扭曲了原有的人性、人倫意識，從而摧毀社會最基本的人道主義防線。

總之，馬列主義和階級鬥爭，無非是毛在延安整風運動中慣用的「說教（文的一手）和鎮制（武的一手）兩種手段」的故技重施而已。只不過，整風用之於黨內，執政卻施之於全國。說穿了，這就是毛時代一手持經（馬列主義），一手舞棒（階級鬥爭），教化與恫嚇並用的「雙峰政治」（一邊是道德高地，一邊是制敵絕招）的秘密。正如《毛澤東》一書的作者斯圖爾特・斯拉姆一針見血所指出的：「誰也不懷疑『無產階級專政』就是指毛的統治；『階級鬥爭』則主要指與黨內反對毛的分子作鬥爭。」

4. 權術心術

毛氏工於心計，精於權術。在黨內鬥爭中，其手段之高超，心計之深遠，出手之詭異，謀劃之周全，運用之嫺熟，收效之明顯，堪稱雄才大略，無人企及。正如許多研究者都注意到的，尤其對韓非「法、勢、術」那一套帝王之術，更是運用得出神入化，神出鬼沒，幾令人防不勝防，莫測高深。惟其如此，毛時代的黨內鬥爭，往往透出一股拜占庭陰謀般的神秘氣息和詭異色彩。然權術映射心術。其出發點既是整人，手腕再高，也不可能天衣無縫，終難免會有露餡的時候。姑略舉數例。

1967年元月13日，毛約見事實上已被軟禁的劉少奇。一見面，毛竟故作關心地問劉：平平的腿好了嗎？毛作此問，是因爲數天前，清華大學的紅衛兵演了一齣所謂「智擒王光美」的鬧劇，「智擒」也者，就是編造了一個劉家小女劉平平被汽車壓傷腿的謊話，而成功地將王騙到清華園批鬥。以毛對劉的關注，他既能得知這樣的資訊，會不知道這是紅衛兵的惡作劇？毛之虛僞，可見一斑。

還有一件廣爲人知的「佳話」，即1965年9月23日爲分配彭德懷到西南三線工作而與彭的談話。毛在談話中以罕有的高姿態說：「我們共事幾十年了，不要廬山一別，分手分到底。我們都是六七十歲的人了，應當多爲後代著想。廬山會議已經過去了，是歷史了。現在看來，也許真理在你那邊。」毛的虛懷若谷，不計前嫌，令彭感動不已，當場就同意前往西南。然而，眾所周知，此時毛與江青密謀已久的批海瑞文章正在密鑼緊鼓地進行，就在此次談話僅僅一個月零17天之後，11月10日，姚文元〈評新編歷史劇《海瑞罷官》〉的重頭文章就公開發表了。可見，毛那番虛假表示，玩弄的不過是其調虎離山的詭計：因爲大戰在即，毛生怕這只放在京城的猛虎會與他的同情者聯起手來而生出意外。

當然，毛最叫人詬病的，還是對其夫人江青的縱容與重用。如論者之言：「讓其夫人介入黨內鬥爭，這在世界共運史上是絕無僅有的。」(李天民：《劉少奇傳》)毛在九屆二中全會後爲發洩對林彪的不滿，居然說什麼「我一向反對讓自己老婆作自己辦公室的主任」。他怎麼就不想想，他對江青的重用，又豈止僅僅只是個辦公室主任？

三、關於「五七體制」

「五七體制」是錢理群長期致力的「一九五七年學」研究的重要成果，也是作者在毛與毛時代研究中提出的一個重要命題。這個命題的提出，標示著從蘇聯移植的斯大林極權體制在毛的創造性發揮下，有了突出的中國特色和毛氏印記。其中，作者對五七體制四大特徵的概括和分析，尤其是關於「重新組織階級隊伍」和「第一書記專政」兩點，確實抓住了要害，點出了五七體制的本質。前者以所謂階級出身和政治表現爲標準，按照我、友、敵的觀念在群眾中劃分左、中、右，使中共一黨專政體制下的等級差序制度進一步明晰、固化，逐漸形成了富有中國特色的「階級種姓制度」，從而產生了一個數量龐大的賤民階層，即文革時期被視爲「黑五類」的「地、富、反、壞、右」分子。後者在「單位所有制」的輔助下，將黨國一體的組織機制和主控神經覆蓋到全社會——尤其在人民公社運動之後，使權力壟斷和社會控制更緊密地結合起來，由此所形成的集黨國、政經爲一體的無所不包的計畫體系，徹底實現了對社會權力、財產、資源，乃至思想、文化和個人人身自由的全面壟斷和全面控制。這種「公有制」加「黨專政」的集權專制，就其對社會要素的壟斷和控制而言，已經達到了無以復加的地步，不僅遠遠超過以私有制爲基礎的君主皇權專制，而且也超過了同是極權主義的納粹德國的法西斯專制。

在「五七體制」下，「第一書記專政」的一元化權力結構，既有可能沿著計劃經濟模式的常規運行，按照所謂「五年計劃」的趕超戰略，較平緩地走向中國的工業化和現代化；但也有可能在個人權力的干預下走向命令經濟。不幸，毛所發動的大躍進正屬於後者。在全面壟斷和全面控制下形成的強有力的組織、動員機制，可以在一夜之間將領袖的指示傳遍全國，卻不可能一聲令下就中止其運轉。極權體制容易放大個人的作用，也容易放大個人的失誤。盡善盡美的神話，超凡入聖的領袖，一哄而起的民眾，永不衰竭的激情，以及強有力的動員機制，這是極權主義的魅力，亦是五七體制的致命傷。

不僅如此，五七體制「第一書記專政」的邏輯，與毛提出的一、二線之分也存在著內在的矛盾和衝突。一、二號人物在權力結構(一、二線分工)上的互相錯位，逐漸形成了兩個權力中心的現象，這就為文革的爆發埋下了隱患。位處一線的劉少奇以其對組織機構日常運轉的操控與熟悉，逐漸與體制融為一體，而習慣於高高在上作最後拍板的毛，卻漸與體制疏離，進而有了大權旁落的失落感。這也決定了文革的倒劉運動，必然發展為一場反體制運動，一場所謂「天下大亂達到天下大治」的體制重建運動。這就是通過「砸爛國家機器」的造反、奪權，最後建立「領袖獨裁和群眾專政直接結合的新的一黨專政模式」，亦即文革體制。

四、關於文革

文革是毛一生最大的迷霧。

自1956年蘇共二十大在國際共運中掀起非斯大林化的浪潮後，曾經鐵板一塊的社會主義陣營開始發生分化竟至分裂。而毛與中共，也由此開始與蘇共拉開距離，甚至分道揚鑣，以捍衛斯大林主義爲己任，逐漸走上了一條與蘇共相抗衡的「毛氏社會主義」道路。

對毛而言，赫魯雪夫的非斯大林化具有雙重意義，即所謂「一則以喜，一則以懼」。喜者，搬去了壓在頭上的權威，從此可以不再看老大哥的臉色行事，可以放開手腳搞自己的一套了；更重要的是，毛由此而窺見到中共有可能取代蘇共成爲國際共運領頭羊的機運，而他也就理所當然地必將成爲繼斯大林而起的國際共運新領袖。懼者，則是由此種下了怕被「接班人」批判、清算的心病，即所謂「赫魯雪夫情結」。尤其在1959年的廬山會議之後，毛對黨內反對派的警惕和戒備，越來越敏感，越來越多疑，鬥爭的矛頭也越來越多地指向黨內，指向那些潛在的「赫魯雪夫」們，進而更在1964年的「四清運動」中提出了「黨內資產階級」和「黨內走資主義道路當權派」的概念。在某種意義上，文革的發動與由來就與此緊密相關。

不過，直至1963年中蘇論戰爆發，毛的中國在國外觀察家的眼裡並無任何特異之處。與當時因揭露斯大林的大清洗暴行，並力圖對僵硬的斯大林體制進行有限調節的赫魯雪夫相比，毛與中共所扮演的，不過是一個緊跟在蘇共身後搖旗吶喊的小兄弟角色而已。此時的赫魯雪夫因提出「三和」(和平共處、和平競賽、和平過渡)、「二全」(全民國家、全民黨)、「三無」(沒有軍隊、沒有武器、沒有戰爭)等試圖緩和內外矛盾的理論而在國際舞台上顯得十分活躍，備受矚目。相形之下，因發動大躍進和人民公社運動，高調宣稱「超英趕美」，快速實現共產主義的毛與中共，卻在突然到來的大饑荒面前顯得有些措手不及，有些自顧不暇，甚至有些窘困與狼狽。即使中蘇衝突公開化後，毛與中共出人預料地表現出要與蘇共爭奪國際共運領導權的強硬姿態，而其所宣稱的那一套諸如堅持「列寧主義」、維護斯大林體制等，則實在是了無新意，除了表現得更左傾、更激進、更好戰之外，其理論思維的僵化陳舊和保守教條，自不可能產生什麼吸引力。儘管他們以正統的馬克思主義傳人自居，以所謂「馬恩列斯毛」的道統譜系相號召，以反「修正主義」之名，對赫魯雪夫和蘇共所施行的那一套試圖緩解體制矛盾的主張和做法大張撻伐，斥之爲對馬列主義的背叛和搞「資本主義復辟」，但從其對斯大林時代的幾乎所有理論遺產照單全收的僵硬姿態中，以及所宣稱的要繼續堅持武裝奪取政權的暴力革命，堅持階級鬥爭，堅持無產階級專政等等嚴峻的聲音中，人們自不難明白，毛所堅持的一套，不過是斯大林極權體制中專橫、殘暴而又嗜血的那一面罷了。然而，僅僅幾年之後爆發的文革，卻讓所有的人都大吃一驚：宣稱要堅決捍衛斯大林主義的毛，卻突然對他的黨、他的國家和他的同事，當然也是對他所珍愛的斯大林體制動手了！

按照毛的文革理論，在中蘇論戰中曾經自以爲最革命、最純正、最馬克思主義的中共，卻突然面臨著曾被他們猛烈批判的那種蘇聯式「變修」的危險了！根據毛的估計，在從中央到地方的各級領導機構裡，大約有三分之二的權力被人篡奪了；他們是「混進黨裡、政府裡、軍隊裡和各種文化界的資產階級代表人物，是一批反革命修正主義分子，一旦時機成熟，他們就會要奪取政權，由無產階級專政變爲資產階級專政」，在中國「復辟資本主義」。所以，必須發動群眾，以造反革命的方式，「公開地、全面地、自下而上地」來「揭露我們的黑暗面」，「向中央進攻」，向「一小撮黨內走資派」進攻，把被他們篡奪的權力重新奪回來。於是，在毛公開的蠱惑和煽動下，在「造反有理」、「橫掃一切牛鬼蛇神」的口號聲中，曾經爲毛苦心建構且以控制嚴密著稱的「五七體制」突然潰堤失靈。幾乎是在一夜之間，整個中國忽而出現了數不清的群眾組織，紅衛兵、造反團、戰鬥隊、司令部……，在毛及其御任親信中央文革小組的指揮下，千千萬萬被喚起的造反大軍以「四大自由」(大鳴、大放、大字報、大辯論)爲武器，「炮轟」、「火燒」加批判、鬥爭(揪鬥)，很快就將昔日神聖不可侵犯的黨政官僚體系沖得落花流水，乃至全面癱瘓。正所謂「忽如一夜東風來，千樹萬樹梨花開」，過去在所謂社會主義國家想都不敢想的言論自由、結社自由、出版自由、集會自由、遊行示威的自由等等，竟如魔法一般、奇蹟似地降臨到中國人民的頭上。

一時之間，毛的「反修防修」理論，尤其是集其晚年思想之大成的「無產階級專政下繼續革命」理論，頓時大放異彩，格外誘人。在一黨專政體制下，由執政的黨官僚所形成的那個因享有各種特權而高居於社會之上的「新階級」，不是一下就被摧毀了嗎？他們的腐敗生活、特權享受，不是遭到了革命群眾最無情的揭露和批判嗎？過去不受制約和監督的權力，不是正在受到廣泛的抵制和監督嗎？曾經由一小部分人壟斷的權力，不是正在或已經轉移到一批因造反運動而嶄露頭角的新人新面孔手中嗎？那些標示著官僚威儀和等級森嚴的稱謂——部長、局長、處長、科長等等，不是都已經消失殆盡了嗎？「革命委員會」這個嶄新的權力機構，似乎已經爲醫治和抑制臃腫的官僚體系提供了替代。顯然，毛正在用他樸素的革命理想和極具民粹色彩的平等思想改造著他的黨和國家，他做了赫魯雪夫該做而不敢做的事——對斯大林體制的勇敢變革。看來，毛的「反修防修」理論似乎比赫氏的非斯大林化還要棋高一著？它爲陷於困境的斯大林體制提供了一種新思路、新選擇，或許還是一種新模式？沿此思路，毛及其文革，不是在譜寫社會主義的新篇章，翻開歷史的新紀元又是什麼(這正是文革中炮製的「第三個里程碑」理論所鼓噪的內容)？「從這裡出去，再見燦爛的星空」。正在巨大的裂變痛苦中即將步入低潮的國際共產主義運動，似乎露出了一縷燦爛的曙光……

然而，隨著革命的演進，毛的文革理論與實踐卻逐漸露出馬腳，暴露玄機。

首先，在一黨專政的集權體制下，要想依靠一個人的權威來建立一種除這個權威以外，其他人皆可以監督、可以撤換的所謂群眾參與的民主機制，這本身就是一個悖論。按照這樣的邏輯，毛的權威被假設源自人民，代表人民，而「人民」卻只有在毛的授權下方能行使其監督、撤換的權利，則其民主何在？毛今日高興了，可以賦予人民這樣的權利，明日不高興了，則可收回這些權利；後日再不高興，甚至還會將被打倒、被撤職的官員們又一個個的請上台，人民又仍然回到從前的地位。而文革的最終走向和結果，正是按照這樣的邏輯來演進的。所以，革命之後，以第一書記專政爲特徵的「五七體制」是被打亂了，但代之而起的「三結合」領導模式，卻塗上了濃重的軍人專政特點——幾乎所有的革命委員會都由當地駐軍首腦出任第一把手。而從整個權力結構看，毛所建立的，實質上是遠比「五七體制」更加隨心所欲、更加集權、專斷的個人獨裁體制。顯然，毛所導演的「威權式民主」轉來轉去，仍然逃不脫斯大林極權體制的怪圈。其次，文革既以「反修防修」相號召，以解決所謂「接班人問題」爲目標，何以在剛剛清除了一個「赫魯雪夫式的人物」劉少奇之後，又出現了另一個「赫魯雪夫式的人物」林彪？這個被毛親手選定，且已家喻戶曉、載入黨章的「親密戰友兼接班人」，何以在一夜之間就成了對毛圖謀不軌的「野心家、陰謀家」，落得個葬身異國他鄉的悲慘下場？林彪不足信，還有誰值得信賴呢？從此，「接班人」問題就成了毛揮之不去的夢魇，除了幾個新崛起的文革新貴(如江青、毛遠新、張春橋)，疑忌重重的毛幾乎看誰都不順眼，包括一向對他恭謹順從的周恩來。毛的「接班人情結」，說穿了無非就是害怕在其身後遭到赫魯雪夫對待斯大林那樣的命運。而毛之所以會有此恐懼，則又與其一手冒然發動的大躍進、人民公社運動有關，因爲由此所引發的席捲全國的大饑荒，直接導致了餓死四千萬人的大悲劇。這是歷朝歷代的暴政、苛政都無法比擬的。而毛爲了掩蓋他的罪責，居然對此不屑一顧，一再說這只是「一個指頭與九個指頭的關係」，「成績是主要的，錯誤只是那麼一點點」。從此再不准人有任何的懷疑與不滿，有之，則必欲打倒而後快。彭德懷如此，劉少奇又何嘗不是如此呢？

那麼，僅僅因爲一個劉少奇，又何須如此大動干戈，竟至於自毀根基，連他所珍愛的體制都不惜打爛？毛真是走火入魔，喪心病狂了嗎？

非也。按照毛原先的設想，「如果中央出了修正主義，就號召地方起來造反」，「向中央進攻」。批判《海瑞罷官》的文章首先在上海發表，或許正是毛這一策略的試探。但令他想不到的是，僅僅批一個吳晗，就受到了來自體制的頑強阻抗，更遑論其他。反右運動後形成的黨神化觀念早已深入人心，別說是身居高位的劉少奇，就是一個小小單位的領導，也是不容輕易冒犯的。毛正是由此看到了體制的強大，而逐漸下定決心向體制動手的。在這個意義上，毛在文革全面發動之前的井岡山之行，其實無非是從他當年率領底層民眾起來造反、革命，最終建立政權的經驗中吸取了靈感和勇氣。所謂「青松怒向蒼天發，敗葉紛隨碧水馳。一陣風雷驚世界，滿街紅綠走旌旗。」本來就富想像力的毛，或許就是由此而看到了到體制外尋找力量和支持，重組隊伍，重建體制的可能。所以，文革注定了必須是一場反體制運動。與「五七體制」甚至與毛在「反右運動」中的邏輯相反，過去強調必須堅持黨的領導，現在卻要求反對黨的領導；過去黨的各級領導人都不容許懷疑和反對，現在則除了毛，任何人都可以放膽地懷疑、批判甚至鬥爭；過去只准輿論一律，現在卻需要「大鳴大放」，甚至連組織、結社、遊行、示威都合法化了。如此等等。

正是這樣的反常之舉、反常行爲，爲毛的文革撒上了迷霧，以致而今仍有人在爲其拍手稱快，評功擺好。但只要想一想文革的過程及其結果，想一想毛從中收穫到了什麼，自不難參透其個中玄機。說來說去，「反修防修」也罷，「繼續革命」也罷，「培養革命接班人」也罷，目的無非就是一個：在清除了迫在眉睫的對手和政敵之後，還要試圖借助思想理論的神威，以築起一道在其身後免遭清算的意識型態大堤。這就是文革的實質。

五、揭破地表的思想史書寫

本書的一大貢獻，是首次從思想史的角度，將一直被主流話語有意遮蔽和刻意隱瞞的中國民間思想作爲一個獨立部分，納入到共和國六十年的歷史敘事中，並給予了盡可能的概括性描述和整體性觀照。

所謂民間思想，是專指或特指在中共一黨專政體制下，在嚴酷的政治壓迫和思想控制中所出現的各種異端思潮，或如作者所言：「所謂『民間異端』，就是在不同的歷史時期對中國社會的發展道路提出與毛澤東和執政黨不同的意見和思路。」這裡，「民間」一語，強調的並不是身分，而是指其言說的姿態或立場，秉持的是一種非官方、非主流的異見表達。而那些廣爲人知但卻屬於中共黨內鬥爭的思想分歧和政治迫害，則不在此列。

作者初步完成的思想拼圖，基本呈現了中國民間思想史的發展線索與整體輪廓。從中或可見出中國民間思想的某些不足。其一、思想成果殘缺不全，有的甚至只是一些思想的閃光或碎片，表現在理論型態上，就往往顯得不夠完整，缺乏系統而又嚴密的論證過程和範式結構。其二、沒有承前啓後的歷史繼承關係，各自爲陣的孤獨思考，從總體上限制了中國民間思想在深度和廣度上的理論建構。在嚴密的控制和有效的封殺下，民間思想者多以孤獨的個人思考出場，是真正的「孤星血淚」，一閃即逝，呈現出明顯的間斷性和非連續性態勢，這就在很大程度上限制了它的總體思考水準。

儘管存在以上的局限，中國民間思想存在的意義與價值仍是無法抹煞的。

首先，它爲我們呈現了毛時代的另一個思想中國。這個思想中國的存在告訴我們，即使是在毛氏集權專制最登峰造極的時代，在那表面的喧囂與浮華之下，在舉國瘋魔萬眾顛狂的凱歌行進中，甚至即使是在電閃雷鳴狂風暴雨的政治威壓下，在某些不爲人知的角落，仍然倔傲地矗立著一些清醒的思想者、批判者和抗爭者。儘管與手握大權的毛相比，與龐大的國家機器相比，他們總是顯得那樣的微弱和渺小，但他們卻是挺立在地下的中國脊樑，不僅代表著歷史的方向，而且代表著中國的未來。

其次，通過作者的概括與總結，我們可看到，不僅是在民間思想史上而且是在當代中國思想史上，至今依然高高聳立的三大思想高峰：以張中曉爲代表的富於政治哲學意蘊的思辨高峰、以林昭爲代表的政治批判高峰，和以顧准爲代表的經濟思想高峰。張中曉對「獨斷主義」和「絕對光圈」的睿智反思與尖銳批判，至今仍是精闢之論，因爲它打中了極權主義意識型態(獨斷論、絕對論、唯我論)的要害。林昭對「極權社會」種種弊端(「以黨治國」、「偶像崇拜」、「愚民政策」等)啼血的批判與控訴，以及她那特有的悲憫情懷和對人性及人道主義的呼喚與珍視，更是展示了一個受難者罕見的超越苦難與仇恨的寬廣心胸、高尚情懷，確實無愧後人景仰的「聖女」之稱。至於顧准在文革後期所寫下的那些有關「從理想主義到經驗主義」的著名思考，王元化先生一句「比我以及和我一樣的人，整整超前了十年」的評價，就已道出了顧准超越性思考的標竿意義。

再次，就是文革後期遍布於全國各地的民間思想村落，更是昭示著在毛時代的灌輸與養育下吃狼奶長大的一代，已經開始了走出毛、背叛毛的自我成長、自我救贖的新時代。由此而催生的民主牆運動，使中國的異端思潮，第一次作爲一支獨立的政治力量登上了中國的歷史舞台。

此外，正如作者所指出的，顧准在對大躍進經濟及其後果所作的理論思考中，有一個小小的疏誤，即顧准從經濟決定論的思想出發，在提出「糊口經濟」和「社會主義史前期」這兩個重要概念時所作的一些簡略的分析和判斷。顧准認爲，大躍進之後出現的大饑荒，實質是用「野蠻的手段」來「消滅過剩人口」。這裡顧准有一個誤判，即將意外出現的災難當作有意製造的手段了。毛在大躍進失誤後不顧人民死活，發動反右傾、發動繼續躍進的舉措，固然比之資本主義原始積累時期的「羊吃人」更野蠻，更殘酷，但這是實足道地的人禍，是人作孽而非天作孽。自不能將之歸爲什麼「社會主義史前期」的所謂「歷史必然性」或曰「經濟規律」。

六、六四體制問題

六四體制，是作者在經過對後毛時代的長期觀察與審慎思考後所提出的一個核心概念，也是作者對後毛時代即所謂改革開放三十年來社會、歷史走勢，亦即其政治、經濟、文化演變與發展趨向的一個總體概括，自有其不可忽視的思想及理論意義。

與五七體制相比，六四體制最大的變化，就是形成了獨具中國特色的、以一黨專政爲壟斷基礎的市場經濟模式。在它的主導下，中國未來二十年的發展之路，就走上了一條片面發展經濟的單一改革之路。因此，六四體制，既是前十年改革不願放棄一黨專政的鄧小平路線合符邏輯的選擇結果，又是此後二十年出現所謂「中國模式」、「中國奇蹟」，以及與之相伴而來的各種問題和累積性矛盾空前尖銳、激烈並全面爆發的制度原因和歷史前提。

作爲後毛時代的制度性象徵，六四體制除了延續五七體制一黨專政的邏輯之外，也有其自身的一些特徵，其中之一，就是哈威爾所說的「後極權主義」。但差別在於，它已不能「照原樣運轉」了，無論是「靠慣性」還是「惰性」。畢竟六四體制是在執政黨搖搖欲墜的統治危機中，在殘暴鎮壓了黨內外普遍高漲的民主訴求之後才勉強維繫下來。因此，不僅是「原始動力已經衰竭」，而是爲它所標榜的種種合法性也都消失。隨之而來的一個變化，就是意識型態色彩的下降與弱化，並由此而進入一個「沒有思想，沒有理論，也沒有信仰的時代」。爲了維持統治，除了習慣性的謊言與欺騙之外，它不得不借助於手中的權力和武力，重走五七體制全面壟斷加全面控制的老路，由此墮入「高壓維穩」、「超額維穩」的邏輯陷阱，使六四體制呈現出越來越依賴暴力和赤裸裸的武裝鎮壓的準軍事化色彩，但六四體制也有其固有的內在矛盾，這就是在一黨專政條件下推行以市場經濟爲目標的改革，必然面臨著體制壟斷與自由競爭的矛盾。在權力壟斷、資源壟斷和市場壟斷的前提下搞市場經濟，必然會出現官商勾結，權力尋租，以及化公爲私等等腐敗現象。而以國家主義爲主導的改革，在制度缺失，不存在任何有效的監督(包括輿論監督)與制約(尤其是權力制衡)機制的情況下，只能以強勢政府、全能政府的姿態，形成一邊倒的甚至是完全有利於各級官吏的改革趨向或利益格局。隨著改革在不同層面、不同領域的推進，受到權力侵害和傷害的弱勢群體越來越多，並成為改革的最大受害者。大面積的腐敗和嚴重的分配不公乃成為六四體制的兩大痼疾。社會分化的加劇，又推動矛盾的發展並使之激化，於是，以官民對立為表徵的群體事件、群體衝突層出不窮，遍及全國。而其伴生性的問題與矛盾，也因無從得到及時的化解與排除，乃以累積、疊加之勢，交錯糾結，形成危機四伏，積重難返的複雜局面。這樣，六四體制就陷入了一個難以自拔的矛盾，即人們所說的「高壓鍋原理」：控制越緊，壓力越大，形成的「汽能」或曰反抗力就越大，於是再加緊控制、加強施壓……如此惡性循環，螺釘越擰越緊，負擔也越來越重，「爆炸」的臨界點也愈益逼近，從而使突發性的社會崩潰危機成為可能。

未來中國將何去何從？我們有足夠的勇氣和智慧邁過這道坎，實現中國和平、穩定的社會轉型嗎？這已經不僅是中國人，而且也是整個國際社會都在關心和矚目的問題了。

2012年2月12日-3月27日，斷續成稿

2012年4月2日-5月15日，斷續改畢

杜應國，原安順財校退休教師。長期致力馬列毛研究，部分文字見於《七十年代》、《讀書》、《天涯》及海外網站。著有散文隨筆集《山崖上的守望》、《故鄉道上》等。退休後主要從事地方文化研究和思想評論。現居貴州安順。

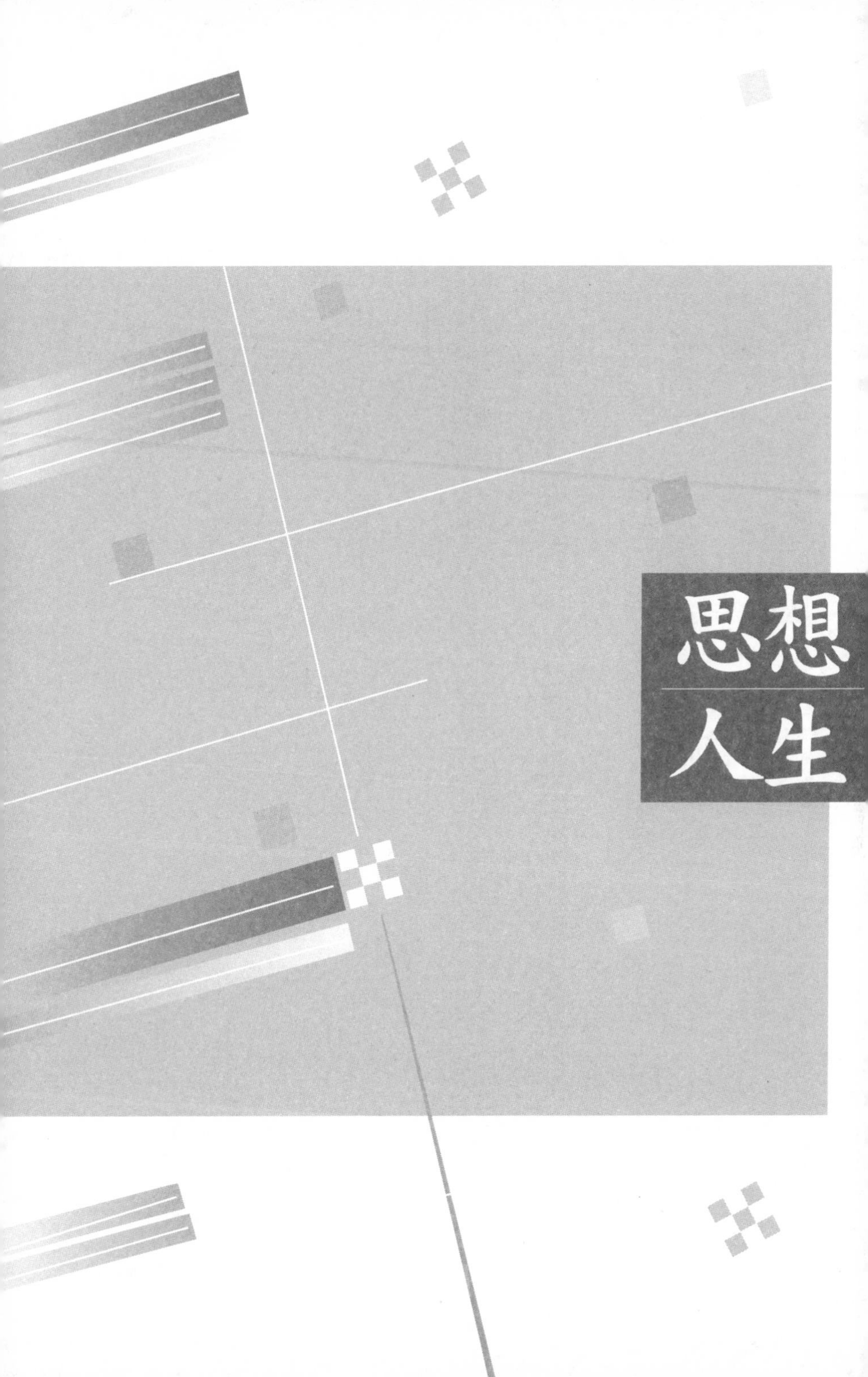
思想
人生

王元化：
反思歷史

李懷宇

一、 風雨故人

「北有李慎之，南有王元化」之說，我在2003年才耳聞，這一年，李慎之先生逝世。此後我零散聽過一些學界的故事，不免感歎知人論世何其難。而思想界的風雨蒼黃與塵世間的人心變幻，有些並不能在字裡行間讀到。

2006年春天，王元化出版了《人物・書話・紀事》，此書是在《人和書》(2003)基礎上增改而成的。雖然已讀過《人和書》，我在上海季風書園看到《人物・書話・紀事》時，還是毫不猶豫地買下，新書增加了三十來年前王元化的兩篇重要文章〈韓非論〉和〈龔自珍論〉，而一些文章再讀，對王元化的讀書、交遊、思考也有更爲立體的理解。

我早就聽王元化的學生輩說，先生身體欠佳，甚少見客。不想在吳中傑教授的熱情介紹下，王元化先生爽快地答應一起聊聊天。2006年2月11日下午，我隨吳中傑教授夫婦到王元化先生所住的上海慶餘別墅訪問。但見王元化先生躺在臥室床上，午睡後需要吸氧，他先請吳中傑夫婦進臥室坐在床邊談天。此情此景，讓我頓時想起當年王元化向熊十力問學的舊事：有一次，王去訪問熊，熊正在沐浴，王坐在外間，可是熊要王進去，赤身坐在澡盆裡和王談話。

在客廳等待中，環顧四周，牆上有王元化的父親王芳荃的一幅書法，桌上一張瓷盤上則有王元化和太太張可的畫像。約一小時後，王元化先生吸氧完畢，從臥室中走出，深深致歉。王元化說，自己視力很不好，讀書要靠別人代讀，寫文章回信也要口述。我提起錢穆先生晚年患眼疾後口述的著作《晚學盲言》，王元化忙道：「我不敢跟他相比。陳寅恪先生晚年眼睛也不大好，人家是很有才氣的人，文章是湧出來的，我的文章則是改出來的。」

王元化取出兩本書讓我們觀看。一本是翻譯成日文的「王元化著作集」中的《文心雕龍講疏》，談到日本學者岡村繁用蠅頭小字認真校改譯稿的治學之風，王元化頗爲欣賞。另一本是《王元化畫傳》，其中一張照片是1981年國務院學位委員會評議組成員的合影，和王元化同時受聘有王力、王瑤、王起、呂叔湘、錢鍾書、鍾敬文、朱東潤等學界名家。談話之時，那些學者均已謝世，只有王元化健在，不免感慨。

王元化論學往往一針見血，臧否人物無所顧忌，聽來別有一番震耳之感。而他談到動情時的神態，至今歷歷在目。到了晚飯時間，我們起身告辭，問起張可女士的健康情況，王元化聲調低沉地說：「她生病了，身體很差，現在已經在醫院裡。她是很好的人，爲了我，吃了很多苦頭。她從來沒有怨我。」王元化和張可患難與共的故事，是天崩地裂的動亂時代中絕美的一景。

2006年8月6日，張可逝世。

2008年5月9日，王元化逝世。

二、時代左轉

王元化的父親王芳荃(1880-1975)少時家貧，得教會資助就學，1906年東渡日本，1911年返國進清華留美學堂講授英語，後赴美留學，在芝加哥大學獲得教育學碩士學位，又回到清華任教。那時同住清華園南院的是王國維、陳寅恪、趙元任。王元化童年在清華園度過。1937年7月7日，盧溝橋事變，8月8日，日軍開進北平，王元化輾轉到了上海。1938年，18歲的王元化加入中國共產黨。

我問：「您在清華園長大，又生在一個信奉基督教的家庭，爲什麼十幾歲就熱情地投身革命？」王元化說：「蕭伯納講過：一個人在20歲時不左傾，就是沒有出息的青年；如果他到25歲以後還是這樣，也是沒有出息的。1930年代是一個左傾的時代，大批的知識分子都是向左轉的，像羅曼・羅蘭、魯迅。蕭伯納是被列寧批評過的，也往左轉。那時候我們在北平耳濡目染，覺得日本人的統治惡劣極了。日本兵橫行霸道，我們從小就覺得這個國家是被另外一個國家所凌辱的，被如狼似虎地壓迫。我當時在清華園，家裡不愁吃，不愁穿，但是我出了清華園，到城裡來，觸目所見都是這類的現象。當時張學良在東北實行不抵抗政策。」

我接話：「馬君武還寫詩諷刺過張學良。」王元化即刻能背出馬詩：「趙四風流朱五狂，翩翩蝴蝶正當行。溫柔鄉是英雄塚，那管東師入瀋陽。」「告急軍書夜半來，開場弦管又相催。瀋陽已陷休回顧，更抱佳人舞幾回。」他感歎：「我們那時候讀了這些詩都覺得非常沉痛。一二九運動的時候，他們覺得我是一個從來不問政治的人，我要求去參加學生自治會，我說：你們要開會到我家裡來，我家裡很寬敞。這完全是一個時代的氣氛。那時候像我們這一代的人，在黨內會變成兩種，一種是經過所謂延安整風，思想真正改造好，一種就是到老了還是理想主義者。」

當年王元化在江蘇文委孫冶方、顧准等人領導下工作，主要在上海參加地下黨的文化活動。而孫冶方、顧准日後被視爲難得的學問家、思想家。王元化說：「這是很特殊的，是一個個案的問題，不能成一個典型。任何地方都很難找到的，我入黨時，孫冶方是書記，顧准是副書記。我是吸取地下黨文委的奶汁長大的，我那時才十幾歲，他們做人行事的習慣，無形當中感染我。那種黨內的生活氛圍使我非常懷念，但是後來這些人幾乎全軍覆滅。」

王元化年輕時寫了一些文章，難免驕傲。他回憶：「他們可以說——其實這是不好的字——『整』了我一下，他們老不給我發表文章，說你的文字沒過關，裡面教條的東西很多，我當時氣得不得了，又沒有辦法。我那時候也是一個很『左』的人，受蘇聯理論的影響，以爲那就是馬克思主義。我很苦悶，有差不多兩年時間。後來上海的環境也變化了，好幾年之後，他們看我的東西，說有點脫胎換骨了。所以，我覺得對年輕人嚴格要求沒什麼壞處。後來我在上海當地下黨文委書記到抗戰勝利，那時上海文委領導是剛從延安回來的一個老同志，他是經過延安整風和『三整三查』，首先就點了我的名，我還不懂，參加小組會，讓我下面的人來揭發我、批判我。我是對毛澤東〈在延安文藝座談會上的講話〉提了一點意見，我說怎麼『政治標準第一，藝術標準第二』，這跟日本的理論很接近，已經被批判了的，這明明不對。我想不通，不大懂，他們覺得我的思想不純，那時候不能提一點懷疑的。把我撤掉以後，我到大學教書，在那裡，我不得不很好地用功。」

三、重讀古書

1946年至1948年，王元化在國立北平鐵道管理學院任講師，教授大一、大二基礎國文。剛開始教書時，王元化自感基礎差，有時備課到夜裡一點多鐘。有些學生覺得王元化的年齡跟他們差不多，不免輕視。王元化也很慌，講話有點心裡發抖，吃了很多苦頭。他不得不埋首讀書，忽然看到魯迅的〈摩羅詩力說〉，有五次提到《文心雕龍》。王元化說：「《文心雕龍》有一篇〈辨騷篇〉，講屈原的《離騷》，劉勰認爲後世模仿《離騷》的作家可分爲四類：『才高者菀其鴻裁，中巧者獵其豔辭，吟諷者銜其山川，童蒙者拾其香草。』魯迅說屈原的後世模仿者：『皆著意外形，不涉內質，孤偉自死，社會依然，四語之中，函深哀焉。』他怎麼可以看出這麼深刻的道理，我怎麼一竅都不通，這句話裡怎麼有『深哀』——深深的哀痛在裡邊呢？他是爲了挽救社會而講這些話。才高者是用屈原的體裁去模仿他的，真正對他思想內在的東西一點沒有理解。他說劉勰講這四句話時，有一種深深的哀痛在裡邊。」

王元化對古典的認識有一個曲折的過程。他原以爲像魯迅所說「中國古書滾他娘的，丟到茅廁裡就算了。」後來覺得不對了。在孤島時期，王元化的母親曾請任銘善先生教他《莊子》、《說文解字》、《世說新語》。那時他並沒有心思讀，但是母親叫他讀，不得不讀。後來，王元化向汪公岩先生請教《文心雕龍》、《楚辭》、《文選》，汪先生曾教過宣統，所涉及到的古書，王元化一竅不通。汪先生說：「你不懂這些東西，沒法懂中國文化。」王元化這才轉過頭來，重新審視傳統名著。

從此，王元化將醉心於文學批評的精力轉而潛心於《文心雕龍》

的研究，其一生中最重要的學術著作《文心雕龍創作論》(後改名《文心雕龍講疏》)中的某些觀點即萌生於講課之中。1959年底，王元化經歷幾乎精神崩潰的數年審查後，被定爲胡風分子，開除黨籍，行政降六級。1960年初，王元化被安置於上海作協文學研究所，重新致力《文心雕龍》研究，時任文研所所長的郭紹虞對他多有教益和提攜。1979年，王元化積多年心血之作《文心雕龍創作論》由上海古籍出版社出版。

從1975年起，王元化開始寫作長篇論文〈韓非論稿〉(後改名〈韓非論〉)，1976年8月完成。當時的通行論點是，韓非是集法家之大成的人物。對此，王元化是有疑問的，他研究發現：韓非憑法、術、勢所建立的太平盛世，是一個陰森森的社會。在這樣的社會裡，人民甚至不得互相往來，否則就有朋比爲奸犯上作亂的嫌疑。人民也不得隨便講話、爭辯是非，因爲君主的話就是法令，除了重複法令的話之外，愚者不敢言，智者不須言。他的朋友看了這篇文章，偷偷跟他講：「你還要拿給人看，還不快收起來，這要殺頭的！」

四、但開風氣不爲師

1977年6月，王元化撰成長篇論文〈龔自珍思想筆談〉(後改名〈龔自珍論〉)，此前，龔自珍被尊爲法家，王元化不能容忍政治強加於學術的虛僞，力求還歷史本源：龔自珍是一個「歌泣無端字字真」的性情中人，從不懂得曲學阿世。王元化的太太張可親手以娟秀小楷抄寫了這部書稿。

龔自珍生前，已有「程龔」、「龔魏」之稱，先與程春廬，後與魏源齊名，受到時人的矚目。但是時人對龔自珍並不怎樣理解，大多把他目爲言行怪誕、放蕩不羈的狂士。王元化指出：「當時一般人把龔自珍看做是言行怪僻的狂士不是沒有原因的。他的學問的確有點雜，既悖於傳統的儒宗，又異於時流的考據訓詁之學。他喜好百家之言，熟悉掌故，鑽研佛法，通蒙古文，精於西北輿地，於塞外部落、世系、風俗、山川形勢、源流合分，尤役心力。他還關心科學。」

王元化認爲龔自珍著作中個性解放的呼聲是震破漫漫長夜的第一聲春雷。龔自珍所處的時代已現衰世景象。「在這種情況下，不僅不能產生才相、才史、才將、才士、才民、才工、才商，甚至也不會出現才偷、才駔、才盜。他宛如置身荒涼的墓地，懷著沉痛的心情，寫下了那首有『九州生氣恃風雷』之句的著名詩篇。他感到時代脈搏在激烈地跳動，渴望看到堅強的性格、充沛的精力、巨大的氣魄，可是他的四周只有不足道的侏儒：庸俗、卑吝、委瑣。」

對於龔自珍「但開風氣不爲師」，王元化說：「他的學問是可以爲師的。但是章太炎批評他好像說夢話一樣，文章狗屁不行的。魯迅也從來不提龔自珍的，是受章太炎影響。我覺得很奇怪，他是最早的諷刺家，是他們的前輩。他的一些文章一定是很犀利的雜文，我懷疑魏源都刪過了。他所講的話毫無顧忌，我也覺得很奇怪。他的詩句『避席畏聞文字獄，著書都爲稻粱謀。田橫五百人安在，難道歸來盡列侯？』他們那一代人的思想是很犀利的，我喜歡龔自珍遠遠超過喜歡康有爲，我不喜歡康有爲的東西。」王元化特別留意廣東學者朱傑勤在戰前出過龔自珍的評傳。後來王元化的文章發表了，朱傑勤很高興。可謂龔自珍的後世相知。

在〈龔自珍論〉中，王元化寫道：「但是，他的名士風流的結習，總是當時讀書人的一種缺點、一種壞脾氣，我們只能把這歸咎於他的時代風習和他的思想局限。看人論事，須取大節，既不必有意迴護，也不必刻意苛求，我們只要知道這個在當時做出了新貢獻的人物也是有局限有缺點的人就行了。」當我笑著提出不太同意王元化的這一觀點時，王元化即刻道：「我愛人的哥哥滿濤也批評我這個觀點，他那個時候講，《十日談》裡就有很多涉及到性的問題，龔自珍只是表示一種文人雅事。你看我們五四的時候，劉半農寫文章還要紅袖添香夜讀書，陳獨秀還去逛八大胡同。我也是受基督教的影響，所以我在某些地方好像比較保守，我不太贊同性解放。我覺得這沒有傷害龔自珍的整個精神。《龔自珍全集》我讀了很多遍，很坦白講，有一些我也不一定能讀懂。這個人的思想、文字都是很複雜的，很難懂。他喜歡用怪癖的古字，我也找一些注釋。」

而龔自珍非常難得的是，在那個時代已經開始接受外來的思想，眼界開闊。王元化說：「龔自珍跟林則徐是很好的朋友。謝晉拍《鴉片戰爭》，我就說他跟《林則徐》沒有什麼區別了。林則徐去禁煙，已經是非常有思想的人。龔自珍都想幫林則徐了，他們都有滿腔的愛國熱情。那時對外國了解得還是不多，但是今天看起來已經不大容易，後來林則徐覺得要了解對方，那時候澳門有很多人懂英文或其它外語，他就找來編了一系列書，把國外的事情弄清楚，越弄越覺得不是簡單的事情。那麼，魏源就根據這些材料，寫了一部《海國圖志》，那是了解世界地理歷史的書。日本的明治維新受了兩部書的影響，是中國傳去的，一本就是《海國圖志》，還有一本就是徐光啓翻譯的歐幾里德的《幾何》。因爲幾何學跟形式邏輯很有關係，愛因斯坦就講過，形式邏輯是要以幾何學爲基礎的。東方的天文歷史很發達，但幾何學發展很晚，到了明末，徐光啓才把歐幾里德的《幾何》引進來，馬上就傳到日本去。」

龔自珍和他所結識的朋友衝破「萬馬齊喑」的局面，給學術界吹進了新鮮空氣，林則徐和魏源可以說是後來向西方尋找真理的先驅。王元化不無惋惜地寫道：「龔自珍在介紹西學方面沒有做出貢獻，這是因爲他不幸早逝。鴉片戰爭爆發不久，他就暴卒了，傳說他死於仇家之手。如果他不是突遭意外的變故，可以推斷，他會像林則徐、魏源一樣，爲了抵抗侵略，探訪夷情，而去認真研究西學的。龔自珍對於後世的影響，主要是那批判性的諷刺詩文。在這方面，他遠遠駕凌同輩之上，爲我國近代思想史放出一道耀目的異彩。」

五、「五四的兒子」

從1980年代初起，王元化結合切身體會，寫出一批在思想界深具影響的思辨文章。在〈和而不同 群而不黨〉一文中，他認爲：長期以來，在學術思想領域裡散播了過多的仇恨，這不僅僅是「階級鬥爭一抓就靈」之類所產生的政治影響，在學術領域裡也存在著問題。「我覺得我們還缺少一些寬容精神。我覺得前人有兩句話很値得我們注意，這就是『和而不同』和『群而不黨』。這種精神也許可以消除一些拉幫結派黨同伐異的無原則糾紛。」

我說：「您提出了解『和而不同，群而不黨』，應該是有切膚之痛，這樣的觀點是您幾十年來自身經歷的一個非常痛心的反思。」王元化說：「你說得對。中國所謂的宗派思想是很厲害，所以我說了解『和而不同，群而不黨』。東北有一個學者，他寫中國的幫派，我說你應該把幫派的歷史根源、社會根源進行理性的挖掘，不是反對就完了。爲什麼它傳在我們思想的血脈裡面？在胡風事件的時候，周揚有宗派思想，胡風的宗派思想也很厲害，當然胡風是一個弱勢者、被壓者，很値得同情，我自己甚至爲這吃了大苦。但是要承認胡風是有很多缺點的，賈植芳先生曾經講過，胡風要是做了周揚，比周揚還要周揚。他不僅要執行毛澤東的意見，還要加上自己的一種情緒的東西。當然大家都會同情一個受迫害、污辱的人。

但是如果我們跳過這個歷史本身感情的激浪，用理性的眼光來總結這段歷史，我覺得確實是『和而不同，群而不黨』。有人講，王元化也不一定讀了很多書，他的思想往往是跟他的切身經歷，跟他的遭遇聯繫起來的，我覺得這是『知我者也』。我沒有什麼太了不得的學問，讀書也很有限，我覺得能跟我的經歷有一點歷史性的總結。假設我的話還有一點真實性，能夠使人產生一點共鳴，是經過我的經驗，甚至有些痛苦的背景得來的一些感觸、思考。」

王元化常說自己是「五四的兒子」，堅持對五四的重新思考，涉及到文化傳統問題、政治哲學問題、中西思想比較問題、近現代思想人物評價問題等。對魯迅和胡適等五四時期重要的思想人物，王元化晚年又有新的思考。

論20世紀中國文化史，少不了要談魯迅和胡適兩個人。王元化說：「我年輕時也是一個魯迅的崇拜者。抗戰爆發後我逃難出來，眼鏡鋼筆都不能帶，書更不必提，我偷偷地帶了兩本《海上述林》，還有一張我按照魯迅的照片畫的像。魯迅當然是很偉大的，在20世紀能夠傳的人恐怕不多，魯迅一定可以傳，但是我們應該實事求是講，魯迅有一個很曲折的道路。從對魯迅帶有濃厚崇拜色彩冷靜下來，對我們認識魯迅、尊重魯迅有好處。我覺得他在《二心集》、《三閑集》之後，一直到《且介亭雜文》，他的作品好的就不太多了，晚年又出現一些重現他思想光芒的東西，可惜沒過多久就去世了。」

王元化提起一則趣事：「胡繩、余英時討論起胡適來，一個說胡適的思想學術很好，但是為人上面很差，一個認為胡適為人是很好的，但是學術上沒有太多可傳的，我同意後者的意見。」這個故事，後來我向余英時先生求證。余先生說，那是1980年代初在耶魯大學招待胡繩一行時，談到胡適，胡繩笑著說：「我們對胡適，政治上是反對他的，但學術上是尊敬他的。」余先生就開玩笑說：「我的看法跟你正好相反。我認為胡適在學問上早就被人超過了，但政治上還沒有被人超過。」

王元化認為：「從五四以來，胡適對自己的批評，我覺得比較冷靜。他也是很重身後名的，我舉幾個例子，他寫信是留底稿的，他寫日記，那是留下很重要的文獻資料，對中國現代的思想史、文化史很有參考價值。我小時候在清華園，趙元任先生是我的父執輩，趙元任說過一句話：『胡適的日記是寫給別人看，我的日記是寫給自己看的。』趙元任先生的日記有很多符號、音符、拼音文字，有很多只有他懂的記號。這說明胡適對他身後的東西是很重視。他有一句引用龔自珍的話：『但開風氣不為師。』他的確是開風氣，比如他的《中國哲學史》上卷，那是第一次用西方的方法、觀點來寫中國的哲學史。當時很受推崇，像蔡元培先生就很推崇，但是而今安在呢？他研究《紅樓夢》，寫了許多文章，但是他跟蘇雪林的談話裡說：我雖然寫過這麼多字，我認為《紅樓夢》還不如《海上花列傳》。他對文學藝術的鑒賞方面有些問題，當然不能從一個孤證來論斷。他在日記裡論到《哈姆雷特》、《奧瑟羅》，覺得那是很蹩腳的劇本，他沒看懂。那是在他名噪一時的時候，他看恐怕是看的，但是文學的鑒賞力不太高的。胡適在學術上推薦崔東壁，主張疑古派，崔東壁的遺著甚多，顧頡剛用了十年的時間把崔東壁的著作整理出來。其實是沒有太大道理的，崔東壁就是受了日本的影響，有一種懷疑的精神。胡適大膽地懷疑，小心地求證，他是受過杜威或者美國百科全書的影響，同時受影響的是中國的崔東壁。顧頡剛以為除了《詩經》以外，什麼《左傳》、《尚書》都是偽作，結果這麼多年來經過發掘證明都不是偽書。這種觀點統治了當時研究古書幾乎是二十多年。我在學術上很多地方不同意胡適，他站不住。

但是從他的人格來講，確實是值得我們尊重的。我曾到台灣他的墓前憑弔，我很尊重他。」

回顧五四時代人物，王元化有感而發：「我覺得五四的時候，有很多所謂的闖將啦，先鋒啦，導師啦，他們走的路，像魯迅先生這麼一個偉大的人物，也有很多曲折。他搞了許多遵命文學，他當然不是遵統治者的命，是遵無產者、弱小者的命。但是我覺得一個思想家假設放棄了自己獨立的精神，自由的思想，遵任何的命都會出問題的。所以。他果然按照當時共產國際、史達林的觀點：中間派比反革命派還要壞。魯迅反對『第三種人』既不革命，也不反革命，照這種邏輯比反革命還壞，像施蟄存他們。甚至『一個都不寬恕』，這有什麼不可以寬恕呢？我很尊重他，但是我相信莎士比亞的一句話：『上帝造人，先讓他有了缺點，他才成為人。』任何一個偉大人物沒有像我們搞個人迷信那樣的思想，他都有缺點。魯迅在曲折的過程裡，聽信瞿秋白的觀點，把瞿秋白幾篇帶有誣衊胡適性質的文章，什麼『人權說罷說皇權』，這是錯誤的，胡適不是這樣的，終其一生他跟蔣介石是有鬥爭的。瞿秋白的一些觀點是按照共產國際、蘇聯的指示，而且傳到魯迅那兒去了。」

王元化認為胡適也被壓制過，但是他採取比較溫和的漸進的思想。「我覺得胡適終其一生沒有做過太違心的事情，他有我認為很不贊成、很反對的東西，但是他沒有說過違心的話，他認為真理的東西就說出來。在人格上，我覺得確實像他們辯論當中一方所講的，他是個『比較完人』。從五四以來到死，還跟蔣介石有很大矛盾。台灣也有很多非常激進的人，對胡適看不順眼，後來胡適的日記發表出來，還是令人肅然起敬的，他跟蔣介石這麼爭，為了《自由中國》的問題，為了雷震的被捕，他還是沒有什麼個人的考慮，為了他的思想，為了他的信仰，他沒有放鬆，也沒有退步。他說過一句話：『不降志，不辱身，不追趕時髦，也不回避危險。』我說我們中國知識分子，要求不太高，真正做到『不降志，不辱身，不追趕時髦，也不回避危險』，這是一個真正稱得上知識分子起碼的條件。」

我提到胡適晚年喜歡寫的條幅是「容忍比自由還更重要」。王元化說：「後來陳獨秀也是這樣的，我說真正有反省能力的人，都會達到這一步。陳獨秀曾是一個非常激進的人，他的言論是個小暴君，跟他不同的就要掃蕩。真正自由主義不應該這樣，要能容忍，應該多元化，能夠聽到不同的聲音。用很不公正的政治上亂扣帽子的方式去打擊別人，是我最痛恨的一種手段，但是在我們國內綿綿不絕。只有陳獨秀到他死前幾年說容忍。陳獨秀的偉大不在於早期高舉德賽二先生大旗，他的『德』是空洞的口號，爭辯的時候，他沒有『德賽』，沒有民主的精神，沒有學術的自由，他不允許討論。爲什麼不允許討論？你可以發表你的不同意見嘛，假如此風盛行，那將來任何一個獨裁者都可以利用這個不允許討論，因爲你是絕對錯的，我就應該禁止。這是我堅決反對的。從希臘羅馬起，從中國的先秦起，我們細細分析，希臘羅馬是有民主制度的，最早一個民主體制，這個民主跟啓蒙運動出現之後的民主不同。啓蒙運動出現之後民主思想在大陸上，以盧梭爲首，他是瑞士人，用古老的法文寫了一些東西。我寫了文章論他的《契約論》，我請了一個法國人，每句話都請教他，讓他給我校對，沒有錯我才敢引用。當然啓蒙派裡也有很多暴力的手法，這我是很不贊成的。洛克、休謨有很多觀點今天拿來看，我還是比較尊重的。這些東西我們都沒研究，五四時候，陳獨秀他們也未必能懂，就是『民主、民主』，很多都是一種口號式的東西。所以，我曾經提出來要有思想的學術，要有學術的思想。沒有學術也不知道以前民主是怎麼回事，叫叫口號就能成功嗎？我們不能再提倡空口號，我覺得這對中國是不利的，中國現在需要一種清明的理性，不要有匹夫之勇，拔劍而起，挺身而鬥。歷史上的英雄，可以忍辱負重來完成歷史使命，不想名噪一時，也不逞快於一時，爲整個的社會做一些有益的事情。」

六、夢回清園

王元化自署「清園」，一生對清華園夢魂牽掛。童年時他在清華園與王國維、陳寅恪爲鄰，實際並不太懂他們，然而，越到晚年，他常常提到這些人的名字。清華園中，陳寅恪爲王國維的紀念碑所撰「獨立之精神、自由之思想」，王元化認爲是中國現代思想神聖的靈魂。

聊起學界前輩，王元化有獨到的見解。「王國維自殺前，他的學生姜亮夫去看他，就發現他的書案上有德文的《資本論》。他們看書絕不像我們這麼狹窄，這麼偏。陳寅恪的東西當然很難，我曾做裡面的批註，後來我眼睛壞了，沒法做批註，讀起來很慢。他的東西太深了，弄得跟猜謎似的，非常奧澀，但是的確很有深意。」王元化說，「不要太迷信錢鍾書。我寫了一篇談他解釋《文賦》的文章，開頭的幾句，他是興之所至，不像王國維、陳寅恪真正很有功底的。他有一點喜歡炫耀自己的博學，東抓西引的，讓大家覺得他讀書很多。我很客氣地指出錢鍾書的問題，畢竟他是我的前輩。在他逝世的時候，他們來訪問我，我說他是一個博聞強記的學者，沒有人可以代替，並不真正是很有學問的。但這話發表在某一報刊上，已經變了一變，說他是一個跟王國維、陳寅恪一樣的學者。我說他絕對不可以和這兩個人都比的。」

王元化感慨：「王國維和陳寅恪的確是20世紀可以傳下去的學者。那是大學者，跟我們這種是不能比的。我感覺很悲哀，中國傳統的東西一代不如一代，我不行，在國學、西學的學養都不夠，已經差很遠了，不是差一點點了。我的學生跟我又有一點距離了，學生的學生又有距離了。真正要研究中國的思想史是要花很多力氣的。」

王元化：1920-2008，祖籍湖北江陵。隨父母在北京清華園度過童年，在北京城內讀中學，抗戰後流亡上海。先後在震旦大學、復旦大學、華東師範大學等校任教。曾任上海市委宣傳部部長。著有《文心雕龍講疏》、《文學沉思錄》、《思辨隨筆》、《清園夜讀》、《清園近思錄》、《清園近作集》、《九十年代反思錄》、《九十年代日記》、《人物・書話・紀事》等。

本文參考書目：

王元化，《人物・書話・紀事》(北京：人民文學出版社，2006年1月版)。

李懷宇：傳媒人，作品有《訪問歷史》、《世界知識公民》、《知人論世》、《訪問時代》、《思想人》等。

致讀者

思想不喜歡絕緣的無菌室，它是一種說理與反思的活動，因此不可能在同質的環境之中進行。它渴望跟異議者對話，互相解惑、攻錯、取長補短。一個思想傳統如果閉關自守，堅持純正本色，很快便會枯竭；但如果它積極迎向其他思潮，不怕比較彼此的價值觀點與理知資源，它便有機會成長發展、與時俱進。

自由主義之所以能成爲一個久而彌堅的思想傳統，仰仗的正是對於來自其他思潮的挑戰保持開放與吸納。女性主義作爲一種生機盎然的新生理論兼實踐模式，幾十年來衝撞滲透到各個思想傳統中，企圖改變各種理論的男性中心視野。在西方，自由主義與女性主義的關係既親近又緊張：親近來自追求平等的共同歷史動力，緊張則來自對平等的迥異理解。但無論如何，它們之間的爭辯與學習，是促進雙方繼續進步的重要動因。

可是在中文世界，這兩種思想取向之間很少對話。對台灣或者香港來說，兩套理論的爭論已經在西方發生，在地的對話便顯得多餘。而在中國大陸，兩種思潮都還處於艱困求生存的狀態，顯然缺乏對話的客觀條件。何況如本期李思磐女士的文章所示，某些中國自由主義者受到階段論或者傳統思路的影響，主觀上也缺乏正視女權主義的動機。

《思想》早就有意探討自由主義與女性主義的關係，但直到如今方組成專輯。當然，無論自由主義還是女性主義，所涵蓋的範圍之遼闊，涉及的議題之雜多，既非幾篇文章所能窮盡，也都有必要繼續跟包括左派在內的其他思想取向互相學習。本刊會繼續朝這個方向努力。

儒家與基督教的關係，是一個很老的話題，不過爭論多年，並沒有找到什麼深刻的結論。然而，近些年來的整個思想氛圍大有改變。多元文化主義成爲主流，科學知識的典範地位已遭顛覆，基督教對於其他文明與世界觀的態度也變得更爲正面積極，在在有助於重新檢討儒家與基督教的關係。本期李雅明先生的文章，雖然爭議性強，卻也正適合引發各方的批評與反省。

在當前世界上，遠方的拉丁美洲是左派的地盤，近處的東亞則日益右傾，尤以日本的發展引人擔憂。拉美左派的支柱查維茲甫去世，身後的遺產如何評價，廖美女士的及時文章有全面的探討。日本的右派正在抬頭，並且可能改變戰後的日本國家性質。邵軒磊先生清楚整理出了日本右派源遠流長的系譜，對讀者會大有幫助。

前期(第22期)《思想》的「走過八十年代」專輯，係由中研院社會學所蕭阿勤先生與編委汪宏倫先生二位合作規劃促成。由於編者疏忽，在該期沒有向蕭先生致謝，謹在此說明並致歉。

此外，本刊編委王超華女士因爲長居歐美，多次請辭編委職務；幾經挽留未成，我們不敢再勉強。超華女士對本刊的貢獻很大，我們在此向她致謝，並且盼望她繼續幫這份刊物籌劃、寫稿。

一年之前，《思想》邀請李琳擔任網路編輯，在新浪微博開通帳號，定期挑選以前各期的文章貼上，受到許多遠方讀者的歡迎。如今該帳號的關注者已達六千多位，並在穩定增加中。我們感謝李琳的熱心與操持，幫助本刊在網路上遇見了更多的讀者。

編者

2013年初夏

《思想》徵稿啓事

1.《思想》旨在透過論述與對話，呈現、梳理與檢討這個時代的思想狀況，針對廣義的文化創造、學術生產、社會動向以及其他各類精神活動，建立自我認識，開拓前瞻的視野。
2.《思想》的園地開放，面對各地以中文閱讀與寫作的知識分子，並盼望在各個華人社群之間建立交往，因此議題和稿源並無地區的限制。
3.《思想》歡迎各類主題與文體，專論、評論、報導、書評、回應或者隨筆均可，但請言之有物，並於行文時盡量便利讀者的閱讀與理解。
4.《思想》的文章以明曉精簡爲佳，以不超過1萬字爲宜，以1萬5千字爲極限。文章中請盡量減少外文、引註或其他妝點，但說明或討論性質的註釋不在此限。
5.惠賜文章，由《思想》編委會決定是否刊登。一旦發表，敬致薄酬。
6.來稿請寄：reflexion.linking@gmail.com，或郵遞110台北市基隆路一段180號4樓聯經出版公司《思想》編輯部收。

第21期：必須讀《四書》？(2012年5月出版)

第22期：走過八十年代(2012年11月出版)

燃燒的身體與身體政治學：關於部分藏人持續自焚的思考／姚新勇
大眾文化的百年迷思／唐小兵
中國改革的歧路：朱嘉明先生訪談錄／陳宜中
追求國族：1980年代台灣民族主義的文化政治／蕭阿勤
播種與茁壯：回顧1980年代台灣婦運／李元貞
世代，理想，衝撞——1980年代：林世煜先生訪談錄／蕭阿勤
革命在他方？此刻記憶1980年代／吳介民
夢想共和國的反挫：1980年代的個人備忘錄／黃崇憲
以文藝進行社會實踐／陳瑞樺
八○九○二千以及之前和之後／陳素香
綠色小組的社會實踐：爲懷念吳耀忠而作／王智章
霧中的浮光：吳耀忠／楊 渡
鄉土的養分／徐 璐
日本釣魚台「國有化」騷動的深層／劉 檸
智利的群眾、市場和民主／葉 攀
你爲何不熱衷自由主義？／曾瑞明
陳之藩：思想散步／李懷宇

思想23

女性主義與自由主義

2013年5月初版　　定價：新臺幣360元
有著作權・翻印必究
Printed in Taiwan.
編　　著　思想編委會
發行人　林載爵

出版者　聯經出版事業股份有限公司
地址　台北市基隆路一段180號4樓
編輯部地址　台北市基隆路一段180號4樓
叢書主編電話　(02)87876242轉212
台北聯經書房　台北市新生南路三段94號
電話　(02)23620308
台中分公司　台中市健行路321號1樓
暨門市電話　(04)22371234ext.5
郵政劃撥帳戶第0100559-3號
郵撥電話　(02)23620308
印刷者　世和印製企業有限公司
總經銷　聯合發行股份有限公司
發行所　新北市新店區寶橋路235巷6弄6號2樓
電話　(02)29178022

叢書主編　沙淑芬
校對　劉佳奇
封面設計　蔡婕岑

行政院新聞局出版事業登記證局版臺業字第0130號

本書如有缺頁，破損，倒裝請寄回台北聯經書房更換。　ISBN 978-957-08-4188-6 (平裝)
聯經網址： www.linkingbooks.com.tw
電子信箱：linking@udngroup.com

國家圖書館出版品預行編目資料

女性主義與自由主義/思想編委會編著．初版．臺北市．聯經．2013年5月（民102年）．336面．14.8×21公分（思想：23）
ISBN 978-957-08-4188-6（平裝）

1.女性主義 2.自由主義 3.文集

544.5207 102009628